<< 高等学校交通运输专业规划教材

GAODENG XUEXIAO JIAOTONG YUNSHU ZHUANYE GUIHUA JIAOCAI

铁路通过能力计算方法

TIELU TONGGUO NENGLI
JISUAN FANGFA

闫海峰　鲁工圆　薛　锋　编

西南交通大学出版社

·成　都·

内容简介

本书是根据新教学大纲和教学改革的实践，为适应我国铁路运输发展的需要，充分反映近年来铁路通过能力计算方法新理论和研究成果而编写的。本书主要内容包括区间通过能力计算、车站通过能力计算、编组站改编能力计算、铁路运输能力加强、车站能力查定方法。书中内容紧密联系现场生产实践，能为铁路运输生产提供指导。

本书可作为高等学校交通运输专业教材，也可以作为站场人员培训的教学辅助用书。

图书在版编目（CIP）数据

铁路通过能力计算方法 / 闫海峰，鲁工圆，薛锋编
. 一成都：西南交通大学出版社，2019.1
ISBN 978-7-5643-6563-9

Ⅰ. ①铁… Ⅱ. ①闫… ②鲁… ③薛… Ⅲ. ①铁路 –
交通通过能力 – 计算方法 Ⅳ. ①U292.5

中国版本图书馆 CIP 数据核字（2018）第 243611 号

铁路通过能力计算方法

闫海峰　鲁工圆　薛　锋 / 编

责任编辑 / 周　杨
助理编辑 / 何明飞
封面设计 / 何东琳设计工作室

西南交通大学出版社出版发行
（四川省成都市二环路北一段 111 号西南交通大学创新大厦 21 楼　610031）
发行部电话：028-87600564　028-87600533
网址：http://www.xnjdcbs.com
印刷：四川森林印务有限责任公司

成品尺寸　185 mm×260 mm
印张　12　　字数　320 千
版次　2019 年 1 月第 1 版　　印次　2019 年 1 月第 1 次

书号　ISBN 978-7-5643-6563-9
定价　39.80 元

前　言

铁路最显著的特点是载运质量大、运行成本低、能源消耗少，在大宗、大流量的中长及以上距离的客货运输方面具有绝对优势，而且在大流量、高密度的城际中短途旅客运输中具有很强的竞争优势，是最适合中国经济地理特征和人们收入水平的区域骨干运输方式。

截至 2015 年年底，全国铁路营运里程 12 万千米，仅次于美国；高速铁路里程 1.9 万千米，超过世界其他国家里程之和。总体来看，我国铁路得到了快速的发展。作为限制性运输行业，我国铁路运输能力问题一直备受关注。随着我国铁路技术水平和运输组织水平的不断提高，铁路运输能力出现了诸如图定列车数大于理论计算值的不合理现象，对传统的运输能力计算理论和方法提出了挑战。

本书涵盖了铁路通过能力计算的基本理论和方法，主要从区间、车站通过能力、编组站改编能力几个方面进行了阐述，同时还对铁路扩能技术和车站能力的查定方法进行了系统的介绍。

本书编写分工如下：闫海峰（第一章，第二章第一节、第二节、第三节、第四节，第五章），鲁工圆（第二章第五节，第三章，第四章），薛锋（第六章）。在全书的形成和文字整理过程中，王明起、文豪、李佳洁也做了大量的工作。

在本书的编写过程中，马驷副教授、朱志国副教授对本书的编写提出了宝贵的意见，另外编者参考引用了国内外专家学者的一些专著、教材和研究成果，在此一并表示衷心的感谢。

由于本书涵盖内容较多，编写时间短，以及编者业务水平的限制，在全书内容组织和文献材料的取舍方面，难免存在不当和疏漏之处，热忱欢迎国内外同行专家及各位读者批评指正。

编　者

2018 年 7 月 9 日

目　录

第一章 绪 论

第一节 铁路通过能力概述

铁路为完成国家运输计划，充分满足国民经济发展和国防建设的需要，应具备一定的运输能力。运输能力是通过能力和输送能力的总称。铁路运输能力的大小，主要取决于以下因素：

运输能力是通过能力和输送能力的总称。

（1）固定设备，如线路、站场、信号、供电设备等；

（2）移动设备，如机车、车辆等；

（3）技术设备运用和行车组织方法；

（4）行车人员（机车及列车乘务人员，车站办理行车工作的有关人员）的数量及业务素质、技术水平等。

除此之外，铁路运输能力的大小还与能源供应、运输要求特征等因素有关。

在采用一定类型的机车车辆和一定的行车组织方法条件下，铁路区段的各种固定设备在单位时间内（通常指一昼夜）所能通过的标准列车的最大列数或对数称为通过能力。通过能力在一定程度上取决于广大铁路职工的协同动作和对铁路固定设备、机车车辆的合理运用。因此，通过能力并不是一成不变的，它会随着技术设备和行车组织方法的改善而提高。计算铁路通过能力的目的就在于能够胸中有数地安排运输生产，保证铁路运输适应国民经济不断发展和人民生活不断提高的需要。

铁路输送能力是指该铁路线在一定的固定设备、一定的机车车辆类型和一定的行车组织方法的条件下，根据现有的移动设备数量和人员配备情况，在单位时间内（通常指一年）能够通过的最大货物吨数或旅客人数。

通过能力和输送能力两个概念相互之间既有区别，又有联系。通过能力着重从固定设备方面指明该铁路区段可以通过的列车数量，没有考虑移动设备和人员配备等情况。输送能力着重从移动设备和人员配备情况方面指明该铁路线能够通过的货物吨数或旅客人数，它以铁路通过能力为依托并受其限制。通过能力具有地区固定性，不能调拨，其发展一般呈阶跃式；而决定输送能力的机车车辆和人员配备是可以分散流动的，其数量的增长一般是渐进式的。

铁路运输能力也就是铁路的生产能力。它既体现了生产资料如线路、桥隧、站场、通信信号、机车车辆等各项技术设备，同时也体现了劳动者即铁路职工，在实现运输生产过程中的作用。特别是铁路职工的积极性、技术水平，以及所采用的行车组织方法等，对于铁路运输能力也有着很大的影响。在同样技术装备的铁路线路上，由于所采用的行车组织方法不同，工作组织水平不同，职工的技术水平和组织性、纪律性不同，其运输能力可能差别较大。

本书着重介绍铁路通过能力的计算方法，通过能力一般按铁路区段或枢纽确定。决定铁路区段通过能力的固定技术设备主要有：

（1）区间。其通过能力决定于正线数目、区间长度、线路平纵断面、线路上部建筑和桥隧建筑物的类型以及信号、联锁、闭塞设备的种类等。

（2）车站。其能力决定于到发线数量，咽喉区布置，信号、联锁、闭塞设备的种类，以及驼峰和牵出线的类型、数量与技术装备等。

（3）机务段设备和整备设备。其通过能力决定于内燃或电力机车的定期检修台位、机车整备和换向设备、机务段内的走行线设置等。

（4）电气化铁道的供电设备。其通过能力主要决定于牵引变电所的容量和配置，接触网、输电线的供电能力。

在铁路区段的各种固定设备中，通过能力最薄弱的设备的能力，即为该区段的最终通过能力。因此，各种固定设备的通过能力应力求相互协调、综合发展，使之发挥最大效能。

通过能力的计算应以所有技术设备的充分利用为出发点，必要时进行综合调整，使各项技术设备的能力达到最佳匹配，同时也要考虑设备日常保养维修所需时间及其工作的可靠性等因素。考虑到铁路专业的划分，本书只对区间和车站这两种固定设备通过能力的计算方法进行介绍，而不涉及机务设备和供电设备。

在铁路实际工作中，通常把通过能力区分为三个不同的概念，即现有通过能力、需要通过能力和设计通过能力。

① 在现有技术设备和现行的行车组织方法条件下，铁路各种固定设备可能达到的通过能力，称为现有通过能力。

② 为了适应一定时期国民经济发展和人民生活在客货运输上的需要，铁路各种固定设备所应具有的通过能力称为需要通过能力。

③ 预计铁路固定设备修建后或现有设备技术改造后所能实现的通过能力称为设计通过能力。

计算需要通过能力和设计通过能力时应考虑留有必要的后备。通过能力后备应根据设计规范有关规定和技术经济论证，就某项具体设备或整个铁路线确定。

各国铁路对通过能力的计算方法都非常重视，为了更好地适应我国铁路发展的需要，研究如何正确计算与使用通过能力和选择加强铁路通过能力与输送能力的最佳方案，具有重要的现实意义。

第二节　列车运行图时间要素

列车运行图虽有各种不同的类型，但它总是由一些基本的时间要素所组成的，包括列车区间运行时分和起停车附加时分；列车在中间站的停站时间；列车在技术站、客运站和货运站的技术作业过程及其主要作业时间标准；车站间隔时间；追踪列车间隔时间；维修"天窗"时间等。

一、列车区间运行时分及其停车附加时分

　　列车区间运行时分是指列车在两相邻车站或线路所之间的运行时间标准，它由机务部门采用牵引计算和实际试验相结合的方法进行查定。

　　列车区间运行时分按车站中心线或线路所通过信号机之间的距离计算。当到发场中心线与车站中心线不一致时，按到发场中心线计算（见图 1-1）。

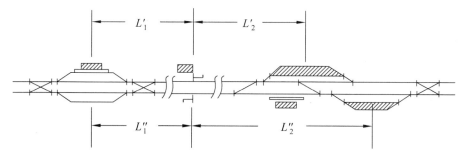

图 1-1　计算车站或线路所间列车运行时分距离图

　　由于旅客列车和货物列车的运行速度各不相同，上下行方向的线路平面、纵断面条件和列车质量也不相同，所以列车区间运行时分应按各种列车和上下行方向分别查定。此外，列车区间运行时分还应根据列车在每一区间两个车站上不停车通过和停车两种情况分别查定。列车不停车通过两个相邻车站所需的区间运行时分称为纯运行时分。列车到站停车的停车附加时分和停站后出发的起动附加时分，应根据机车类型、列车质量以及进出站线路平面、纵断面条件查定。

二、列车在中间站的停站时间

　　列车在中间站的停站时间由下列原因产生：
　　（1）必要的技术作业，如摘挂机车、试风和列车技术检查、机车乘务组换班等；
　　（2）客货运作业，如旅客乘降，行李、包裹、邮件的装卸，车辆摘挂，货物的装卸等；
　　（3）列车在中间站的交会和越行。
　　摘挂机车作业在采用补机地段的起点站和终点站上进行。列车在中间站的技术检查和试风，一般在长大下坡道之前的车站上进行。当牵引区段较长或机车乘务组的连续工作时间超过规定标准时，也可能要采用中途换班的方式。
　　客货运作业停站时间应根据各种列车的不同需要分别规定。对旅客列车规定旅客乘降、行李包裹和邮件的装卸所需要的停站时间；对摘挂列车规定摘挂车辆、取送车及不摘车装卸作业所需要的停站时间。
　　列车在中间站进行技术作业和客货运作业的时间标准，由每一车站用分析计算和实际查标相结合的方法分别确定。列车在中间站的各项作业应尽可能平行进行。在满足实际需要的条件下，应最大限度地缩短列车停站时间，提高列车的旅行速度。

三、车站间隔时间

车站间隔时间是指在车站上办理两列车的到达、出发或通过作业所需要的最小间隔时间。在查定车站间隔时间时，应遵守有关规章的规定及车站技术作业时间标准，保证行车安全和最有效地利用区间通过能力。

常用的车站间隔时间包括不同时到达间隔时间、会车间隔时间、同方向列车连发间隔时间、同方向列车不同时发到间隔时间和不同时到发间隔时间等几种，其值大小与车站信号、道岔操纵方法，车站邻接区间的行车闭塞方法，以及车站类型、接近车站线路的平、纵断面情况，机车类型，列车质量和长度等因素有关。

1. 不同时到达间隔时间（$\tau_{不}$）

在单线区段，来自相对方向的两列车在车站交会时，从某一方向列车到达车站时起，至相对方向列车到达或通过该站时止的最小间隔时间，称为不同时到达间隔时间，如图 1-2 所示。为了提高货物列车的旅行速度，除上下行列车在同一车站上都有作业需要停站外，原则上应使交会的两列车中的一列通过车站，因此较常采用的是一列停车、一列通过的不同时到达间隔时间。

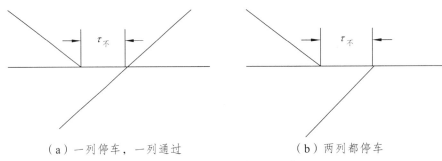

（a）一列停车，一列通过   （b）两列都停车

图 1-2　不同时到达间隔时间

凡不能办理相对方向同时接车的车站，由相对方向到站停车的两列车也必须保持必要的不同时到达间隔时间。

不同时到达间隔时间的大小，根据如下条件确定：

（1）只有当第一列车到达车站，并为对向列车准备好接车进路以后，才能给对向列车开放进站信号；

（2）进站信号开放时，列车头部在进站信号机外方所处的位置，应等于一个制动距离及司机确认信号显示时间内所通过的距离之和。

因此，不同时到达间隔时间由两个部分组成：第一部分为第一列车到达车站后，车站办理必要作业所需要的时间根据各站信联闭设备条件及其作业内容查定；第二部分为对向列车通过进站距离所需要的时间。由于车站两端的进站信号机位置和列车进站速度不同，因此每一车站必须对上下行列车分别查定其不同时到达间隔时间，一般 $\tau_{不}$ 取 3～6 min。

2. 会车间隔时间（$\tau_{会}$）

在单线区段，自列车到达或通过车站时起，至由该站向同一区间发出另一对向列车时止的最小间隔时间，称为会车间隔时间，如图 1-3 所示。

图 1-3　会车间隔时间

会车间隔时间由车站值班员监督列车到达或通过车站后，向同一区间发出另一列车所需办理必要作业的所时间组成，一般 $\tau_{会}$ 取 1 ~ 3 min。

3．同方向列车连发间隔时间（$\tau_{连}$）

在半自动闭塞区段，从列车到达或通过前方邻接车站时起，至由车站向该区间再发出另一同方向列车时止的最小间隔时间，称为同方向列车连发间隔时间。根据列车在前后两站停车或通过的不同情况，连发间隔时间有以下 4 种形式：

（1）两列车通过前后两车站，见图 1-4（a）；
（2）第一列车在前方站停车，第二列车在后方站通过，见图 1-4（b）；
（3）第一列车在前方站通过，第二列车在后方站停车，见图 1-4（c）；
（4）两列车在前后两站均停车，见图 1-4（d）。

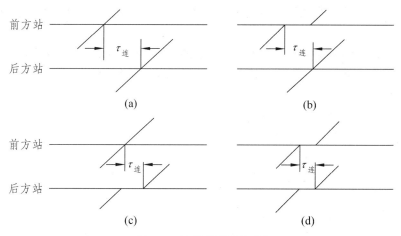

图 1-4　连发间隔时间图

按照连发间隔时间组成因素的不同，可以将上述 4 种形式的连发间隔时间归纳为两种类型。第一种类型为图 1-4（a）和（b）两种形式，其共同点是列车均在后方站通过。第二种类型为图 1-4（c）和（d）两种形式，其共同点是列车均在后方站停车。第一种类型连发间隔时间的组成因素及车站办理作业的内容与不同时到达间隔时间基本相同；第二种类型连发间隔时间所包括的作业内容则与会车间隔时间基本相同。但必须注意，连发间隔时间发生在前后两个车站上，而不同时到达和会车间隔时间发生在同一个车站上。

说明：$\tau_{连}$ 与 $\tau_{不}$，$\tau_{会}$ 的取值很接近，但含义不同。
（1）$\tau_{连}$ 在单线或双线区段均可能出现，而 $\tau_{不}$，$\tau_{会}$ 只可能出现在单线区段；
（2）$\tau_{连}$ 涉及相邻的两个车站，而 $\tau_{不}$，$\tau_{会}$ 发生在同一车站；
（3）$\tau_{连}$ 考虑的是同向列车，而 $\tau_{不}$，$\tau_{会}$ 考虑的是对向列车。

4．同方向列车不同时到发间隔时间（$\tau_{到发}$）和不同时发到间隔时间（$\tau_{发到}$）

自某方向列车到达车站时起，至由该站发出另一同方向列车时止的最小间隔时间，称为同方向列车不同时到发间隔时间。自列车由车站发出时起，至同方向列车到达车站时止的最小间隔时间，称为同方向列车不同时发到间隔时间。这两种间隔时间在运行图上的表现形式如图 1-5 所示。

图 1-5　同方向列车不同时到发和不同时发到间隔时间

凡禁止办理同时接发同方向列车的车站，都必须查定同方向列车不同时到发间隔时间和不同时发到间隔时间。在查定这两种间隔时间时，必须满足以下两个条件：

（1）办理同方向列车不同时到发时，必须在列车全部到达并停在警冲标内方以后，另一个同方向列车方可从该站出发；

（2）办理同方向列车不同时发到时，必须在第一列列车全部通过发车进路中的最后出站道岔以及车站办理有关作业之后，将要进站的另一同方向列车，应位于该站进站信号机外方的安全位置处。

根据上述条件，同方向列车不同时到发间隔时间为由车站值班员监督列车到达后，向同一方向发出另一列车所需办理必要作业的作业时间组成。而同方向列车不同时发到间隔时间，则由如下三部分组成：

（1）出发列车通过出站距离的时间；

（2）车站办理必要作业的时间；

（3）到达的同方向列车通过进站距离的时间。

5．相对方向列车不同时通过间隔时间（$\tau_{不通}$）

在一端连接双线区间、另一端连接单线区间的车站（或线路所）上，两个相对方向的列车不同时通过该站（或线路所）的最小间隔时间，称为相对方向列车不同时通过间隔时间。如图 1-6 所示，相对方向列车不同时通过间隔时间也由车站办理必要作业时间和对向列车通过进站距离的时间两部分组成，一般取 4～6 min。

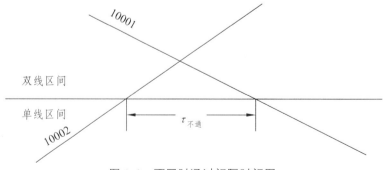

图 1-6　不同时通过间隔时间图

上述各种车站间隔时间的数值大小与列车运行速度和列车长度有关，因此，应分别对旅客列车和货物列车进行查定。

四、追踪列车间隔时间

在自动闭塞区段，一个站间区间内同方向可有两列或两列以上列车，以闭塞分区间隔运行，称为追踪运行。追踪运行列车之间的最小间隔时间，称为追踪列车间隔时间 I，如图 1-7 所示。追踪列车间隔时间决定于同方向列车间隔距离、列车运行速度及信联闭设备类型。

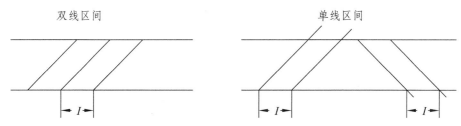

图 1-7 追踪列车间隔时间图

1．三显示自动闭塞区段追踪列车间隔时间

在使用三显示自动闭塞的区段，追踪列车之间的间隔通常情况下需相隔三个闭塞分区，如图 1-8 所示。这样，可以保证后行列车经常能看到绿灯显示，从而可以使列车保持高速运行。在这种情况下，追踪列车间隔时间 $I_\text{追}^\text{绿}$ 为

$$I_\text{追}^\text{绿} = 0.06 \frac{l_\text{列} + l'_\text{分区} + l''_\text{分区} + l'''_\text{分区}}{v_\text{运}} \ (\text{min}) \tag{1-1}$$

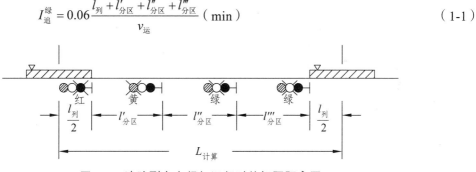

图 1-8 追踪列车向绿灯运行时的间隔距离图

但是，当列车在长大上坡道上运行时，由于运行速度较低，追踪列车间隔时间也可以按照前后列车间隔两个闭塞分区的条件（见图 1-9）来确定。这时，追踪列车间隔时间 $I_\text{追}^\text{黄}$ 为

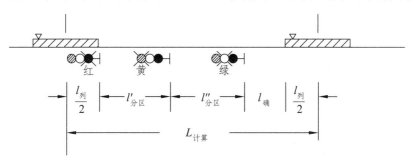

图 1-9 追踪列车向黄灯运行时的间隔距离图

$$I_{追}^{黄} = 0.06 \frac{l_{列} + l'_{分区} + l''_{分区}}{v_{运}} + t_{确} \quad (\text{min}) \tag{1-2}$$

式中　$t_{确}$——司机确认信号转换显示的时间，$t_{确} = l_{确} / v_{运}$，min。

根据列车在区间内追踪运行的上述条件计算出追踪列车间隔时间后，还应分别按列车到站停车、从车站出发和两列车不停车通过车站的条件进行验算。

按到站停车条件确定追踪列车间隔时间时，应确保后行的追踪列车不因站内未准备好接车进路而减低速度。为此，车站准备好进路和开放好进站信号的时刻，应不迟于第二列车首部接近站外第二通过色灯信号机的时刻（见图 1-10）。这时，追踪列车间隔时间 $I_{到}$ 应为

$$I_{到} = t_{作业} + 0.06 \frac{l_{进} + l'_{分区} + l''_{分区} + 0.5 l_{列}}{v_{进}^{平均}} \quad (\text{min}) \tag{1-3}$$

式中　$t_{作业}$——车站准备进路和开放进站信号的时间，$t_{作业} = l_{作业} / v_{进}^{平均}$，min；

　　　$v_{进}^{平均}$——列车通过进站计算距离的平均速度，km/h。

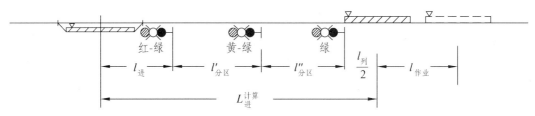

图 1-10　列车到站停车时追踪列车间隔

按列车从车站出发条件确定追踪列车间隔时间时，应确保后行列车在出站信号机显示绿灯的条件下出发，如图 1-11 所示。只有在第一列列车腾空两个闭塞分区后，出站信号机才能显示绿灯。因此，由车站发出追踪列车的间隔时间 $I_{发}$ 应为

$$I_{发} = t_{作业} + 0.06 \frac{l_{列} + l'_{分区} + l''_{分区}}{v_{出}^{平均}} \quad (\text{min}) \tag{1-4}$$

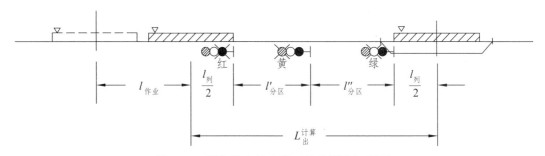

图 1-11　列车从车站出发时追踪列车间隔图

当准许列车凭出站信号机显示黄色灯光发车时，则追踪列车间隔时间 $I_{发}$ 应为

$$I_{发} = t_{作业} + 0.06 \frac{l_{列} + l'_{分区}}{v_{出}^{平均}} \quad (\text{min}) \tag{1-5}$$

式中 $t_{作业}$ ——车站开放信号和司机确认信号的时间，min；

$v_{进}^{平均}$ ——列车通过出站计算距离的平均速度，km/h。

按前后两列车不停车通过车站条件确定追踪列车间隔时间时，必须在第一列列车通过出站道岔，并为后行列车开放进站信号后，后行列车才能处在与第一列列车相隔三个闭塞分区（包括车站闭塞分区）距离的位置（见图 1-12）。这时，追踪列车不停车通过车站的间隔时间 $I_{通}$ 应为

$$I_{通} = t_{作业} + 0.06 \frac{l_{分区}^{站} + l'_{分区} + l''_{分区} + l_{列} + l_{岔}}{v_{通}^{平均}} \ (\text{min}) \tag{1-6}$$

式中 $l_{分区}^{站}$ ——车站闭塞分区长度，m；

$v_{通}^{平均}$ ——列车通过车站计算距离的平均速度，km/h；

$l_{岔}$ ——出站信号机至最外方道岔的距离，m；

$t_{作业}$ ——为第二列车开放进站信号的时间，$t_{作业} = l_{作业} / v_{通}^{平均}$，min。

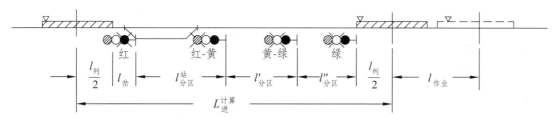

图 1-12 列车不停车通过车站时追踪列车间隔图

追踪列车间隔时间亦可用图解法确定，即根据牵引计算做出的运转时分曲线，确定各种计算距离的列车运行时分，再加上相应的办理作业时分。

在开行组合列车或重载列车的区段，应根据组合列车与普通货物列车前后位置的不同，分别确定 $I_{追}$，$I_{到}$，$I_{发}$ 和 $I_{通}$。

因为旅客列车和货物列车的运行速度不同，所以在确定货物列车与旅客列车之间的追踪间隔时间时，应按到站条件计算，而确定旅客列车与货物列车的追踪间隔时间时，则应按从车站出发的条件计算（见图 1-13）。

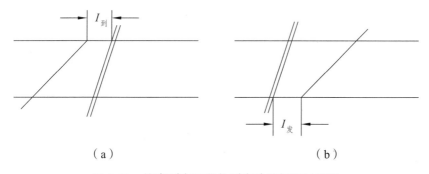

（a） （b）

图 1-13 旅客列车和货物列车追踪间隔时间图

对各区间求出普通货物列车之间的上述几种追踪间隔时间之后，取其中最大的数值作为计算平行运行图通过能力时的追踪间隔时间。

2．四显示自动闭塞区段追踪列车间隔时间

一般称通过色灯信号机能显示诸如红（H）、黄（U）、绿黄（LU）和绿（L）四种灯光信号的自动闭塞为四显示自动闭塞。

四显示自动闭塞的轨道电路根据前行列车位置，发出不同的码序，表示一定的限制速度。当装设有超速防护装置时，列车超速运行，将迫使列车发生紧急制动。所以，四显示信号是具有预告功能的速差式信号。而我国铁路一直采用的三显示自动闭塞，各种信号显示没有具体速度要求，对超速没有速度监督作用，是无明显速度级差的信号。

如图 1-14 所示，在四显示自动闭塞区间，列车追踪运行至少应保证有四个闭塞分区的间隔。其中防护区用于保护区间，要求列车停车；提醒区用于提醒司机，列车将进入减速地段。据此，在四显示自动闭塞条件下，在区间内运行的追踪列车间隔时间 $I_{追}$ 可按式（1-7）计算。

闭塞分区性质	提醒区	第一制动区	第二制动区	第三制动区	占用区
信息种类	提醒注意	预告	预告	停车	

图 1-14　四显示追踪列车间隔图

$$I_{追} = 0.06 \frac{4l_{分区} + l_{列}}{v_{运}} \qquad （1\text{-}7）$$

3．移动闭塞追踪列车间隔时间

移动自动闭塞是在确保行车安全前提下，以使追踪列车间的间隔达到最小为目标，以车站控制装置和机车控制装置为中心的一个闭塞控制系统。在这一系统下，区间内运行的每一列车均与前方站的中心控制装置周期性地保持高可靠度的通信联系；车站中心控制装置接到列车信息后，根据列车牵引特性曲线及区间相关参数，解算出每一追踪列车的允许最大运行速度发送给列车，而对于接近进站的列车，则根据调度命令发出该列车进站及进入股道等信号。

采用移动自动闭塞系统可以有效地压缩追踪列车间隔时间，提高区间通过能力。在移动自动闭塞区间，追踪列车间隔时间如图 1-15 所示。据此，在区间内运行的追踪列车间隔时间 $I_{追}$ 可按式（1-8）计算。

$$I_{追} = 0.06 \frac{l_{制} + l_{列} + l_{安}}{v_{运}} + t_{信} （\text{min}） \qquad （1\text{-}8）$$

式中　$l_{制}$——列车制动距离，m；

　　　$l_{安}$——系统安全防护距离，m；

　　　$t_{信}$——列车动态信息传输时间，min。

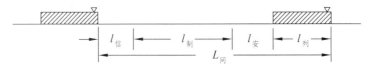

图 1-15　移动自动闭塞追踪间隔图

五、维修天窗时间

维修天窗是指为了铁路施工维修的需要，对区间或车站正线规定的一段不放行列车的运行图空隙。维修天窗的开设形式和时间，对铁路通过能力、行车组织方式有很大的影响。

1．天窗的种类

（1）工务维修天窗。

工务维修主要是对轨道、路基、桥隧等设施设备的维护和检修，主要分为日常维修、中修、大修三种类型。一般采用大型机械进行施工作业，所需天窗时间比较长。

（2）电务维修天窗。

电务维修主要是对信号设备的维护和检修，主要分为日常维修、中修、大修三种类型。其中日常维修工作量较大也较为简单，而且只有少部分的作业需要开设天窗，一般与其他线路维修作业同时进行，以减少对线路运营的影响。此类天窗一般在日常运营中灵活安排。

（3）接触网维修天窗。

电气化铁路要对接触供电设备进行检查维修，以保证列车运行的安全顺利。接触网的定期检修分为维修和大修两个修程，以周期修、状态修为主。此种天窗开设距离比较大，时间比较固定，应在方案运行图中预留。

2．天窗的开设形式

天窗的开设形式主要有垂直矩形和 V 形两种基本形式，都有较广泛的应用。

（1）垂直矩形天窗。

如图 1-16 所示，在整个区段同时为上下行线安排运行图空白，确保上下行线同时封锁进行维修。其优点是维修时不受列车影响，维修作业效率和安全度相对较高。缺点主要是对列车运行有一定影响，尤其是旅客列车运行线的铺画受到一定限制。

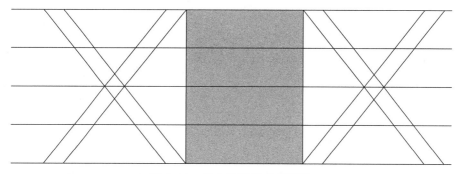

图 1-16　垂直矩形天窗示意图

（2）V 形天窗。

如图 1-17 所示，在整个区段按上下行分别形成运行图空白，一条线维修施工时，另一条线组织行车。优点是可以保证在全天内均可以行车，便于日常运行的调度调整；其缺点是一线维修、一线行车，对两条线路的作业都会产生干扰。

另外，还有 r 形、Y 形、X 形、平行矩形、单向隔日矩形、双向分隔式矩形等形式的天窗。它们都是由垂直矩形和 V 形天窗相互组合演化出来的，具有两者共同的特点。其中，r 形、Y

形、X 形天窗多在我国既有线上采用，而平行矩形、单向隔日矩形、双向分隔式矩形天窗则很少采用。

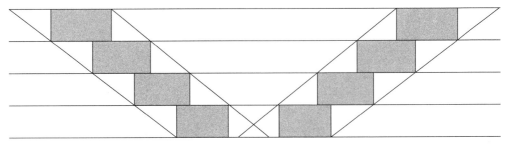

图 1-17　V 形天窗示意图

如上所述，天窗形式各有优缺点，最终选取哪种形式的天窗，要根据线路的具体特点，结合运输组织需要，通过比较分析各类天窗的适应性和可行性后才综合确定。

3．天窗时间

科学合理地设计铁路的综合维修天窗的形式和时间，协调组织各专业的维修作业，解决好综合维修与运输组织间的干扰和矛盾，是很重要的一个问题。天窗时间过长，会造成列车停运多，运输不均衡，降低列车旅行速度，恢复正常运输秩序困难，占用较多区间通过能力等问题。天窗时间过短，又影响施工作业效率，降低施工质量，不利线路运营安全。因此天窗时间过长和过短都不适宜，需要选择合理的天窗时间。

维修施工天窗时间的长短，主要决定于施工复杂程度、施工作业组织和作业效率、机械化程度和技术水平及占用区间通过能力程度等多种因素。维修天窗时间，主要应从提高线路维修作业效率和降低线路维修施工占用区间通过能力方面来确定。

我国既有线电气化铁路的维修天窗时间一般为 90 min，采用大型养路机械维修天窗时间一般为 3 h。高速铁路综合维修所需的时间一般为 4 ~ 6 h。

4．天窗设置原则

采用何种类型的天窗，具体的起止时间如何设置应综合考虑以下主要因素来决定。

（1）依据运量大小及列车密度大小，区分繁忙干线和一般线路。在繁忙干线和特殊困难地段实行预留天窗进行作业；在能力富余的一般线路上，则利用列车间隔时间设置天窗进行维修作业。

（2）在线路能力允许和旅客列车开行时间条件允许的情况下，天窗应尽可能设置在白天，否则应尽量设置在夜间。

（3）确保作业基本需要的原则。维修作业有一个最短作业时间，相应地天窗时间也有最小天窗时间，如果天窗时间小于这个时间就不能保证维修作业的顺利完成。

（4）保证行车及作业安全。在接触网检修天窗内，由于反向列车由有电方向向无电方向运行时必然要经过渡线或道岔，有可能抱电进入无电区，使无电区带电危及作业人员安全。因此，在电化区段的 V 形天窗内应保证无反向列车运行，在矩形天窗内应保证没有列车运行。

（5）正确处理好运输组织与维修作业的关系。在运输能力允许的情况下，应尽量为维修作业创造条件，如天窗时间尽量长一些，便于作业准备和机械化作业。

第三节 列车运行图结构分析及晚点理论

一、列车运行图结构单元特征分析

1. 运行列车组和列车种类组

（1）运行列车组。

在列车运行图上相同或不相同运行方向两相邻列车所组成的列车运行图结构单元称为运行列车组。如图 1-18 所示，列车①和②、②和③以及③和④分别构成了列车运行图的运行列车组。显然，当区段一日内运行列车数为 N 时，可以有（$N-1$）组运行列车组。若将当日最后一列车与次日第一列车也组成为一运行列车组，则可构成循环的运行列车组体系。

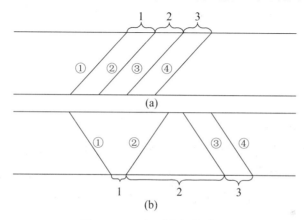

图 1-18 运行列车组构成图

（2）列车种类组。

列车按其所承担运输任务的不同主要可分为旅客列车和货物列车。旅客列车按其旅行速度的不同，又可分为高速列车、快速列车、旅游列车和直通旅客列车等。货物列车按其列车运行特征的不同，也可分为快运货物列车、普通货物列车和摘挂列车等。按一定要求将铁路区段内运行的"不同种类"列车归并组合而成的列车组称为列车种类组。

列车在区段内的运行状况与区间通过能力相关的主要因素是时间因素，一般可以按列车种类及其列车的区间运行时分或列车的区段旅行时间为特征，将列车分类归并组合为列车种类组。为进一步简化列车分类，减少列车种类组，可规定：

① 当"不同种类"列车的平均区间运行时分或平均区段旅行时间之差小于 10% 时，可将其合并为同一种类列车；

② 当"某一种类"列车的列车数少于总列车数的 5% 时，可将这类列车并入列车区间运行时分或区段旅行时间相近的列车种类组。

（3）可能运行列车组种类数。

按运行列车组第一列车和第二列车（或称前行列车和后行列车）所属列车种类组不同，又可以将运行列车组分为若干不同种类的运行列车组。因为任一列车种类组的列车均可以作为运行列车组的第一列车，又可以作为运行列车组的第二列车，所以对于组织单向行车的双线区段来说，可能的运行列车组种类数 $n_双$ 应为

$$n_双 = n_组^2 \qquad (1\text{-}9)$$

式中　　$n_组$——列车种类组数。

对于组织双向行车的单线区段来说，任一列车种类组的列车，除具有既可作为运行列车组的第一列车，又可作为运行列车组的第二列车的组合特征外，它还具有既可作为运行列车组的上行列车，又可作为运行列车组的下行列车的组合特征。因此，单线区段可能的运行列车组种类数 $n_单$ 应为

$$n_单 = (2n_组)^2 = 4n_组^2 \qquad (1\text{-}10)$$

其中，由相同种类列车构成的运行列车组称为相同种类运行列车组，由不相同种类列车构成的运行列车组称为不同种类运行列车组。在运行列车组中出现相同种类运行列车组的概率 w_g 可按下式计算：

$$w_g = \frac{N_g}{N} \qquad (1\text{-}11)$$

式中　　N_g——相同种类运行列车组数。

2. 运行列车组的分布特征

对于双线区段，若同方向列车只划分为两个列车种类组，而对于单线区段，按列车运行方向也只划分为两个列车种类组，并分别用下标 0 和 1 表示，因而两类列车数可分别写为 n_0 和 n_1。相类似地由相同种类列车组成的运行列车组数可写为 n_{00} 和 n_{11}，而由不相同种类列车组成的运行列车组数则可写为 n_{10} 和 n_{01}。必有

$$n_0 = n_{00} + n_{01} \qquad (1\text{-}12)$$

同理也有

$$n_1 = n_{11} + n_{10} \qquad (1\text{-}13)$$

$$n_{01} = n_{10} \qquad (1\text{-}14)$$

$$N = n_{00} + 2n_{01} + n_{11} \qquad (1\text{-}15)$$

若将相同与不相同种类运行列车组数积之差与不同种类列车数积之比，称为运行列车组系数 γ，则有

$$\gamma = \frac{n_{00}n_{11} - n_{01}^2}{n_0 n_1} \qquad (1\text{-}16)$$

当 $n_0 = n_1$，且 $n_{00} = n_{11}$ 时，则有

$$\gamma = \frac{n_{00}^2 - n_{01}^2}{(n_{00} + n_{01})^2} = \frac{n_{00} - n_{01}}{n_{00} + n_{01}} \qquad (1\text{-}17)$$

系数 γ 的最大值，即

$$\gamma_{max} = \frac{(n_0-1)(n_1-1) - 1^2}{n_0 n_1} = 1 - \frac{1}{n_0} - \frac{1}{n_1} \qquad (1\text{-}18)$$

仅当列车数 $n_0 = n_1$，$n_{00} = n_{11} = 0$，系数 γ 达到最小值 $\gamma_{min} = -1$。

运行图的运行列车组序列结构实际出现情况处于两极限结构之间，它可按给定的概率做分析计算。若分别用 ω_0、ω_1 表示在运行图中出现 0 类和 1 类列车的概率，则有

$$\omega_0 = \frac{n_0}{N} \tag{1-19}$$

$$\omega_1 = \frac{n_1}{N} \tag{1-20}$$

因而，出现由 0 类列车组成运行列车组的概率 ω_{00} 应为

$$\omega_{00} = \omega_0\omega_0 = \frac{n_0^2}{N^2} \tag{1-21}$$

则有

$$n_{00} = \omega_{00}N = \frac{n_0^2}{N} \tag{1-22}$$

$$n_{11} = \frac{n_1^2}{N} \tag{1-23}$$

$$n_{01} = n_{10} = \frac{n_1 n_0}{N} \tag{1-24}$$

由式（1-22）、（1-23）和（1-24）可得，当运行列车组按随机规律出现时，必有 $\gamma = 0$。单线区段，当 $n_0 = n_1$，对于随机的运行列车组序列，出现会车的概率 $\omega_k = 0.5$。

3. 列车运行间隔时间的概率分布

同方向两相邻列车由车站出发发车时间之差称为列车运行间隔时间 I_f（见图 1-19）。

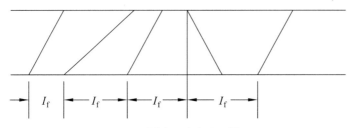

图 1-19　列车运行间隔时间图

若所有列车运行间隔时间之和为 T_z，即

$$\sum I_f = T_Z \tag{1-25}$$

则平均列车运行间隔时间 $\overline{I}_f$ 应为

$$\overline{I}_f = \frac{T_Z}{N} \tag{1-26}$$

一般情况下列车运行间隔时间的概率分布可用爱尔朗分布来描述，即

$$h = N_e^{-k\alpha} \sum_{x=0}^{k-1} \frac{k(\alpha)^n}{n!} \tag{1-27}$$

式中　h——理论频数；

　　　α ——列车运行间隔时间与平均列车间隔时间的比值；

N——运行列车数。

参数 K 用式（1-28）计算确定，

$$K = \left(\frac{\overline{I_f}}{S_z}\right)^2 \qquad (1\text{-}28)$$

式中　S_z——列车运行间隔时间的标准偏差。

K 可取 1 至 ∞ 的全部数值。当 $K = 1$ 时，由式（1-27）可得负指数分布的形式，即

$$h = N_e^{-\alpha} \qquad (1\text{-}29)$$

当 $K = \infty$ 时，相应为一固定列车运行间隔时间的运行图。

在实际工作中通常 K 值为 $1 \sim 5$，且具有区段列车运行负荷越大、K 值越大的特征。这说明区段列车运行负荷越大，列车运行越有规律性。

二、平均最小列车间隔时间

1. 列车间隔时间和最小列车间隔时间

列车间隔时间是指从运行列车组第一列车由区间一端站出发或通过之时起，至运行列车组第二列车由区间同一车站或另一端站出发或通过时止的时间。而最小列车间隔时间是指运行列车组两列车可以在同一区间内运行，且运行过程相互不受干扰的最小时间间隔，如图 1-20 所示，必有

$$I = I_f - t_r \qquad (1\text{-}30)$$

式中　I_f——列车间隔时间，min；

　　　I——最小列车间隔时间，min；

　　　t_r——列车运行图缓冲时间，min。

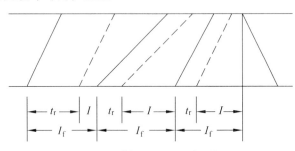

图 1-20　列车运行图缓冲时间图

2. 双线自动闭塞区段最小列车间隔时间

在双线自动闭塞区段，最小列车间隔时间即列车追踪间隔时间。

最小列车间隔时间 I 就每一种类运行列车组可能有不同情况。对于只具有两种列车种类组的区段，可能的运行列车组种类数为

$$n_{双} = 2^2 = 4$$

四种运行列车组的构成情况如图 1-21 所示，图中各种运行列车组的最小列车间隔时间，在相应区段具体条件下，可根据列车运行要求计算确定。

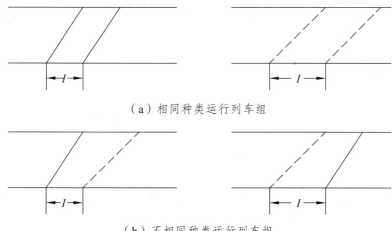

（a）相同种类运行列车组

（b）不相同种类运行列车组

图 1-21 运行列车组构成图

3. 单线非自动闭塞区段最小列车间隔时间

在单线区段，以运行列车组两列车运行方向为特征，可将运行列车组分为运行方向相同运行列车组（或称为连发运行列车组）和运行方向不相同运行列车组（或称相向运行列车组）两类。

（1）连发运行列车组。

对于连发运行列车组，最小列车间隔时间虽与双线区段的概念相似，也是指运行列车组两列车由区间同一车站出发或通过的最小必要间隔时间，但是在包含的时间因素上却有所不同，因它还与第一列车在区间两端站的运行情况相关。根据运行列车组第一列车在区间两端站运行情况之不同。

每一种类连发运行列车组的可能构成情况如图 1-22 所示。

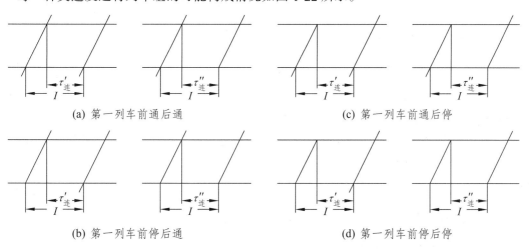

(a) 第一列车前通后通

(c) 第一列车前通后停

(b) 第一列车前停后通

(d) 第一列车前停后停

图 1-22 连发运行列车组构成图

假定连发运行列车组在运行图中出现各种运行情况的概率是相等的，则计算连发运行列

车组最小间隔时间的一般式可以写为

$$I = t_1 + \frac{1}{2}(\tau'_{连} + \tau''_{连} + t_{起} + t_{停})$$ （1-31）

式中　t_1——第一列车区间运行时分，min；

　　　$t_{起}$——起动附加时分，min；

　　　$t_{停}$——停车附加时分，min。

（2）相向运行列车组。

对于相向运行列车组，最小列车间隔时间是指运行列车组第一列车由区间一端站出发或通过之时起，至运行列车组第二列车由区间另一端站出发或通过时止的时间，其值与运行列车组第一、第二列车在运行图上铺画的优先级相关。

① 当两列车的优先级相同时。

按照运行列车组第一列车在区间两端站运行情况之不同，相向运行列车组的可能构成情况如图 1-23 所示。

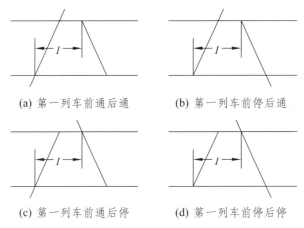

(a) 第一列车前通后通　　　　(b) 第一列车前停后通

(c) 第一列车前通后停　　　　(d) 第一列车前停后停

图 1-23　相向运行列车组构成图

假定由相同等级列车组成的相向运行列车组在运行图中出现四种情况的概率是相等的。因而，计算相向运行列车组最小列车间隔时间的一般式可以写为

$$I = t_1 + \frac{1}{2}(t_{起} + t_{停} + \tau_{不} + \tau_{会})$$ （1-32）

② 当两列车优先级不相同，且第一列车优先于第二列车时。

这时运行列车组第一列车在区间终端站必取通过的铺画方式，而按其在区间始端站运行情况之不同，相向运行列车组可有如图 1-24 所示的可能构成情况。与列车等级相同的情况相类似，作为一般式也可以写为

$$I = t_1 + \tau_{会} + \frac{1}{2}t_{起}$$ （1-33）

③ 当两列车优先级不相同，且第二列车优于第一列车时。

这时运行列车组第一列车在区间终端站必取停车待会的铺画方式，而按其在区间始端站运行情况之不同，相向运行列车组可有如图 1-25 所示的可能构成情况。最小列车间隔时间可按公式（1-34）计算。

$$I = t_1 + t_{停} + \tau_{不} + \frac{1}{2} t_{起} \qquad (1\text{-}34)$$

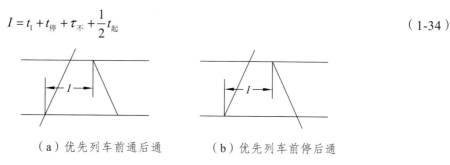

（a）优先列车前通后通 　　　　（b）优先列车前停后通

图 1-24　相向运行列车组构成图

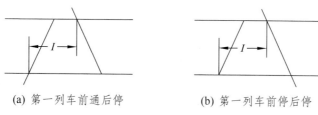

(a) 第一列车前通后停 　　　　 (b) 第一列车前停后停

图 1-25　相向运行列车组构成图

4. 平均最小列车间隔时间

平均最小列车间隔时间是指运行列车组最小列车间隔时间的平均值。

设根据列车运行图查定的某种运行列车组数为 n_{ij}，相应的最小列车间隔时间为 I_{ij}，一日内开行的全部列车为 N，则平均最小列车间隔时间 $\overline{I}$ 可按式（1-35）计算。

$$\overline{I} = \frac{\displaystyle\sum_{i,j=1}^{m} n_{ij} I_{ij}}{N} \qquad (1\text{-}35)$$

式中　i——运行列车组第一列车的序号；

$\quad\quad$ j——运行列车组第二列车的序号；

$\quad\quad$ m——运行列车组种类数。

当所研究区段还没有列车运行图可供利用时，可认为各种运行列车组的出现都是随机事件。在这种情况下以不同种类列车数和类别运行列车组最小列车间隔时间 I_{ij} 为基础，平均最小列车间隔时间 $\overline{I}$ 可按式（1-36）和式（1-37）计算。

对于双线自动闭塞区段

$$\overline{I} = \frac{\displaystyle\sum_{i,j=1}^{m} n_i n_j I_{ij}}{\displaystyle\sum_{i,j=1}^{m} n_i n_j} \qquad (1\text{-}36)$$

对于单线区段

$$\overline{I} = \frac{\displaystyle\sum_{i,j=1}^{2m} n_i n_j I_{ij}}{\displaystyle\sum_{i,j=1}^{2m} n_i n_j} \qquad (1\text{-}37)$$

式中　n_i，n_j——运行列车组中第一、第二列车的种类别列车数。

相应地其中相同种类运行列车组平均最小列车间隔时间 $\overline{I_g}$ 和不同种类运行列车组平均最小列车间隔时间 $\overline{I_v}$ 可按公式（1-38）和（1-39）计算。

$$\overline{I_g} = \frac{B_g}{N_g} \qquad\qquad (1-38)$$

$$\overline{I_v} = \frac{B_v}{N_v} \qquad\qquad (1-39)$$

式中　B_g，B_v——相同、不同种类运行列车组占用总时间，min；

　　　N_g，N_v——相同、不同种类运行列车组的组数。

三、平均必要缓冲时间

列车进入晚点分布函数。

1．列车进入晚点

列车由任一车站出发，对于其前方区间而言，可称之为该列车进入区间。若列车由任一车站出发晚点，即将产生列车进入区间晚点，亦即当列车由任一车站进入区间的实际时刻偏离于运行图规定时刻，简称列车进入晚点，并定义列车实际进入区间时间与运行图规定的时间之差为列车进入晚点时间。

设区间每日运行列车数为 N，N 列列车中出现列车进入晚点的列车数为 N_t。其比率可称之为晚点率或发生列车进入晚点的概率 g，它可用式（1-40）表示。

$$g = \frac{N_t}{N} \qquad\qquad (1-40)$$

若每日列车进入晚点的时间总值为 t（min），则每一运行列车的平均进入晚点时间 $\overline{t}$ 应为

$$\overline{t} = \frac{t}{N}（\text{min}） \qquad\qquad (1-41)$$

每一晚点列车所摊到的平均列车进入晚点时间 t_m 则应为

$$t_m = \frac{t}{N_t}（\text{min}） \qquad\qquad (1-42)$$

因而，g，$\overline{t}$，t_m 之间存在着如下关系：

$$t_m = \frac{\overline{t}}{g} \qquad\qquad (1-43)$$

2．列车运行图缓冲时间

列车最小间隔时间是保证车站能完成必要的接发列车作业和确保列车在区间内安全运行的时间。在具体铺画列车运行图时，由于受列车种类不同、列车运行线在运行图中的相互位置和区间通过能力利用率等因素的影响，列车运行图中实际安排的列车发车间隔时间或到、发间隔时间往往大于最小列车间隔时间。实际列车运行图中的列车间隔时间与最小列车间隔时间之差为列车运行图缓冲时间，简称缓冲时间。缓冲时间对于缓解列车晚点对后行列车运行的影响有重要意义。

3．列车后效晚点时间

当列车发生进入晚点且晚点时间超过一定数值时，由于列车等级和最小列车间隔时间的要求，将产生晚点传播，可能会使自身或相邻列车的晚点时间增加（称为增晚时间）。在这里，将这类列车增晚时间定义为列车晚点传播的后效晚点时间。

列车后效晚点时间由列车等级、运行图结构、最小列车间隔时间、缓冲时间分布等因素决定，与列车晚点传播规律密切相关，可采用排队论模型进行描述和计算。一般来说，列车运行图中平均缓冲时间越大，平均列车后效晚点时间就越小。

4．平均必要列车运行图缓冲时间

平均必要列车运行图缓冲时间是指在允许产生一定列车后效晚点总时间的条件下，列车运行图应具有的平均缓冲时间。列车后效晚点时间作为评价列车运行工作的一项质量指标，与列车运行的准时性和列车运行秩序密切相关，在日常工作中应对它有一定的数量要求。在给定列车后效晚点总时间标准的条件下，可根据排队论模型就每一具体区间确定出必要的平均列车运行图缓冲时间。

根据以往的研究成果，列车后效晚点时间 t_F 与平均必要缓冲时间的关系可用式（1-44）描述：

$$t_F = \frac{N\bar{t}(1-g/2)}{m\bar{t}_r + 1 - e^{-m\bar{I}}}[W_g(1-e^{-m\bar{I}_g})^2 + (1-W_g)m\bar{I}_v(1-e^{-2m\bar{I}v}) + \frac{\bar{I}}{\bar{t}_r}(1-e^{-m\bar{I}})^2] \qquad （1-44）$$

式中　　m——列车进入晚点时间概率密度函数的参数，在以往的研究中曾取值为 0.0231；

　　　　$\bar{t}_r$——平均必要缓冲时间。

第二章　区间通过能力计算

铁路区间通过能力，是指铁路区段的每个区间，在一定的行车组织条件下，一昼夜内最多所能通过的标准列车数量（列数或对数）。

区间通过能力的大小主要受以下因素的影响：

（1）区间内的正线数目。显然，单线区间的通过能力低于双线和多线区间的通过能力。

（2）区间长度。当客货列车运行速度一定时，区间长度对区间通过能力往往起着决定性的影响。

（3）线路平纵断面。当列车质量一定时，线路的坡度和曲线半径，将影响列车的运行速度，从而影响列车占用区间的时间。

（4）牵引机车类型。各类机车的构造、牵引性能、功率等不同，构造速度、计算速度及牵引力、制动力均有差别。因此，不同类型的机车牵引一定质量的列车在同一区间运行时，速度不同，从而产生不同的运行时间。

（5）信号、联锁、闭塞设备。各种信联闭设备的性能、操纵方式、办理作业所需时间及列车占用区间的时间不相同，从而使区间通过能力也大不相同。

（6）线路及供电设施日常保养维修的机械设备。使用小型机械或人工操作进行线路维修时扣除的固定占用区间时间少，甚至可以利用列车间隙进行工作；使用大型机械进行线路整修，以及电气化铁道的供电设备需要停电维修时，扣除的固定占用区间时间长，对区间通过能力的影响很大。

（7）行车组织方法。除上述一系列与技术装备条件有关的因素外，所采用的行车组织方法对区间通过能力的大小也有很大影响。

行车组织方法具体体现为列车运行图类型。根据各种列车运行速度，列车运行图可分为平行运行图和非平行运行图。这是列车运行图的基本类型。

平行运行图能保证最充分地利用区段通过能力，是研究其他类型运行图性质和规律的基础。平行运行图区间通过能力，通常按每一列车或每对列车平均占用区间的时间直接计算。其占用区间的时间取决于所采用运行图的类型特征及其所包含的各种时间因素。

第一节　平行运行图通过能力

一、计算平行运行图通过能力的基本原理

在平行运行图上，同一区间内同方向列车的运行速度都是相同的，并且上下行方向列车

在同一车站上都采取相同的交会方式。从这种运行图上可以看出，任何一个区间的列车运行线，总是以同样的铺画方式一组一组地反复排列的。一组列车占用区间的时间，称为运行图周期 $T_{周}$。图 2-1 给出了不同类型的运行图周期。不同类型的运行图周期所包含的上下行列车数可能是不同的。若一个运行图周期内所包含的列车对数或列数用 $n_{周}$ 表示，则放行一列或一对列车平均占用该区间时间应为

$$t_{占均} = \frac{T_{周}}{n_{周}} \qquad (2\text{-}1)$$

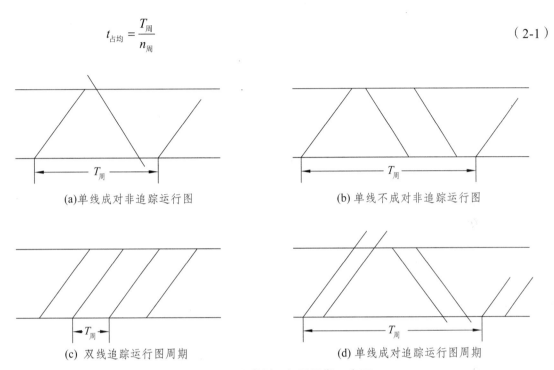

(a)单线成对非追踪运行图　　　　　　(b) 单线不成对非追踪运行图

(c) 双线追踪运行图周期　　　　　　(d) 单线成对追踪运行图周期

图 2-1　不同类型运行图周期示意图

因而，对于一定类型平行运行图区间通过能力 n，应用直接计算法可按式（2-2）~（2-4）计算：

当不考虑固定作业占用时间有效度系数时

$$n = \frac{1\,440}{t_{周}} = \frac{1\,440 n_{周}}{T_{周}} \qquad (2\text{-}2)$$

当考虑固定作业占用时间而不考虑有效度系数时

$$n = \frac{(1\,440 - T_{固}) n_{周}}{T_{周}} \qquad (2\text{-}3)$$

当同时考虑固定作业占用时间和有效度系数时

$$n = \frac{(1\,440 - T_{固}) n_{周} d_{有效}}{T_{周}} \qquad (2\text{-}4)$$

式中　$T_{固}$——固定作业时间是指为进行线路养护维修、技术改造施工、电力牵引区段接触网检修等作业，须预留的固定占用区间时间，以及必要的列车慢行和其他附加时分，但双线区段施工期间组织反向行车时，应扣除利用非施工方向放行列车所节省的时间；

$d_{\text{有效}}$——有效度系数是指扣除设备故障和列车运行偏离、调度调整等因素所产生的技术损失后，区间时间可供有效利用的系数，一般可取 0.88~0.91。

运行图周期系由列车(一个或几个列车)区间纯运行时分 $\sum t_{运}$、起停车附加时分 $\sum t_{起停}$ 以及车站间隔时间 $\sum \tau_{站}$ 所组成，即

$$T_{周} = \sum t_{运} + \sum t_{起停} + \sum \tau_{站} \quad (\text{min}) \tag{2-5}$$

一般情况下列车在各区间的运行时分不相同，各车站的间隔时间也可能不同，所以每一区间的 $T_{周}$ 常常是不等的。从上述公式可以看出，通过能力大小与 $T_{周}$ 成反比，$T_{周}$ 越大，通过能力越小。在整个区段里，$T_{周}$ 最大的区间也就是通过能力最小的区间，称为该区段的限制区间。限制区间的通过能力即为该区段的区间通过能力。

列车区间运行时分，对运行图周期的大小起主要作用。在运行图周期里 $\sum t_{运}$ 最大的区间，称为困难区间。大多数情况下，困难区间往往就是限制区间，但有的区间虽然本身不是困难区间，由于车站间隔时间数值较大，而成了限制区间。

如前所述，在不同类型的运行图里，$T_{周}$ 的组成及 $n_{周}$ 的数值是不同的。因此，必须对不同类型的运行图分别计算其通过能力。

二、单线成对非追踪平行运行图

在单线区段，通常采用成对非追踪运行图（见图 2-2）。单线成对非追踪平行运行图周期可用下式表示

$$T_{周} = t' + t'' + \tau_{站}^{a} + \tau_{站}^{b} + \sum t_{起停} \quad (\text{min}) \tag{2-6}$$

式中　　t'，t''——上下行列车的区间纯运行时分，min；

　　　　$\tau_{站}^{a}$，$\tau_{站}^{b}$——a，b 站的车站间隔时间，min；

　　　　$\sum t_{起停}$——列车起停附加时分，min。

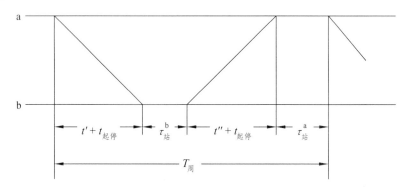

图 2-2　单线成对非追踪运行图周期示意图

由于一个周期内所包含的列车数为一对（即 $n_{周} = 1$），因此只要将 $n_{周} = 1$ 代入式（2-2）~（2-4），即可得相应区间通过能力。

为了使区段通过能力达到最大，应当使限制区间的 $T_周$ 数值尽量缩小。在采用一定类型的机车和一定的列车质量标准的条件下，区间运行时分 $\sum t_运$ 是固定不变的。因而想要缩小 $T_周$，只有设法缩小 $\sum t_{起停} + \sum \tau_站$ 的数值。通过在限制区间合理地安排列车运行线的铺画方案，是可以达到上述目的的。如图 2-3 所示，运行图上列车运行线的可能铺画方案有四种。

（1）上下行列车不停车通过车站而进入区间，见图 2-3（a），运行图周期为

$$T_周 = t' + t'' + \tau_不^a + \tau_不^b + 2t_停 \quad (\text{min})$$

（2）上下行列车不停车通过车站而开出区间，见图 2-3（b），运行图周期为

$$T_周 = t' + t'' + \tau_会^a + \tau_会^b + 2t_起 \quad (\text{min})$$

（3）下行列车不停车通过区间两端车站，见图 2-3（c），运行图周期为

$$T_周 = t' + t'' + \tau_不^a + \tau_会^b + t_起 + t_停 \quad (\text{min})$$

（4）上行列车不停车通过区间两端车站，见图 2-3（d），运行图周期为

$$T_周 = t' + t'' + \tau_会^a + \tau_不^b + t_起 + t_停 \quad (\text{min})$$

在选择限制区间列车运行线的合理铺画方案时，应考虑到区间两端车站的具体条件。例如，在 a 站下行出站方向有较大上坡道时，如果采用下行列车在 a 站停车进入区间的方案，就有可能造成下行列车出发启动困难，这时就应选用下行列车通过 a 站而 $T_周$ 又是较小的方案。

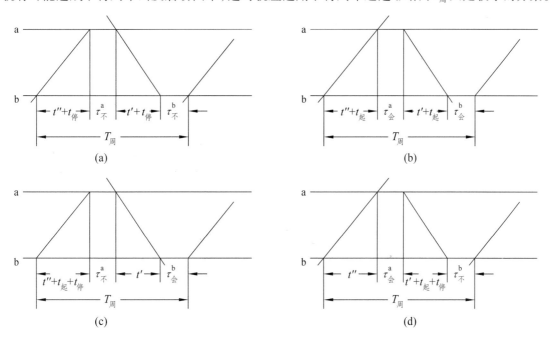

图 2-3　列车运行线铺画方案示意图

中间站的技术作业停留时间，对两相邻区间的通过能力会产生不良影响，并可能因而使相邻区间中的一个成为区段的限制区间，因此必须研究采取消除或减少这种影响的措施。由

图 2-4 可见，当技术作业停车站的邻接区间可能成为限制区间时，应使 $T_{周}^{a-b}$ 和 $T_{周}^{b-c}$ 尽量缩小，并尽可能使 $T_{周}^{a-b} = T_{周}^{b-c}$，即

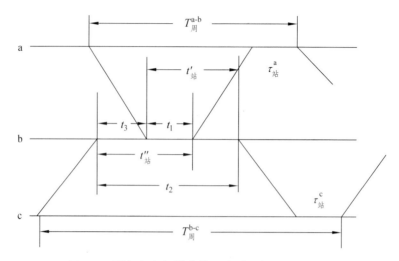

图 2-4　列车会车与技术作业停站时间关系示意图

$$t'_{a-b} + t''_{a-b} + t''_{站} - t_3 + \tau_{站}^a + \sum t_{起停} = t'_{b-c} + t''_{b-c} + t'_{站} + t_3 + \tau_{站}^c + \sum t_{起停}$$

若令

$$t'_{a-b} + t''_{a-b} + t''_{站} + \tau_{站}^a + \sum t_{起停} = T_{a-b}$$

$$t'_{b-c} + t''_{b-c} + t'_{站} + \tau_{站}^c + \sum t_{起停} = T_{b-c}$$

则　　　　　　　　　$$t_3 = \frac{1}{2}(T_{a-b} - T_{b-c}) \tag{2-7}$$

从而　　　　　　　　$$T_{周} = T_{b-c} + t_3 \tag{2-8}$$

当 $T_{a-b} > T_{b-c}$ 时，t_3 为正值，即应先从 b—c 区间接入列车。反之，当 $T_{a-b} < T_{b-c}$ 时，t_3 为负值，则应先从 a—b 区间接入列车。但此时必须保证 $t_1 \geq \tau_{会}^b$，即必须保证 $t_3 \leq t''_{站} - \tau_{会}^b$（$t''_{站}$ 为先接入列车的技术作业停站时间），如果 b 站不允许同时接车，还必须保证 $t_3 \geq \tau_{不}^b$，此时，$T_{周} \geq T_{b-c} + \tau_{不}^b$，否则需要进行调整。

为了减少技术需要停站时间对通过能力的影响，可以根据具体情况采取如下措施：

（1）将技术需要的停车站设在两个列车运行时分较小区间所邻接的车站上。

（2）两列车在技术需要停车站交会时，先从 T 较小的区间接入待会列车（例如 $T_{b-c} < T_{a-b}$，则应先从 b—c 区间接入列车）。

（3）规定最小的列车技术需要停站时间。

（4）将技术需要停车站设在允许同时接车的车站上。

（5）当技术需要停车站不允许同时接车而邻接区间的列车运行时分又大致相等时，可采取交错会车方式（见图 2-5）。如 $T_{a-b} > T_{b-c}$，参照图 2-4 可知：

$$T'_{周} = T_{a-b} - \tau^b_不$$

$$T''_{周} = T_{a-b} + \tau^b_不$$

于是

$$T^均_周 = \frac{1}{2}(T'_{周} + T''_{周}) = T_{a-b}$$

因而，采取交错会车方式的有利条件应是

$$T_{a-b} < T_{b-c} + \tau^b_不$$

即　　　　　$$T_{a-b} - T_{b-c} < \tau^b_不$$

或　　　　　$$t_3 < \frac{1}{2}\tau^b_不$$

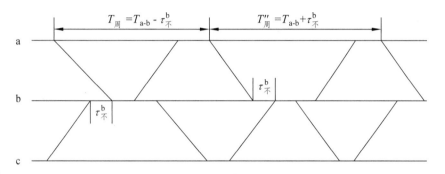

图 2-5　交错会车示意图

（6）将上下行列车的技术需要停站分别规定在两个车站上，见图 2-6。

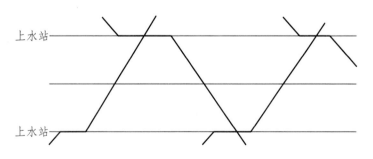

图 2-6　上下行列车在两个车站交错上水图

如果无法采用上述措施或虽采用某项措施仍不能消除技术需要停站时间对通过能力的影响时，可采用移动运行图周期的办法（见图 2-7）。当一个列车的技术需要停站时间相当于半个运行图周期时，可采用半周期移位法。当一个列车的技术需要停站时间相当于一个运行图周期时，则可采用全周期移位法。采用运行图周期移位法，可以提高通过能力，但旅行速度将显著降低，且要求车站具有较多配线，故一般只在特殊情况下采用。

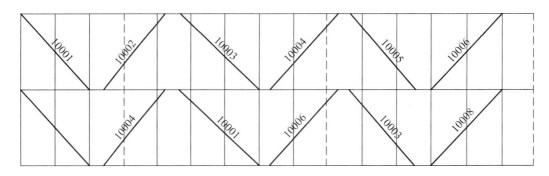

(a) 移动半周期

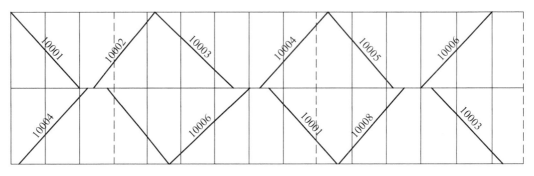

(b) 移动全周期

图 2-7　移动运行图周期

　　例如，A—B 区段为单线半自动闭塞区段，有关资料见图 2-8。选择合理会车方案时，一般先从困难区间 a—b，或从邻接技术作业停车站的区间 b—c，c—d 开始，依次进行选择，即可得第一方案。分别计算该方案每一区间的 $T_{周}$，可以看出 a—b 区间的 $T_{周}$ 最大。

　　对方案 1 中 a—b 区间的会车方式加以分析可以看出，它并不是最优的铺画方案，而以上下行列车不停车通过车站开出区间的方式为最优方案。但是，当在 a—b 区间采用最优铺画方案时，将使 b—c 区间的运行图周期加大，而成为 $T_{周}$ 最大的区间。为此，可利用 $t_3 = \dfrac{1}{2}(T_{c-d} - T_{b-c}) = \dfrac{1}{2}(71-61) = 5$ 的关系，调整 b—f 和 f—d 区间的铺画方案，使 $T_{周}^{b-a} = T_{周}^{c-d}$。这时 $t_3 \geqslant \tau_{不}^c$，$t_1 \geqslant \tau_{会}^c$，所以不用调整而得方案 2。在方案 2 中，a—b，b—c 及 c—d 三个区间的 $T_{周}$ 都相等，同时再也找不出使 $T_{周}$ 进一步缩小的其他会车方式，这样，方案 2 便成为通过能力最大的方案，a—b，b—c 及 c—d 区间为全区段的限制区间。这时，不考虑 $T_{周}$ 和 $d_{有效}$ 的区间通过能力为

$$n = \frac{1\,440}{T_{周}} = \frac{1\,440}{66} \approx 21.5 \text{（对）}$$

　　通过能力应保留小数点后一位，平行运行图通过能力不进位为 0.5 或 1.0，非平行运行图通过能力以对数表示时，不足 0.5 者舍去，0.5 以上但不足 1 对者按 0.5 对计算，以列数表示时，不足 1 列者舍去。

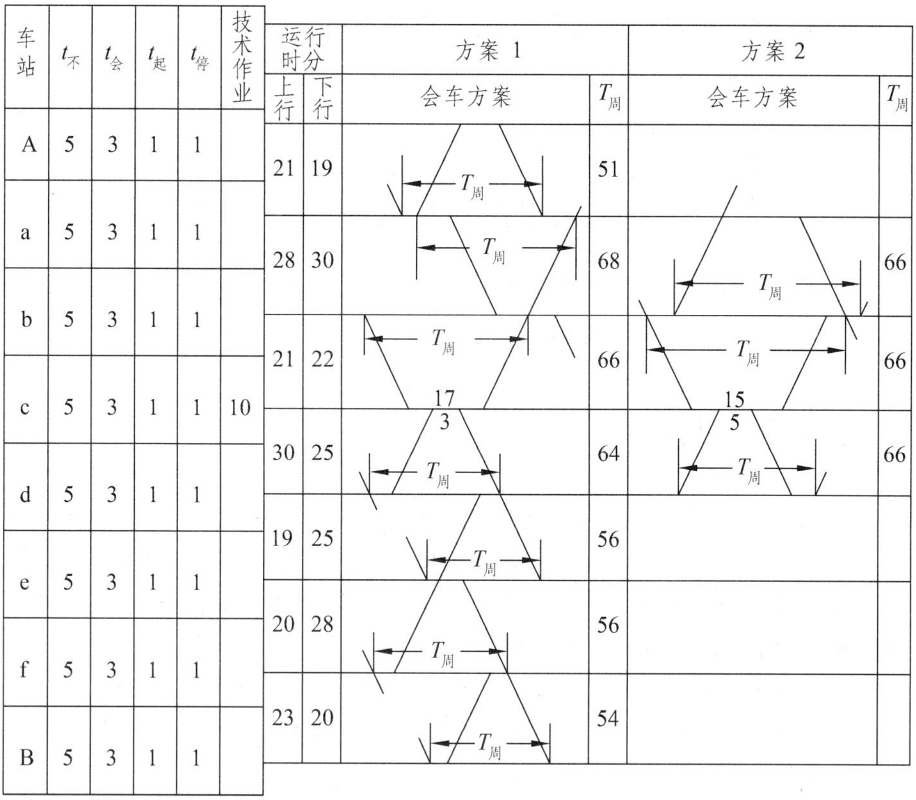

车站	$t_不$	$t_会$	$t_起$	$t_停$	技术作业	运行时分 上行	运行时分 下行	方案 1 会车方案	$T_周$	方案 2 会车方案	$T_周$
A	5	3	1	1		21	19		51		
a	5	3	1	1		28	30		68		66
b	5	3	1	1		21	22		66		66
c	5	3	1	1	10	30	25	17 3	64	15 5	66
d	5	3	1	1		19	25		56		
e	5	3	1	1		20	28		56		
f	5	3	1	1		23	20		54		
B	5	3	1	1							

图 2-8　列车交会方案

三、单线不成对运行图

在上下行行车量不等的区段，为了适应运量增长的需要，可以采用不成对运行图。由图 2-9 可见，在单线不成对运行图中，若行车量较小方向列车数为 n'，行车量较大方向列车数为 n''，则有

$$n'T_周 + (n'' - n')T_列 = 1\,440$$

若令 $\beta_不 = \dfrac{n'}{n''}$

则可得不考虑 $T_固$ 及 $d_有效$ 时的区间通过能力计算公式，即

$$n'' = \frac{1\,440}{T_周\beta_不 + T_列(1 - \beta_不)} \quad (\text{列}) \tag{2-9}$$

$$n' = n''\beta_不 \tag{2-10}$$

式中　$\beta_不$——不成对系数。

单线不成对运行图行车量较大方向的区间通过能力，比成对运行图的高，并且不成对系数愈小，通过能力愈大。但是，采用单线不成对运行图，将明显降低旅行速度，需要增添车站配线，并且不成对系数越小，这种不良影响越显著。因此，只有在需要少量增加通过能力，并且上下行行车量不平衡的条件下，才采用这个措施。

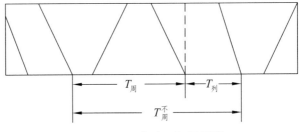

图 2-9　不成对运行图周期

四、单线追踪运行图

在装有自动闭塞的单线区段，为了提高通过能力，也可以采用成对部分追踪运行图。当上下行行车量不同时，还可以采用不成对部分追踪运行图。由图 2-10 可见，在成对追踪运行图中，列车占用限制区间的总时间由若干个普通的运行图周期（即非追踪运行图周期 $T_{周}$ ）及若干个列车追踪间隔时间（ $I'+I''$ ）所组成。

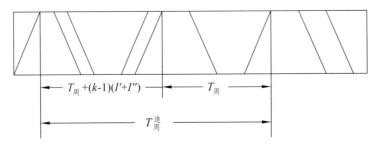

图 2-10　成对部分追踪运行图周期

普通运行图周期数 $N_{周}$ 为

$$N_{周} = n - n_{追} N_{追组}$$ （2-11）

式中　n——列车总对数；

$N_{追组}$——追踪运行列车组的对数；

$n_{追}$——每一个追踪运行列车组的追踪列车数。

当不考虑 $T_{固}$ 及 $d_{有效}^*$ 时，一昼夜列车占用区间的总时间为

$$(n - n_{追} N_{追组}) T_{周} + n_{追} (I' + I'') N_{追组} = 1\,440$$ （2-12）

设追踪列车数与总列车数之比为 $\gamma_{追}$ （称为追踪系数），即

$$\gamma_{追} = \frac{n_{追} N_{追组}}{n}$$ （2-13）

因而也有

$$N_{追组} = \frac{\gamma_{追} n}{n_{追}}$$ （2-14）

将（2-14）式的 $N_{追组}$ 代入（2-12）式，即可得不考虑 $T_{固}$ 及 $d_{有效}$ 时的成对部分追踪运行图通过能力

$$n = \frac{1\,440}{(1-\gamma_{追})T_{周}+(I'+I'')\gamma_{追}}\quad（对）\qquad（2-15）$$

在单线自动闭塞区段，如果上下行行车量不同，也可采用不成对部分追踪运行图。在这种运行图中，列车占用区间的总时间由若干个普通运行图周期及上下行若干个追踪间隔时间所组成。普通运行图周期数为

$$N_{周} = n'' - n''_{追}N''_{追组} = n' - n'_{追}N'_{追组}\qquad（2-16）$$

式中　n''，n'——行车量大的方向列车总数与反方向列车总数；

　　　$N''_{追组}$，$N'_{追组}$——行车量大的方向追踪运行列车组数和反方向追踪运行的列车组数；

　　　$n''_{追}$，$n'_{追}$——行车量大的方向和反方向每一追踪运行列车组的追踪列车数。

当不考虑 $T_{固}$ 及 $d_{有效}$ 时，全部列车占用区间的总时间为

$$(n'' - n''_{追}N''_{追组})T_{周} + n''_{追}N''_{追组}I'' + n'_{追}N'_{追组}I' = 1\,440\qquad（2-17）$$

式中　I'，I''——行车量大的方向和反方向的列车追踪间隔时间，min。

由于

$$N''_{追组} = \frac{\gamma''_{追组}n''}{n''_{追}}\qquad（2-18）$$

$$N'_{追组} = \frac{\gamma'_{追组}n'}{n'_{追}}\qquad（2-19）$$

所以，当 $n'' = n' = 1$ 及 $I'' = I' = 1$ 时，不成对部分追踪运行图通过能力可由（2-16）与（2-17）式整理得

$$n'' = \frac{1\,440}{(1-\gamma''_{追})T_{周} + I''\gamma''_{追} + \beta_{不}\gamma''_{追}I'}\qquad（2-20）$$

如把（2-18）及（2-19）式代入（2-16）式，则可得 n' 与 n'' 的比值（$\beta_{不}$），即

$$\beta_{不} = \frac{1-\gamma''_{追}}{1-\gamma'_{追}}\qquad（2-21）$$

当给定不成对系数 $\beta_{不}$ 及行车量大的方向的追踪系数 $\gamma''_{追}$ 时，利用关系式（2-21）可以求得行车量小的方向应具有的追踪系数 $\gamma'_{追}$，即

$$\gamma'_{追} = 1 - \frac{1-\gamma''_{追}}{\beta_{不}}\qquad（2-22）$$

五、双线平行运行图

在未装设自动闭塞的双线区段，通常采用连发运行图（见图 2-11）。双线连发运行图的运行图周期 $T_{周}$ 为

$$T_{周} = t_{运} + \tau_{连}\quad（min）$$

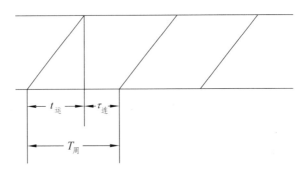

图 2-11　双线连发运行图周期

因而，当不考虑 $T_固$ 及 $d_{有效}$ 时，区间通过能力分别上下行方向，可按下式计算：

$$n = \frac{1440}{t_运 + \tau_连} \qquad\qquad (2\text{-}23)$$

应该指出，由于区间线路断面的关系，上下行方向的限制区间可能不是同一个区间。因而，上下行方向区间通过能力不一定相同。

在装有自动闭塞区段，通常采用追踪运行图（见图 2-12）。双线追踪运行图的运行图周期 $T_周$ 等于追踪列车间隔时间 I，因而每一方向的区间通过能力为

$$n = \frac{1440}{I} \qquad\qquad (2\text{-}24)$$

由式（2-24）可以看出，在自动闭塞区段，当 $I = 10\ \text{min}$，且不考虑 $T_固$ 及 $d_{有效}$ 时，平行运行图的通过能力每一方向可以达到 144 列；当 $I = 8\ \text{min}$ 时，每一方向可以达到 180 列。因此，在双线区段上装设自动闭塞并采用追踪运行图，可以显著地增加通过能力。

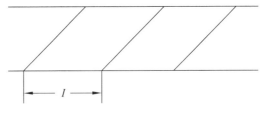

图 2-12　双线追踪运行图周期

第二节　非平行运行图通过能力

一、非平行运行图通过能力计算方法

采用平行运行图可以达到最大的通过能力，但这种运行图只在能力特别紧张的特殊情况下采用。在通常情况下，采用的是非平行运行图。在非平行运行图上，铺画有速度较高的旅客列车和快运货物列车，也有一般货物列车，以及停站次数较多和停站时间较长的摘挂列车等。

非平行运行图的通过能力，是指在旅客列车数量及其铺画位置既定的条件下，该区段一昼夜内所能通过的货物列车和旅客列车对数（或列数）。在一般情况下，铁路上开行的旅客列

车和快运货物列车数远比一般货物列车数少，在运行图上只占一小部分，而运行图的大部分仍具有平行运行图的特征。因此，在计算非平行运行图的通过能力时，仍可以利用平行运行图所具有的明显的规律性，先确定平行运行图的通过能力，然后根据开行快速列车对货物列车的影响，扣除由于受这种影响而不能开行的货物列车数，以及因开行摘挂列车而减少开行的货物列车数，即可求得非平行运行图的通过能力。计算非平行运行图通过能力的方法有两种：

（1）图解法。在运行图上首先铺画旅客列车，然后在旅客列车间隔内，铺画其他货物列车（包括摘挂列车）。在运行图上所能最大限度铺画的客货列车总数即为该区段的非平行运行图的通过能力。图解法比较精确，但较烦琐，故只在特殊需要时采用。

（2）分析法。根据旅客列车和摘挂列车的扣除系数，可以近似地计算非平行运行图的通过能力 $n_{非}$，计算公式为

$$n^{非}_{货} = n - \varepsilon_{客} n_{客} - (\varepsilon_{快货} - 1) n_{快货} - (\varepsilon_{摘挂} - 1) n_{摘挂} \qquad （2-25）$$

$$n_{非} = n^{非}_{货} + n_{客} \qquad （2-26）$$

式中　$n^{非}_{货}$——非平行运行图的货物列车通过能力（包括快运货物列车和摘挂列车在内）；

$n_{客}$——在运行图上铺画的旅客列车对数或列数；

$n_{快货}$——在运行图上铺画的快运货物列车的对数或列数；

$n_{摘挂}$——在运行图上铺画的摘挂列车的对数或列数；

$\varepsilon_{客}$——旅客列车的扣除系数；

$\varepsilon_{快货}$——快运货物列车的扣除系数；

$\varepsilon_{摘挂}$——摘挂列车的扣除系数。

所谓扣除系数，是指因铺画一对或一列旅客列车、快运货物列车或摘挂列车，须从平行运行图上扣除的货物列车对数或列数。由式（2-25）和（2-26）可以看出，分析法的精确性，主要取决于扣除系数数值的规定是否合理。因此，当研究用分析法确定非平行运行图的通过能力时，首先必须研究确定扣除系数的原理。

二、单线非自动闭塞区段旅客列车扣除系数

如图 2-13 所示，在运行图上铺画旅客列车所造成的扣除系数，由如下两部分组成：

（1）基本扣除系数（ $\varepsilon_{基}$ ）。一对旅客列车占用限制区间的时间 $t_{客占}$ 与一对货物列车占用限制区间的时间 $T_{周}$ 之比，称为基本扣除系数。$t_{客占}$ 由旅客列车区间运行时分 $t_{客}$ 和车站间隔时间 $\tau_{站}$ 两部分组成，即

$$t_{客占} = t'_{客占} + t''_{客占} = (t'_{客} + t''_{客}) + \sum \tau_{站} = \Delta(t' + t'') + \sum \tau_{站}$$

$$\varepsilon_{基} = \frac{t_{客占}}{T_{周}} = \frac{\Delta(t' + t'') + \sum \tau_{站}}{T_{周}} \qquad （2-27）$$

式中　$t'_{客}$，$t''_{客}$——旅客列车在限制区间的上、下行运行时分，min；

t'，t''——货物列车在限制区间的上、下行运行时分，min；

Δ——货物列车与旅客列车速度的比值。

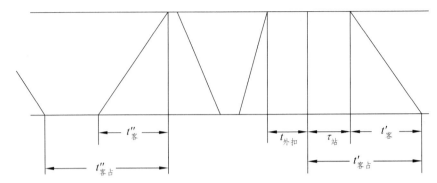

图 2-13　运行图上铺画旅客列车所形成的扣除时间图

（2）额外扣除系数（$\varepsilon_{外扣}$）。由于两相邻旅客列车之间的时间间隔不是货物列车占用限制区间时间的整倍数而产生的额外扣除时间 $t_{外扣}$ 与一对货物列车占用限制区间的时间 $T_{周}$ 之比，称为额外扣除系数。$\varepsilon_{外扣}$ 数值的大小与运行图上旅客列车对数及其铺画位置、区间不均等程度、中间站到发线数目等因素有关。在单线区段可近似地按如下经验公式计算

$$\varepsilon_{外扣} = 0.7j - 0.025N_{客} - 0.1 \tag{2-28}$$

式中　j ——区间不均等程度，它等于货物列车平均运行图周期与限制区间运行图周期之比，

即 $j = \dfrac{T_{周}^{平均}}{T_{周}}$。在一般情况下，额外扣除系数可取 0.2 ~ 0.5。

因此，旅客列车的扣除系数 $\varepsilon_{客}$ 应为

$$\varepsilon_{客} = \varepsilon_{基} + \varepsilon_{外扣} \tag{2-29}$$

三、单线自动闭塞区段旅客列车扣除系数

在装设自动闭塞的单线区段运行图中，旅客列车和货物列车运行线在限制区间内的相互配置可有两种情况，即

（1）旅客列车按非追踪方式铺画，这时，一对旅客列车占用区间时间为

$$t_{客占} = t_{客}' + t_{客}'' + 2\tau_{站} \tag{2-30}$$

（2）客货列车间按追踪方式铺画，这时，一对旅客列车占用区间时间为 $t_{客占} = I_{到} + I_{发}$（见图 2-14）。

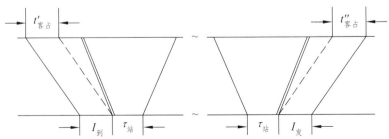

图 2-14　货物列车与旅客列车前后追踪运行示意图

若客货列车间按追踪方式铺画的比例为 σ，则非追踪铺画的比例为（$1-\sigma$）。这样，一对旅客列车占用限制区间的加权平均时间将为

$$t_{\text{客占}}^{\text{均}} = (1-\sigma)t_{\text{客占}}' + \sigma t_{\text{客占}}'' = (1-\sigma)(t_{\text{客}}'' + t_{\text{客}}' + 2\tau_{\text{站}}) + \sigma(I_{\text{到}} + I_{\text{发}}) \tag{2-31}$$

根据单线成对部分追踪运行图通过能力计算公式（2-15），采用成对部分追踪运行图时，一对货物列车平均占用限制区间的时间为 $(1-\gamma_{\text{追}})T_{\text{周}} + (I' + I'')\gamma_{\text{追}}$。因而，相应旅客列车基本扣除系数 $\varepsilon_{\text{基}}^{\text{部追}}$ 的计算公式可写为

$$\varepsilon_{\text{基}}^{\text{部追}} = \frac{(1-\sigma)(t_{\text{客}}' + t_{\text{客}}'' + 2\tau_{\text{站}}) + \sigma(I_{\text{到}} + I_{\text{发}})}{(1-\gamma_{\text{追}})(t_{\text{货}}' + t_{\text{货}}'' + 2\tau_{\text{站}} + \sum t_{\text{起停}}) + (I' + I'')\gamma_{\text{追}}} \tag{2-32}$$

由于单线区段采用自动闭塞时的旅客列车基本扣除系数，在很大程度上取决于 σ 的大小，而 σ 值又取决于客货列车总数与非追踪平行运行图通过能力之比 $\gamma_{\text{图}}$（称为运行图饱和程度），它随 $\gamma_{\text{图}}$ 值的增大而增大，概略计算可用式（2-33）确定：

$$\sigma = 0.72\gamma_{\text{图}} - 0.22 \tag{2-33}$$

额外扣除系数，当区间不均等程度 $j \leqslant 0.8$ 时，取 $\varepsilon_{\text{外扣}} = 0.3$；当 $j > 0.8$ 时，取 $\varepsilon_{\text{外扣}} = 0.4$。

应该指出，采用单线部分追踪非平行运行图时，旅客列车越行追踪货物列车同时又与单个列车交会的车站至少应有 3 股道，其中 1 股道停放待避列车，1 股道停放对向等会列车，1 股正线放行该旅客列车。这样，当中间站到发线数量及其分配情况与运行图结构不匹配时，还会额外扣除一些货物列车运行线。这种额外扣除的影响因素复杂，变化范围大，最好用图解法确定。

四、双线自动闭塞区段旅客列车扣除系数

在双线自动闭塞区段运行的旅客列车，按其与货物列车旅行时间的对比可分为旅客快车（快客）及旅客慢车（慢客）两大类；对于旅客快车又有运行线分散铺画和追踪铺画两种情况；而旅客慢车则分区段内有越行和无越行两种铺画方式。由于不同条件下的旅客列车扣除系数差别较大，应分别进行研究。

铁道部科学研究院在 20 世纪 80 年代对全路双线区段进行了大量调查，通过实际数据的统计分析，建议旅客快车分散铺画时的扣除系数可按表 2-1 取值。

表 2-1　扣除系数取值表

列车对数	6	7	8	9	10	11	12
扣除系数	2.8	2.6	2.4	2.3	2.25	2.15	2.05

旅客列车追踪铺画可以大幅度减少扣除时间。但是，追踪铺画的旅客列车必须与前行列车具有相同的速度和停站地点、时间，否则必然导致间隔增大，另外货物列车的越行停站时间增大，而旅客列车运行线过度集中，又会使一昼夜内货物列车运行不均，影响编组站到发线和调车设备的有效运用。同时，开行追踪旅客列车还必须检查客运站设备能力能否适应等

问题。结合我国具体情况，每组追踪运行的列数一般不宜超过 2 ~ 3 列。

由于旅客列车对数的增多，追踪的比重将逐渐增大。考虑到其对扣除系数的有利影响，铁道部科学研究院建议以表 2-1 的数值为基数，旅客快车数每增加 10 列，扣除系数相应地减小 0.1。

旅客慢车在区段内的开行对数虽不多，但对通过能力的影响却很大。当旅客慢车无越行铺画时，可得慢客扣除系数 $\varepsilon_{慢}$ 的最大值。且慢客扣除系数将随其与货物列车在全区段内旅行时分之差的增大而增大。

当区段内的旅客列车数量较多时，将会出现慢客待避快客的情况。这时，一方面慢客因待避快客而将停站时间大大延长，从而使扣除系数有增大的可能；另一方面，因慢客与快客影响区重合，使平均扣除系数大幅度下降。总的看来，有越行铺画对减少扣除系数是有利的。

快运货物列车扣除系数的确定方法，与旅客列车基本相同，但由于有可能在运行图上移动此类列车运行线的位置，额外扣除系数可取 0.2 ~ 0.3。所以，扣除系数一般要较旅客列车扣除系数稍小一些。

五、双线非自动闭塞区段旅客列车的扣除系数

在双线非自动闭塞区段，旅客列车扣除系数如同自动闭塞区段一样，应按列车在区段的分布情况进行计算。当区段的限制区间与其他区间差别较大时（见图 2-15），基本扣除系数可按限制区间计算，即

$$\varepsilon_{基} = \frac{t_{客占}}{T_{周}} = \frac{t_{客} + \tau_{连}}{t_{货} + \tau_{连}} \tag{2-34}$$

式中　$t_{客}$，$t_{货}$——旅客快车与货物列车在限制区间的运行时间。

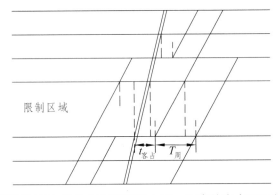

图 2-15　限制区间与其他区间差别较大时，旅客快车占用运行图时间图

在多数情况下（见图 2-16），旅客快车基本扣除系数可由固定部分与可变部分两者组成，即

$$\varepsilon_{基} = \frac{t_{客占}}{T_{周}} = \frac{t_{客} + \tau_{连}}{T_{周}} + \frac{\Delta t_{空}}{T_{周}} = \varepsilon_{基}^{最小} + \varepsilon_{基}^{变} \tag{2-35}$$

基本扣除系数的可变部分与区段内的区间分布情况有关，因此在近似计算中，应当分析

不同区段的情况，确定出平均的 $\varepsilon_{\text{基}}^{\text{变}}$。

研究证明，双线非自动闭塞区段旅客列车额外扣除系数的近似值可取 0.1～0.2。快运货物列车扣除系数的确定方法，同旅客列车基本相同，但由于有可能在运行图上移动此类列车运行线的位置，所以扣除系数一般较小。

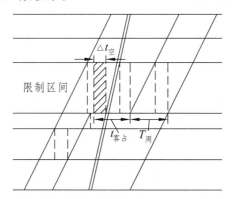

图 2-16　限制区间与其他区间差别不大时，旅客快车占用运行图时间图

六、摘挂列车扣除系数

摘挂列车的运行速度虽然与货物列车一样，但由于摘挂列车在中间站停站次数较多、停站时间较长，所以对通过能力也有一定影响。区间愈均等，运行图铺满程度愈高，这种影响就愈大。如图 2-17（a）所示，在平行运行图上，当区间均等时，摘挂列车每一次在车站完成作业后发出，都要从运行图上扣掉一条列车运行线。在这种情况下，摘挂列车的扣除系数等于停站次数加 1。

在非平行运行图上，除了因铺画旅客列车而产生一定的空费时间 $t_{\text{外扣}}$ 外，由于区间不均等，在邻接较小区间的车站还将产生运行图空隙。利用这些空费时间和运行图空隙铺画摘挂列车，就可以使摘挂列车扣除系数大大缩小，如图 2-17（b）所示。

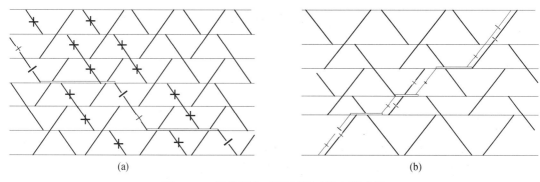

(a)　　　　　　　　　　　　　　　　(b)

图 2-17　摘挂列车对区间通过能力影响图

从上述分析可以看出，扣除系数的大小与一系列因素有关，其中主要有：

（1）区间的不均等程度；

（2）旅客列车、快运货物列车、摘挂列车的运行速度、数量及其在运行图上的铺画位置；

（3）旅客列车和摘挂列车在区段内的停站次数及停站时间。

这些因素的影响只能在运行图铺好之后才能完全确定。因此，在计算通过能力时，不得不利用扣除系数的经验数值。目前，我国铁路采用的扣除系数如表 2-2 和表 2-3 所列。

表 2-2　列车扣除系数表

区间正线	闭塞方法	旅客列车	快运货物列车	摘挂列车	备注
单线	自动	1.0	1.0	1.3 ~ 1.5	
	半自动	1.1 ~ 1.3	1.2	1.3 ~ 1.5	摘挂列车 3 对以上取 1.3
双线	自动	见表 2-3	2.0 ~ 2.3	2.5 ~ 3.0	摘挂列车 3 对以上取 2.5，6 对以上取 2.0
	半自动	1.3 ~ 1.5	1.4	1.5 ~ 2.0	

注：其他闭塞方法可参照半自动闭塞取值。

表 2-3　三显示双线自动闭塞区段旅客列车扣除系数表

$n_{客}$/列	$I_{进}$/min						
	6	7	8	9	10	11	12
5 ~ 10			2.3 ~ 2.4	2.15 ~ 2.3	2.05 ~ 2.2	1.95 ~ 2.1	1.9 ~ 2.0
11 ~ 20			2.3 ~ 2.35	2.15 ~ 2.2	2.05 ~ 2.1	1.95 ~ 2.0	1.8 ~ 1.9
21 ~ 30		2.4 ~ 2.45	2.2 ~ 2.25	2.05 ~ 2.1	1.95 ~ 2.0	1.85 ~ 1.9	1.7 ~ 1.8
31 ~ 40	2.5 ~ 2.55	2.3 ~ 2.35	2.1 ~ 2.15	1.95 ~ 2.0	1.85 ~ 1.9	1.75 ~ 1.8	1.6 ~ 1.7
41 ~ 50	2.4 ~ 2.45	2.2 ~ 2.35	2.0 ~ 2.05	1.85 ~ 1.9			
51 ~ 60	2.3 ~ 2.35	2.1 ~ 2.15	1.0 ~ 1.95				
61 以上	用图解法确定						

注：四显示双线自动闭塞区段，用图解并参照本表取值确定。

第三节　平均最小列车间隔时间计算法

一、计算方法

1．计算步骤

采用平均最小列车间隔时间计算方法计算非平图通过能力时，其理论基础为第一章第三节的运行图结构分析和晚点传播理论，一般的按如下步骤进行：

（1）划分列车种类组；

（2）确定各自运行列车组的数量及出现相同运行列车组的概率；

（3）确定各种运行列车组最小列车间隔时间和平均最小列车间隔时间；

（4）确定晚点列车平均进入晚点时间和出现列车晚点的概率；

（5）查定平均必需缓冲时间；

（6）计算通过能力。

能力计算公式为

$$n = \frac{T}{\overline{I} + \overline{t}_{\mathrm{rerf}}} \quad （列/天） \tag{2-36}$$

式中　T——一日内列车运行有效时间，min。

　　　$\overline{t}_{\mathrm{rerf}}$——平均必需列车运行图缓冲时间，min。

　　　$\overline{I}$——平均最小列车间隔时间，min。

2．平均最小列车间隔时间计算方法的特点

将平均最小列车间隔时间计算法与扣除系数比较，前者有以下两方面的显著特点。

（1）我国铁路现行区间通过能力扣除系数计算法属于静态的确定型的计算方法，它只有在严格"按图行车"、设备无故障、工作不中断、列车占用时间均等及运行无延误的条件下才是正确的。但是，上述条件很难具备。事实上列车运行过程具有很强的随机性，是不均衡的，运输流也不是单一的，列车占用区间时间并不完全相同，列车延误、设备故障更是在所难免。因此，用确定型方法计算的通过能力一般偏大，很难实现，用它来指导工作，必将导致超负荷运输，列车晚点增多，运输秩序混乱，运输质量下降，其所取得的通过能力增加也是以牺牲客货运输质量为代价的。这种状况不能适应运输市场竞争机制需要，也不符合以质量求生存、求发展的市场基本法则。

平均最小列车间隔时间计算法，属动态的不确定型的计算方法，它是在分析研究该区段当前实际列车运行状态的基础上，依据列车进入晚点概率 g、晚点列车平均进入晚点时间 t_{m} 和列车种类别平均最小列车间隔时间 $\overline{I}$ 取值，按给定反映列车运行工作质量要求水平的允许列车后效晚点时间总值等条件计算区间通过能力的方法。在这里，列车进入晚点参数 g、t_{m} 和平均最小列车间隔时间 $\overline{I}$ 是动态参数，而区间通过能力的计算结果又与给定的列车运行质量要求水平密切相关，它随列车运行质量要求水平的变化而变化。无疑，平均最小列车间隔时间计算法的动态特征，更能反映铁路区间通过能力的客观计算条件和实际运用条件。

（2）铁路区间通过能力扣除系数计算法是以最大限度地发挥铁路运输设备潜能为理论依据所建立的方法，它的计算结果表现为理想条件下的铁路区间最大通过能力。若按此能力编制列车运行图，列车运行图将成为没有调整余地、无应变能力的刚性运行图。显然，在实际工作中刚性运行图是难以实施的。因而，这一区间通过能力除特定的个别高峰小时外，其他时间无法实现。

平均最小列车间隔时间计算法是以排队论为理论基础，以保证实现一定列车运行质量要求为依据所建立的方法，它的计算结果表现为在一定主客观条件下可实现的区间通过能力。在计算方法中，引入了列车运行图缓冲时间的概念。很显然，带有必要缓冲时间的运行图是具有一定调整余地、有一定应变能力的柔性运行图，是可以在实际工作中实施的运行图。

二、单线区段算例

1．划分列车种类组

按照列车种类组划分方法，假定某单线区段运行列车可分为旅客列车、摘挂列车和直通货物列车三类，并分别用 A、B、C 表示，各列车种类组的列车数见表 2-4。

表 2-4　某单线区段列车种类组表

列车种类组代号	组成	对数
A	旅客列车	10
B	摘挂列车	6
C	直通货物列车	28

2．确定类别运行列车组数及出现相同运行列车组的概率

按照运行列车组的组成原理，表 2-5 给出了 $n_{组} = 3$ 的单线区段运行列车组种类可能构成方案。若按现行列车运行图计算，该单线区段某区间运行列车组数如表 2-6 所列，则出现相同种类运行列车组概率应为

$$W_{g} = \frac{19}{88} = 0.216$$

表 2-5　单线区段运行列车组种类构成矩阵表

第一列车	第二列车					
	A↑	A↓	B↑	B↓	C↑	C↓
A↑	A↑A↑	A↑A↓	A↑B↑	A↑B↓	A↑C↑	A↑C↓
A↓	A↓A↑	A↓A↓	A↓B↑	A↓B↓	A↓C↑	A↓C↓
B↑	B↑B↓	B↑A↓	B↑B↑	B↑B↓	B↑C↑	B↑C↓
B↓	B↓A↑	A↓A↓	B↓B↑	B↓B↓	B↓C↑	B↓C↓
C↑	C↑A↑	C↑A↓	C↑B↑	C↑B↓	C↑C↑	C↑C↓
C↓	C↓A↑	C↓A↓	C↓B↑	C↓B↓	C↓C↑	C↓C↓

注："↑"表示上行，"↓"表示下行。

表 2-6　单线区段某区间类别运行列车组数表

第一列车	第二列车					
	A↑	A↓	B↑	B↓	C↑	C↓
A↑		1	1		5	3
A↓	1	1		1	4	3
B↑	2	2			1	1
B↓	1	1				4
C↑	3	2	3	3	9	6
C↓	3	3	2	2	9	9

3．确定类别运行列车组最小列车间隔时间和平均最小列车间隔时间

假定列车运行图要素的数值如表 2-7 所示。据此，按照平均最小列车间隔时间的计算方法，该区间 36 种可能运行列车组最小列车间隔时间计算结果汇见表 2-8 和 2-9，全部列车占用区

间总时间计算结果见表 2-10。

表 2-7 列车运行图要素数值表

车站	车站间隔时间/min			列车起停附加时分/min				列车区间运转时分/min			
	$\tau_{不}$	$\tau_{会}$	$\tau_{连}$	上行		下行		上行		下行	
				$t_{起}$	$t_{停}$	$t_{起}$	$t_{停}$	客车	货车	客车	货车
a	5	2	5	1	1	3	1	11	13	12	15
b	5	2	5	1	1	3	1				

表 2-8 单线区段最小列车间隔时间计算表

序号	运行列车组	最小列车间隔时间计算结果/min
1	A↑A↑	11+5+0.5（1+1）=17.0
2	A↑A↓	11+0.5（1+1+5+2）=15.5
3	A↑B↓	11+5+0.5（1+1）=17.0
4	A↑B↓	11+2+0.5×1=13.5
5	A↑C↑	11+5+0.5（1+1）=17.0
6	A↑C↓	11+2+0.5×1=13.5
7	A↓A↑	12+0.5（3+1+5+2）=17.5
8	A↓A↓	12+5+0.5（3+1）=19.0
9	A↓B↑	12+2+0.5×3=15.5
10	A↓A↓	12+5+0.5（3+1）=19.0
11	A↓C↑	12+2+0.5×3=15.5
12	A↓C↓	12+5+0.5（3+1）=19.0
13	B↑A↑	13+5+0.5（1+1）=19.0
14	B↑A↓	13+5+1+0.5×1=19.5
15	B↑B↑	13+5+0.5（1+1）=19.0
16	B↑B↓	13+0.5（1+1+5+2）=17.5
17	B↑C↑	13+5+0.5（1+1）=19.0
18	B↑C↓	13+2+0.5×1=15.5
19	B↓A↑	15+5+1+0.5×1=21.5
20	B↓A↓	15+5+0.5（3+1）=22.0
21	B↓B↑	15+0.5（3+1+5+2）=20.5
22	B↓B↓	15+5+0.5（3+1）=22.0
23	B↓C↑	15+2+0.5×3=18.5
24	B↓C↓	15+5+0.5（3+1）=22.0
25	C↑C↑	13+5+0.5（1+1）=19.0
26	C↑A↓	13+5+1+0.5×1=19.5
27	C↑B↑	13+5+0.5（1+1）=19.0

序 号	运行列车组	最小列车间隔时间计算结果/min
28	C↑B↓	13+5+1+0.5×1=19.5
29	C↑C↑	13+5+0.5（1+1）=19.0
30	C↑C↓	15+0.5（1+1+5+2）=17.5
31	C↓A↑	15+5+1+0.5×1=21.5
32	C↓A↓	15+5+0.5（3+1）=22.0
33	C↓B↑	15+5+1+0.5×1=21.5
34	C↓B↓	15+5+0.5（3+1）=22.0
35	C↓C↑	15+0.5（3+1+5+2）=20.5
36	C↓C↓	15+5+0.5（3+1）=22.0

表 2-9　单线区间最小列车间隔时间表

第一列车	第二列车					
	A↑	A↓	B↑	B↓	C↑	C↓
A↑	17.0	15.5	17.0	13.5	17.0	13.5
A↓	17.5	19.0	15.5	19.0	15.5	19.0
B↑	19.0	19.5	19.0	17.5	19.0	15.5
B↓	21.5	22.0	20.5	22.0	18.5	22.0
C↑	19.0	19.5	19.0	19.5	19.0	17.5
C↓	21.5	22.0	21.5	22.0	20.5	22.0

表 2-10　单线区间列车占用总时间计算表

第一列车	计算项	第二列车						
		A↑	A↓	B↑	B↓	C↑	C↓	合 计
A↑	n_{ij}		1	1		5	3	10
	I_{ij}		15.5	17.0		17.5	13.5	
	$n_{ij}I_{ij}$		15.5	17.0		85.0	40.5	158
A↓	n_{ij}	1	1		1	4	3	10
	I_{ij}	17.5	19.0		19.0	15.5	19.0	
	$n_{ij}I_{ij}$	17.5	19.0		19.0	62.0	57.0	184.5
B↑	n_{ij}	2	2			1	1	6
	I_{ij}	19	19.5			19.0	15.5	
	$n_{ij}I_{ij}$	38	39.0			19.0	15.5	111.5
B↓	n_{ij}	1	1				4	6
	I_{ij}	21.5	22				22	
	$n_{ij}I_{ij}$	21.5	22				88.0	131.5

续表

第一列车	计算项	第二列车						
		A↑	A↓	B↑	B↓	C↑	C↓	合计
C↑	n_{ij}	3	2	3	3	9	8	28
	I_{ij}	19.0	19.5	19.0	19.5	19.0	17.5	
	$n_{ij}I_{ij}$	57.0	39.0	57.0	58.5	171.0	140.0	622.5
C↓	n_{ij}	3	3	2	2	9	9	28
	I_{ij}	21.5	22	21.5	22.0	20.5	22.0	
	$n_{ij}I_{ij}$	64.5	66	43.0	44.0	184.0	198	595.5
计	$\sum n_{ij}$	10	10	6	6	28	28	88
	$\sum n_{ij}I_{ij}$	198.5	200.5	117.0	121.5	521.5	539.0	1697.5

平均最小列车间隔时间为

$$\bar{I} = \frac{1\,697.5}{88} = 19.28 \text{（min）}$$

4．确定晚点列车平均进入晚点时间和出现列车进入晚点的概率

假定单线区段该区间调查期间开行 230 列列车，其中 45 列发生列车进入晚点，晚点时间总值为 618 min。据此，晚点列车平均进入晚点时间 t_m 和出现列车进入晚点的概率 g 应为

$$t_m = \frac{618}{45} = 13.73 \text{（min）}$$

$$g = \frac{45}{230} = 0.20$$

5．查定平均必要列车运行图缓冲时间

当取允许列车后效晚点时间总值为 200 min 时，亦即为确保列车后效晚点时间总值不超过 200 min 的列车运行质量标准，按照（1-43）式可计算得出平均必要列车运行图缓冲时间 $\bar{t}_{rerf}$

$$\bar{t}_{rerf} = 9.53 \text{（min）}$$

6．计算确定区间通过能力

当取 $T = 1\,440$ min 时，区间通过能力为

$$n = \frac{1\,440}{19.28 + 9.53} \approx 50 \text{（列/天）}$$

三、双线区段算例

1．划分列车种类组

按照列车种类组划分办法，假定某双线区段则需将运行列车划分为 A、B、C、D 和 E 五类，各列车种类组的列车数见表 2-11。

表 2-11　某双线区段列车种类组表

列车种类组代号	组成	列数
A	旅客列车	30
B	旅客列车	15
C	货物列车	26
D	货物列车	12
E	货物列车	5

2．确定类别运行列车组数及出现相同运行列车组的概率

按照运行列车组的组成原理，表 2-12 给出了 $n_{组} = 3$ 的双线区段运行列车组种类可能构成方案。若按现行列车运行图计算，双线区段某区间下行方向种类别运行列车组数如表 2-13 所列，则出现相同种类运行列车组概率应为

$$W_g = \frac{18}{88} = 0.205$$

表 2-12　双线区段运行列车组种类构成矩阵表

第一列车	第二列车				
	A	B	C	D	E
A	AA	AB	AC	AD	AE
B	BA	BB	BC	BD	BE
C	CA	CB	CC	CD	CE
D	DA	DB	DC	DD	DE
E	EA	EB	EC	ED	EE

表 2-13　双线区段某区间类别运行列车组数表

第一列车	第二列车				
	A	B	C	D	E
A	7	5	9	7	2
B	10		2	2	1
C	6	4	11	3	2
D	4	5	3		
E	3	1	1		

3．确定类别运行列车组最小列车间隔时间和平均最小列车间隔时间

双线区间追踪列车间隔时间的计算结果见表 2-14。据此，按现行运行图计算的全部下行方向列车占用区间总时间见表 2-15。因而，平均最小列车间隔时间应为

$$\overline{I} = \frac{635}{88} = 7.22 \ （\text{min}）$$

表 2-14　双线区段最小列车间隔时间表

第一列车	第二列车				
	A	B	C	D	E
A	8	8	5	5	5
B	8	8	5	5	5
C	8	8	8	8	8
D	8	8	8	8	8
E	8	8	8	8	8

表 2-15　双线区间列车占用总时间计算表

第一列车	计算项	第二列车					
		A	B	C	D	E	合计
A	n_{ij}	7	5	9	7	2	30
	I_{ij}	8	8	5	5	5	
	$n_{ij}I_{ij}$	56	40	45	35	10	186
B	n_{ij}	10	2	2	1		15
	I_{ij}	8		5	5	5	
	$n_{ij}I_{ij}$	80		10	10	5	105
C	n_{ij}	6	4	11	3	2	26
	I_{ij}	8	8	8	8	8	
	$n_{ij}I_{ij}$	48	32	88	24	16	208
D	n_{ij}	4	5	3			12
	I_{ij}	8	8	8			
	$n_{ij}I_{ij}$	32	40	24			96
E	n_{ij}	3	1	1			5
	I_{ij}	8	8	8			
	$n_{ij}I_{ij}$	24	8	8			40
计	$\sum n_{ij}$	30	15	26	12	5	88
	$\sum n_{ij}I_{ij}$	240	120	175	69	31	635

4．确定晚点列车平均进入晚点时间和出现列车进入晚点的概率

假定双线区段该区间下行方向调查期间开行 431 列列车，其中 139 列发生列车进入晚点，

晚点时间总值为 1 004 min。据此，晚点列车平均进入晚点时间 t_m 和出现列车进入晚点的概率 g 应为

$$t_m = \frac{1\,004}{139} = 7.22 \ （\text{min}）$$

$$g = \frac{139}{431} = 0.32$$

5．查定平均必要列车运行图缓冲时间

当取允许列车后效晚点时间总值为 200 min 时，亦即为确保列车后效晚点时间总值不超过 200 min 的列车运行质量标准，按照（1-43）式可计算得出平均必要列车运行图缓冲时间 $\overline{t}_{\text{rerf}}$：

$$\overline{t}_{\text{rerf}} = 5.57 \ （\text{min}）$$

6．计算确定区间通过能力

$$n = \frac{1\,004}{7.22 + 5.57} \approx 112 \ （\text{列/天}）$$

第四节　客运专线区间通过能力

一、概述

1．高速客运专线区间通过能力的利用特点

（1）能力利用不均衡。

客运专线旅客的出行活动一般都发生在昼间，因而昼夜之间能力利用极不均衡。由于不同季节客流生成和变化规律有所不同，一周之中工作日与双休日的客流特点不同，旅客出行的频率也不同，形成了旅客出行活动的高峰和低谷。这同常规铁路力求组织均衡运输，充分利用区间通过能力的运营要求有较大不同。因此，客运专线除了要计算全日的区间通过能力外，还需计算高峰小时的通过能力。

（2）理论计算能力与实际能力差距大。

由于客运专线的客流特点和能力利用的不均衡性，尽管理论上可以在运行图中铺画较多的列车运行线，而实际上，各条运行线由于所处的时空条件不同，所能吸引并完成的旅客输送量也大不相同，同常规铁路相比，客运专线按行车量计算的实际输送能力与理论计算能力之间的差距较大。

（3）列车停站对能力影响大。

在高速客运专线上，列车停站时分与起停车附加时分之和一般都会超过追踪间隔时间，高速列车因停站而产生的能力扣除已经成为影响通过能力的一个重要因素。

（4）长线能力相对不足，短线能力相对富余。

"垂直"矩形天窗使客运专线的通过能力有"长线"和"短线"之分。长线能力可以分段

使用，转化为几个短线能力；而短线能力却不能组合为长线能力。随着综合天窗封锁线路里程的延长，长线能力递减。因此，在能力利用上，出现了长线能力相对不足与短线能力相对富余并存的特点。

综合以上分析，给出客运专线通过能力的定义。

客运专线通过能力是指在一定客运需求条件下，采用一定类型的动车组和运输组织方法，在满足一定服务水平条件下，客运专线某客流区段内的各种固定设备在单位时间内（通常指一昼夜或一小时）所能通过或办理的最多列车数或对数。具体概念还可能包括：全日通过能力、高峰小时通过能力、长线能力、短线能力等。

全日通过能力是指在一昼夜内，客运专线某客流区段的通过能力。

高峰小时通过能力是指在客运需求最密集时间段内，客运专线某客流区段每小时的通过能力。

长线能力是指在满足一定服务水平要求条件下，客运专线某客流区段一昼夜所能通过或办理的运程超出或等于区段长度的最大列车对数或列数。

短线能力是指在满足一定服务水平要求条件下，客运专线某客流区段去除长线能力后，一昼夜所能通过或办理的运程短于区段长度的最大列车对数或列数。

2. 高速客运专线通过能力计算的特点

高速客运专线由于其在列车运行组织等方面与一般的常规铁路有明显的不同，因而在通过能力的计算上有自身的特点。

（1）若以客运站为客流的主要始发和终到站，并将客流主要始发站与终到站之间的铁路区段定义为客流区段，则旅客列车通常应以客流区段为单位制订开行方案，亦即在高速客运专线上通常只开行客运站间的旅客列车。因而，高速客运专线通过能力应以客流区段为单位，计算客流区段的通过能力。

（2）在一个客流区段内，高速列车也可能在途中停车办理客运业务，与不停车高速列车比较，它将产生额外的占用列车运行图的时间，对通过能力产生不利影响。因此高速列车因停站而产生的能力扣除已经成为高速客运专线能力计算的一个组成部分。

（3）当采用不同速度列车共线运行的运输组织模式时，为了讨论方便，一般将速度较高的旅客列车称之为 A 类列车，将速度较低的旅客列车称之为 B 类列车。在高速客运专线上开行的 B 类列车，由于列车运行速度较 A 类列车低，而且停站办理的次数也可能较多，因而占用列车运行图的时间较长，将对通过能力产生不利影响。因此，B 类列车产生的能力扣除是高速客运专线能力计算的一个重要组成部分。

（4）高速客运专线为使技术设备经常处于质量良好的状态，以确保行车安全，在高速客运专线列车运行图中，一般应为设备的日常维修和养护预留出必要时间的"天窗"。"天窗"不仅缩短了可供列车运行的时间段，而且人为地将列车运行图分割为两个隔开的时间段，致使在列车运行图上不能组织列车 24 h 循环运行，对通过能力造成了相当大的影响。

（5）为方便旅客乘车旅行，在编制列车运行图时，应尽可能规定适宜的旅客列车始发和终到时刻。高速客运专线一般规定在 6 时至 24 时间在客流区段内到发。受这一到发时间的限制，在列车运行图中除"天窗"时间之外，还将产生一定的称之为无效时间的时间段，它对通过能力也有一定影响。

3．高速客运专线通过能力的影响因素

高速客运专线的通过能力主要受运输组织模式、列车种类、速度、停站、运行图铺画方式、车站间距、天窗设置等设备和运营因素的影响。

不同运输组织模式对通过能力的影响不同。日本的纯高速客运专线运输组织，只运行三种旅客列车，这些列车的技术速度相同（纯区间运行时分相同），不同的只是停站次数及其停站时分。而德国高速客运专线属于客货混行的运输组织模式，在运行图上，通过能力的利用呈现三个不同的时间段差异：昼间主要运行旅客列车，有高速列车、城际快速列车和普通旅客列车三种，其技术速度也不相同；夜间主要运行快速货物列车，种类和速度单一；昼夜交替时段则是客货混行，客货列车速度不同，在占用区间能力上的相互影响也比较复杂。

不同种类列车间的速度差异和停站时间影响通过能力。不同 A 类列车之间因停站次数及其时间不同产生相互间的能力扣除，A 类列车与 B 类列车间因速度差异（本质上是区间运行时分差异）而产生相互间的能力扣除。一般而言，速差越大，能力扣除越大。

高速客运专线列车运行图的铺画方式实际上也影响着通过能力。一般说来，采用不同列车分区集中铺画方式时，相同速度的列车间可以集中地平行铺画，不同速度的列车占用区间通过能力的相互影响较小，而对不同速度列车采用均衡铺画方式时正好相反。此外，还有一种介于两者之间的阶段均衡铺画方式，这是一种随不同种类列车的数量比例和速度差异而合理选择不同种类列车在运行图中布局关系、列车时空分布以及运行线间交错关系的铺画方式。

客运专线的"天窗"对能力的影响也较大。尤其是垂直"天窗"，一是长达 4～6 h 的天窗时间行车中断产生直接的能力损失，二是这种天窗方式切断了天窗前后列车运行线的接续关系，在运行图四个边角上产生特殊的三角区。

站间距离及其区间的不均等性对通过能力的影响，在不同种类列车间的速度差异较大时也不能忽视。一般来说，在保证一定的高速能力的条件下缩小站间距离有利于提高中速能力。

二、扣除系数法

扣除系数法是沿袭传统的非平行运行图通过能力计算法，以一种列车占用能力为标准，确定其他列车与该标准列车在能力占用上的当量关系（即扣除系数），从而将不同列车的能力占用归一化为标准列车的数量，确定出通过能力的是理论计算值。在高速客运专线通过能力计算中，一般将 A 类列车确定为标准列车。

1．平行运行图通过能力

高速客运专线平行运行图通过能力

$$N_{平} = \frac{1\,440 - T_{天窗} - T_{无效}}{I} - \frac{60s}{v \times I} \tag{2-37}$$

式中　$N_{平}$——平行运行图通过能力，对数或列数；

　　　$T_{天窗}$——维修天窗时间，min；

　　　$T_{无效}$——无效时间，min；

I——A 类列车最小追踪间隔时间，min；

s——高速客流区段长度，km；

v——A 类列车平均运行速度，km/h。

2．A 类列车扣除系数

在 A 类列车之间，由于停站办理作业的 A 类列车额外占用列车运行图时间而产生的扣除系数，称为 A 类列车扣除系数 ε_A。

A 类列车在区段内停站一次，对通过能力的影响可由图 2-18 所示。

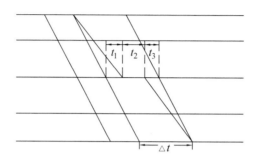

图 2-18　无越行 A 类列车停站示意图

A 类列车在区段内停站一次，将引起旅行时间增加 Δt。停站一次的 A 类列车影响通过能力列数为 $\Delta t/I$。A 类列车扣除系数可表示为

$$\varepsilon_A = 1 + \frac{\Delta t}{I} = 1 + \frac{t_起 + t_停 + t_办}{I} \qquad (2\text{-}38)$$

式中　$t_起$——A 类列车起动附加时分，min；

$t_停$——A 类列车停车附加时分，min；

$t_办$——A 类列车停站办理作业时间，min。

3．B 类列车扣除系数

在不同速度列车共线运行的高速客运专线上，由于 A 类列车与 B 类列车之间的旅行速度差异，B 类列车额外占用列车运行图时间而产生的扣除系数，称为 B 类列车扣除系数 ε_B。

B 类列车不被越行时，其影响区如图 2-19 所示，ε_B 可用下式计算：

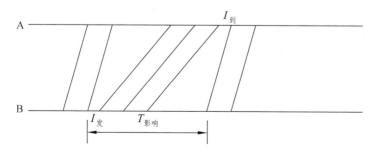

图 2-19　B 类列车不被越行影响区

$$\varepsilon_{B} = \frac{T_{影响} - I}{n_{B}I} = \frac{I_{到} + I_{发} + t_{起} + t_{停} + T_{B} - T_{A} + (n_{B} - 1)I}{n_{B}I} \tag{2-39}$$

式中　n_{B}——影响区内 B 类列车数；

　　　T_{A}——A 类列车区段运行时分，min；

　　　T_{B}——B 类列车区段运行时分，min。

当 B 类列车被越行时，其情况较为复杂，ε_{B} 可采用模拟的方法确定，但一般都会较不被越行时小。

4．全高速非平行运行图通过能力

$$N_{全} = \frac{N_{平}}{\varepsilon_{A}} \tag{2-40}$$

式中　$N_{全}$——全 A 类列车的最大通过能力；

　　　ε_{A}——A 类列车扣除系数。

5．不同速度列车共线运行的通过能力

$$N_{混} = N_{A} + N_{B} = N_{全} - N_{B}\varepsilon_{B} + N_{B} \tag{2-41}$$

式中　$N_{混}$——不同速度列车共线运行条件下通过能力；

　　　N_{B}——B 类列车数。

三、平均最小列车间隔时间计算法

传统通过能力计算方法，其计算出的能力是一天内线路所能通过的最大列车数量，且能力的分布对任一时间单元都是均匀的。对于客运专线来说，这样的能力概念已难以满足其运输组织要求。

由此，可以借鉴国外先进经验，采用平均最小列车间隔时间，基于一定的缓冲时间，计算客运专线非平行运行图的通过能力。

平均最小列车间隔法，计算客运专线区间通过能力的基本原理是列车晚点传播理论。该理论通过对大量列车运行时间的统计分析，指出列车实际在车站的到达、出发和通过时刻，通常不可能完全按照列车运行图规定的时刻进行，而是以运行图规定时刻为基点，在一定范围内波动的。这一波动，除受列车自身运行的随机影响外，也受列车之间的相互影响。为抑制和缓解列车的晚点传播，需要在编制列车运行图时，根据列车运行图结构所确定的列车关系，合理预留列车运行图缓冲时间，即列车运行图规定的列车间隔时间与最小列车间隔时间之差。

按平均最小列车间隔法计算客运专线区间通过能力的计算程序如下：

1．时段的划分

根据一日内旅客列车运行密度的不同，将运行图划分为黄金时段 T_{gst}、高峰时段 T_{hst} 和平缓时段 T_{dst}。黄金时段是指宜于旅客出行和旅客列车始发终到的时段，主要针对大城市、有大量旅客上下的客运站所处的线路区段。高峰时段是指由于列车运行分布不均而产生的列车密集到发或通过的时间段，且在一天之内可能会产生几个高峰时段。平缓时段是指某线路区段扣除黄金时段和高峰时段后余下的时段。三个时段的划分，应根据不同的地域、不同线网的客流特征和列车运行实际情况加以确定。

2．根据运行图结构分析，确定平均必要缓冲时间

根据列车运行图上形成的运行列车组，计算每类运行列车组的最小运行间隔及其数量，并求出平均最小列车间隔时间。在此基础上，根据给定的允许列车后效晚点时间总值标准，按经验公式确定平均必要缓冲时间。

3．各时段通过能力计算

各时段通过能力是指根据各类时段的具体需求确定的平均最小列车间隔时间，按方向和密度确定的列车数、列车等级顺序、区间列车晚点时间标准和运输质量标准，在各时段所能通过的列车数。为了保证一定的列车运行质量，黄金时段和平缓时段的通过能力计算公式为

$$L = \frac{T}{\overline{I} + \overline{r}_{\text{erf(q)}}} \qquad (2\text{-}42)$$

式中 T——相应时段的时间范围；

$\overline{I}$——相应时段的平均最小列车间隔时间；

$\overline{r}_{\text{erf(q)}}$——相应的平均必要缓冲时间。

没有缓冲时间的高峰时段通过能力指在高峰时段不考虑列车等级顺序、列车运行质量要求条件下，按运行列车组比例关系紧密安排列车运行在高峰时段区间所能放行的列车数，可按式（2-43）计算：

$$L_{\text{hst}} = \frac{T_{\text{hst}}}{\overline{I}} \qquad (2\text{-}43)$$

4．全日通过能力计算

全日运行图通过能力为各时段通过能力之和，即

$$N = \sum L_{\text{gst}} + \sum L_{\text{dst}} + \sum L_{\text{hst}} \qquad (2\text{-}44)$$

第五节　能力利用率法计算铁路线路通过能力

欧洲铁路联盟是欧洲部分国家的铁路机构及相关组织组成的非政府性铁路联合组织，也包括一些非欧洲国家的铁路运营商，其宗旨是推动国际铁路运输的发展，促进国际合作从而改进铁路技术装备和运营方法，实现铁路建筑物和设备的技术标准统一化。为在相关成员国铁路经营范围内更好地掌握铁路能力使用状况，满足运输需求，提高铁路运输效益，规范成员国铁路能力的计算标准,欧洲铁路联盟建立了统一的铁路线路能力计算方法——能力利用率法。该方法通过对实际铁路运行图进行压缩，建立一种铁路基础设备能力消耗量的计算原则。

该方法主要用于检查国际基础设施通道使用状态，为不同的铁路管理者建立一个通用、有效的能力定义，使得铁路运营商能够在跨区域、跨国的铁路线路运营中使用相同的标准与方法，计算不同特点（如车站布局、运输质量需求、运行图质量、设备利用效率）的铁路线路或通道能力。

一、相关定义

由于铁路设备类型、运营管理经验与模式不同，欧洲铁路联盟在通过能力计算中使用了与我国区别较大的概念与定义，包括能力、通道、线路以及能力利用率等。在欧洲各国对于铁路线路的相关定义并不完全相同，本书中将对其计算方法中相关以及较通用的概念进行介绍。

1．能力

能力是以满足市场需求为目标，同时考虑基础设施管理公司自身利益情况下，铁路线路在给定的时间窗内可能包含的运行线总数。由于铁路线路通过能力在机车车辆类型、行车组织方法等发生变化的情况下会有不同取值，该特点使得铁路线路能力必然不是一个唯一精确值。

2．线路

线路是连接于两个大节点之间并且大于等于一个线路区间的总和。每个基础设备公司对于线路有自己的定义。整体铁路网由相互之间不重叠的线路组成，通常也用于划分轨旁工程、运营或维修检查工作范围。

3．线路区段

线路区段是线路的一部分，是线路上车流结构、列车数量、基础设备和信号机状况不发生变化的一段线路。线路区段包括两个车站之间的一个或多个连贯区间。

4．列车路径区段

列车路径区段由根据市场需求开行的长距离列车所途径的有序线路区段组成。列车路径区段中可以同时包含单线、双线等设备状况不同的线路区段。线路区段可用于通过增加或删除列车运行线来衡量线路能力。从另一角度来讲，列车路径区段是为了评估由改变服务而导致的能力变化而定义的概念。不同的列车路径区段可能重叠。在计算能力消耗量时，列车路径区段可根据基础设备、运行图特点和联锁的区别划分为一个或多个线路区段。

5．占用时间

占用时间是用来反映测量目标时段内运行图在压缩方法处理后，所有列车运行线总共占用的时间。该占用时间包含了运行线间的最小间隔时间，但不包含运行线间的缓冲时间，是用来确定最终能力消耗量的关键指标之一。与占用时间相关的概念包括如下几个方面：

（1）单个闭塞区间占用时间。

单个闭塞区间占用时间是一列车通过单个闭塞区间所要求的总时间，它包括了安全间隔时间、列车占用闭塞区间的运行时间、进路出清时间以及信号转换时间等。图 2-20 为单个闭塞区间占用时间的结构组成示意图。任意两趟列车占用相同的闭塞区间时，其占用时间不能相互重叠。

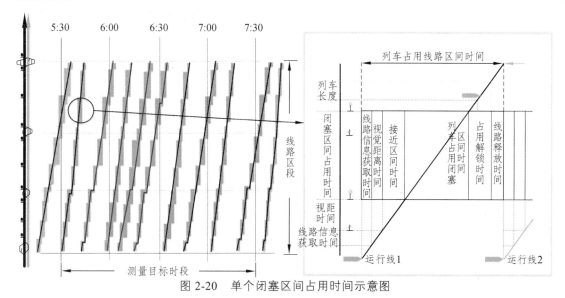

图 2-20　单个闭塞区间占用时间示意图

（2）线路区段的占用时间。

通过压缩方法对测量目标时段内运行图进行压缩后，所有列车运行线占用的时间称为该线路区段的占用时间。线路区段占用时间的大小受其长度的影响，选择的线路区段越长，压缩后列车运行线产生的占用时间越大。

（3）附加时间。

在实际运营过程中，各种不可避免的干扰将导致列车不能按照规定计划运行而延误，甚至影响列车正常运行。为了防止由于干扰造成延误的传播，同时为列车运行调整提供一定的时间，在计划编制时通常会在列车运行线间加入缓冲时间以保证一定的运输服务质量。此外，进行的维修作业时间、调车产生的时间、解体编组所需时间以及会车时间等的总称，即为附加时间。在占用时间计算时，附加时间将被去除。

（4）测量目标时段。

能力分析可以覆盖较长时间内线路的运营情况，然而能力消耗量的压缩计算仅针对测量目标时段。例如，能力的分析时段为 24 h 的运行图，而实际能力消耗量计算时，通常选择 4 h 的高峰时段作为测量目标时段。在给定的设备条件下，测量目标时段内，线路能力由能力消耗量和未使用能力构成。

6．能力消耗量

如图 2-21 所示，能力消耗量是给定运行图在给定线路区段的占用时间与附加时间之和。能力消耗量在线路区段能力压缩后获得，其中能力消耗量最高的线路区段决定了整个列车路径区段的能力消耗量。

7．未使用能力

在测量目标时段内，除占用时间和附加时间以外的剩余时间称为未使用能力，该部分能力由可获得能力和损失能力构成。其中，损失能力包括两部分时间：一部分是测量目标时段内固定的轨道检测和设备维修活动所必需的时间，如天窗时间，在该期间内任何运输任务不能使用该轨道；另一部分是指由于时间间隔太小以至于无法再插入额外列车运行线的时间。未使用能力如图 2-22 所示。

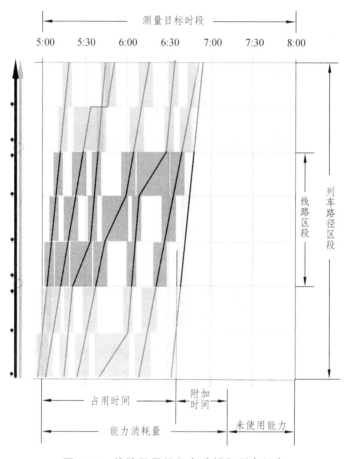

图 2-21　线路区段的能力消耗和剩余能力

8. 能力利用率

线路区段能力利用率是给定区段的在给定时间段内基础设备的能力物理属性，是能力消耗量占整个线路能力的比例。能力消耗量计算中涉及的概念定义包括如下几个方面：

（1）代表性运营日。

在对目标铁路线路的能力评估中，能力的消耗在一年内随时间的变化而不同，需要选择一个代表运行图特定的运营日作为计算的基础。为达到提升运行图效率以及更大设备使用方案调整可能性为目的，通常选择一年中高运量的工作日为标准进行计算。

（2）代表性时间段。

在进行运行图压缩时，通常会选择不少于 2 h 的时段，代表性时段可以是不同速度目标值混跑、不同列车性质以及高峰运输时段的不同类型运行图内的时段，在通道能力时，时段应该延长至相关线路区段的运营时间。

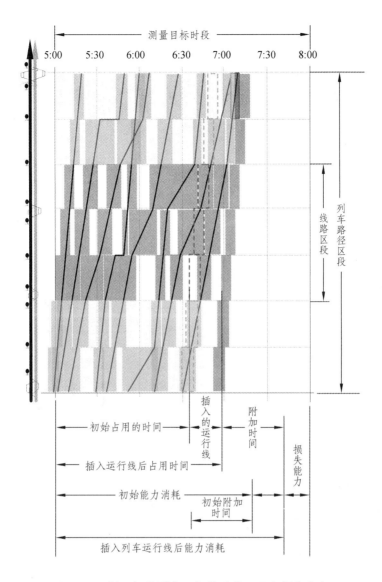

图 2-22　插入额外列车运行线后的可用和损失能力

（3）时段内的运行图。

如图 2-23 所示，在测量目标时段内，用于计算的运行图只应包含线路区段内完整的列车运行线，在给定时段之前到达的列车运行线和在时段结束时间之后到达的列车运行线不应被包含在内。也就是说，研究时段内列车的最早到达时间必须被包含在测量目标时段内。

（4）能力消耗量测量点。

能力消耗量测量点是铁路线路上用于能力计算的空间点，如图 2-24 中粗线所示车站位置，在时间上通常使用一个完整的运行图周期。该测量点所计算得到的能力消耗量即为该线路区段能力的最大值。

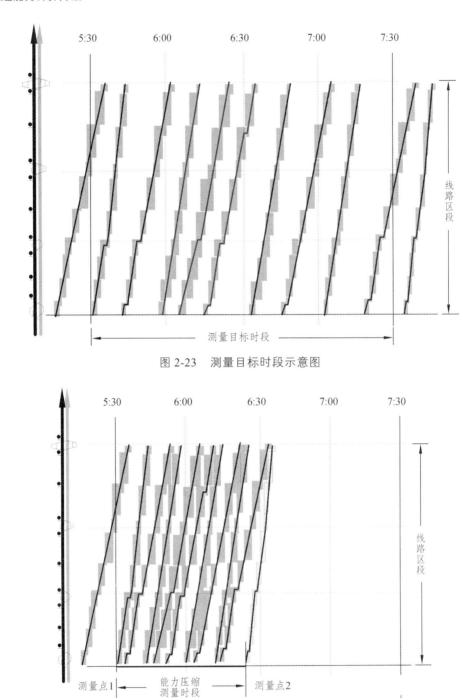

图 2-23　测量目标时段示意图

图 2-24　能力消耗量测量点示意图

二、线路通过能力计算的利用率法

通过能力值与给定线路的运行图有关，运行图规定了列车的发车频率、列车在线路区段的运行顺序以及列车的旅行时间。根据《UIC 406 能力计算规范》，线路的能力由如图 2-25 所示的各部分组成。

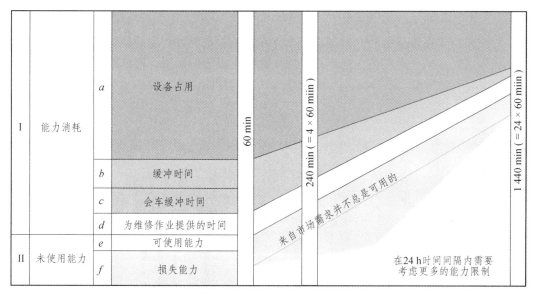

图 2-25　铁路区段能力组成

　　利用率法计算通过能力通过对特定运行图中占用时间、附加时间以及未使用能力的分析得到铁路基础设备能力的使用情况。该方法以线路区段为单位，计算时不考虑其对于相邻线路区段运行图可行性的影响。能力利用率最高的线路区段决定了整个铁路线路或通道的能力，为了找出铁路线路的能力瓶颈，所有线路区段的利用率都应被计算。总体上来说，该方法包括如下步骤：

　　（1）选择计算时段。

　　能力利用率在不同的运营日各不相同，在计算线路利用率时应首先选择具有代表性的运营日的至少 2 h 的高峰时段运行图。

　　（2）运行图压缩与占用时间计算。

　　压缩运行线间的可被去除的多余间隔时间等，得到各运行线间间隔最小的压缩运行图，并计算得到该运行图的线路区段占用时间。

　　（3）计算能力利用率。

　　最终能力利用率按下式计算

$$能力利用率 = \frac{占用时间 + 附加时间}{测量目标时段} \times 100\%$$

　　注：附加时间是用以保证运营质量的必要时间之和，如缓冲时间等。

　　利用率法计算通过能力的关键在于用于求解线路区段占用时间的运行图压缩方法。总的来讲，压缩过程是以压缩的线路区段第一条运行线为基准，按照运行图所规定的列车运行顺序，将其他所有运行线向第一条运行线平移直至到达最小理论间隔时间，从而得到设备占用时间。其中，在压缩过程中要遵循不改变运行图列车旅行时间、给定的越行、会让和停站时间的原则，并分别对线路区段和节点分别进行压缩。下面将具体介绍不同情况下的运行图压缩方法。

三、线路区段运行图的压缩方法

1．单线铁路运行图压缩方法

单线铁路由于在线路上的双向运输需求，在满足一定能力约束的条件下，进行运行图压缩后不允许出现在同一时刻内、列车沿着同一线路区段相向运行，即压缩后图中出现不同运行方向列车运行线重叠。图 2-26 为压缩前单线铁路运行图，图 2-27 为压缩后的该单线铁路运行图。

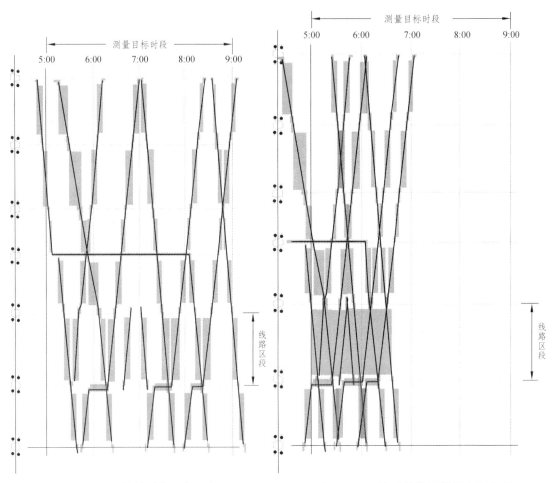

图 2-26　压缩前单线区段运行图　　　　图 2-27　压缩后单线区段列车运行图

2．单线铁路特殊情况下的运行图压缩方法

单线铁路运行图压缩后，可能会出现很长一段时间内车站不能够满足列车的会让或越行作业要求。因此，在对该部分运行图开始压缩时，要将定义的线路区段暂时延伸至下一个可以提供会车或越行作业设备的邻接区段。当该延伸的线路区段能够提供列车会让或越行时，对于其他部分运行图的压缩将恢复至延伸前的线路区段。

3．双线铁路运行图压缩方法

双线铁路上列车按照各自方向规定的铁路线路运行，因此双线铁路运行图压缩过程是针对同一方向的列车运行线进行压缩。当线路区段内列车成对运行时，不同方向的能力消耗量相同，因此任选一个运行方向进行压缩。否则需要分别对两个运行方向进行压缩，此时不同的运行方向代表的能力消耗量一般不相同。双线铁路运行图压缩前后如图 2-28 和图 2-29 所示。

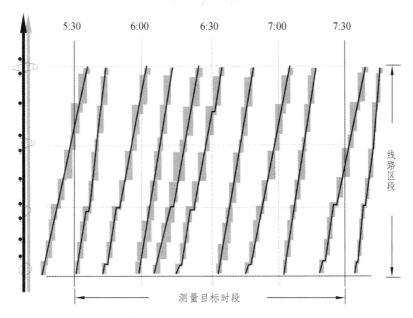

图 2-28　压缩前双线区段列车运行图

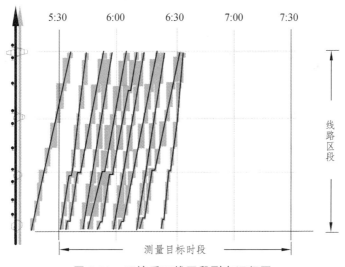

图 2-29　压缩后双线区段列车运行图

4．双线铁路特殊情况下的压缩方法

（1）列车停站时间较长。

在这种特殊情况下，应考虑是否选择新的线路区段作业测量点。如果压缩后停站时间没有影响运行图结构，该停站时间不应被包含在压缩后的运行图中。

（2）会让作业。

如果在特殊情况下存在会车作业，那么在进行压缩时需要预留提供给会车作业的时间，并且该部分时间不可被压缩。

四、运行图压缩算例

如图 2-30 所示列车运行图，总共 6 个车站，该铁路线路按照线路正线数量划分为 4 个线路区段，包含 3 个双线线路区段和 1 个单线线路区段，选择的测量目标时段为 5:00—7:00 的高峰时段，UIC406 推荐以占用时间的 43%作为列车运行的附加时间。

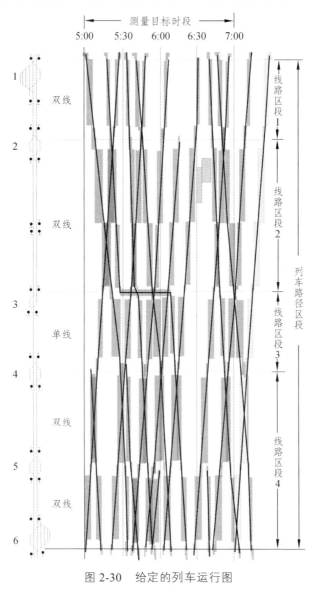

图 2-30　给定的列车运行图

分别选择单线线路区段和双线线路区段为例进行线路能力利用率计算。

1．线路区段 1 运行图压缩及利用率计算

线路区段 1 包含 1 个区间的双线铁路，按照双线铁路的压缩方法，成对运行图仅对一个

方向的列车运行线进行压缩，考虑单方向列车运行线的压缩后如图 2-31 所示。

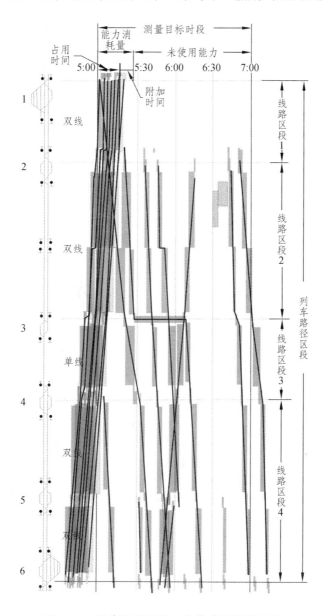

图 2-31　给定运行图第一个线路区段的压缩

$$线路区段1能力利用率 = \frac{20 + 20 \times 0.43}{120} \times 100\% = 23.83\%$$

2. 线路区段 2 运行图压缩及利用率计算

线路区段 2 为包含 2 个区间的双线铁路，在目标时段内该线路区段存在维修作业时间窗，该维修时间为不可压缩时间，按照双线铁路压缩方法对该线路区段进行压缩如图 2-32 所示。

$$线路区段2能力利用率 = \frac{55 + 55 \times 0.43}{120} \times 100\% = 65.54\%$$

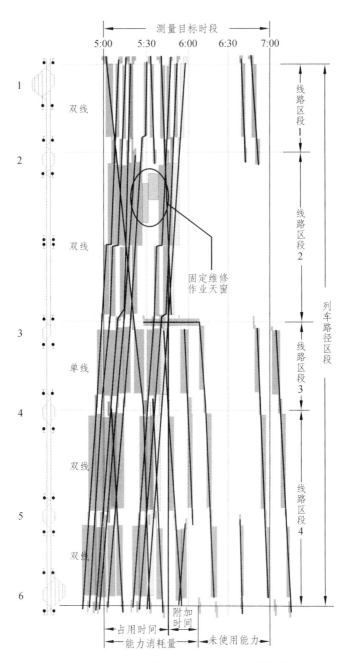

图 2-32　存在固定维修作业时间窗的双线铁路压缩

3．线路区段 3 运行图压缩及利用率计算

线路区段 3 为包含 1 个区间的单线铁路，在本线路区段中，按照单线压缩方法对单线进行压缩。初始压缩过程如图 2-33 所示。

以上压缩过程中由于车站存在列车停站时间较长，压缩后由于设备限制没有可用于越行的股道，因此将原定义的线路区段延伸至能够提供越行的相邻区域，直到占用的股道空闲后，恢复为原定义的线路区段进行进一步的运行图压缩，如图 2-34 所示。

采用相同方法可得到该线路各线路区段能力利用率如表 2-16 所示。

表 2-16   线路各区段通过能力利用率表

线路区段	1	2	3	4
能力利用率	23.83%	65.54%	91.76%	56.01%

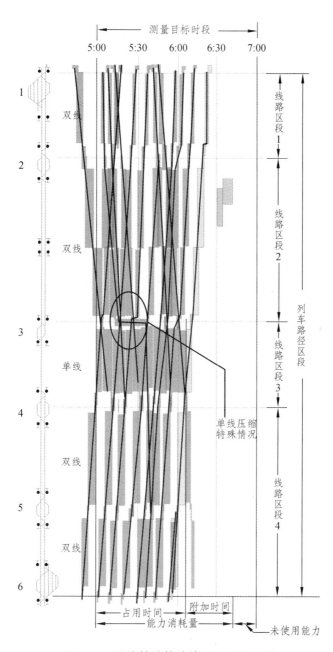

图 2-33   单线铁路特殊情况下的运行图

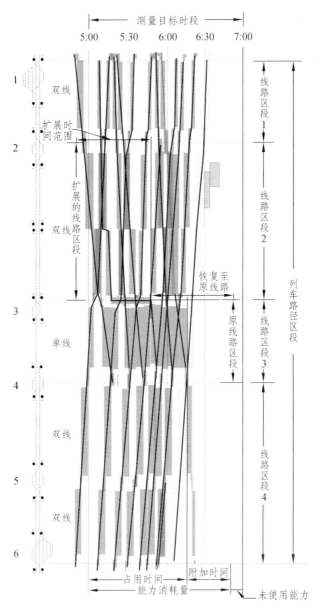

图 2-34 单线铁路特殊情况下的压缩

$$线路区段3能力利用率 = \frac{77 + 77 \times 0.43}{120} \times 100\% = 91.76\%$$

上述 4 个轨道区段中，线路区段 3 为单线铁路，两端均衔接双线线路区段，其能力利用率接近饱和，整体线路通过能力为所涉及线路区段中能力利用率最大者，即 91.76%。

在运行图压缩法基础上的能力利用率法计算铁路通过能力计算可分析基础设备、运行图和准时性之间的关系，并预测未来基础设备的能力，以及检查现有设备满足市场的情况。欧洲铁路联盟采用该方法帮助铁路设备管理部门识别设备瓶颈，评价运行图结构、运行图替代性和运输服务质量。利用率法计算铁路设备能力在设备计划和瓶颈分析的作用包括如下几个方面：

（1）设计新的线路和车站，提升现有设备；

（2）在现有基础设施上进行设备改造规划（添加轨道、道岔或信号机等）；

（3）战术层面的交通规划：已知交通需求、设备和由于施工工程造成的基础设施限制，研究不同的替代运行图；

（4）在已知主要维修作业的情况下，结合铁路运营商的长期运行计划，构建合理运行图；

（5）在运营过程中处理设备与运行图中的小幅变化。

第三章 车站通过能力计算

第一节 概 述

车站通过能力是车站现有条件下，采用固定的技术作业过程与方案，一昼夜能够接发各方向的货物（旅客）列车数和运行图规定的旅客（货物）列车数。

车站通过能力包括咽喉通过能力和到发线通过能力。

咽喉通过能力有两个不同概念：一是指在合理固定到发线使用方案及作业进路条件下，某方向接、发车进路上最繁忙的道岔组一昼夜能够接、发该方向的货物（旅客）列车数和运行图规定的旅客（货物）列车数，其目的是为检算区间通过能力与车站咽喉通过能力是否协调。二是指车站某咽喉区各方向接、发车进路咽喉道岔组通过能力之和，其目的为检算车站咽喉区能力与到发线能力是否协调。

到发线通过能力是指到达场、出发场、通过场或到发场内办理列车到发作业的线路，采用合理的技术作业过程和线路固定使用方案，一昼夜能够接、发各方向的货物（旅客）列车数和运行图规定的旅客（货物）列车数。

一、计算车站通过能力的目的

（1）确定新建车站的通过能力，检查其是否能满足计算年度运量的需求；

（2）检查既有车站通过能力的利用情况，根据运量增长的需要，有计划地进行车站改、扩建；

（3）找出车站设备和作业组织中的薄弱环节，挖掘潜力，提高效率；

（4）查明车站各项设备间以及车站与区间通过能力是否协调，以便制订加强措施。

二、车站通过能力的影响因素

（1）车站技术设备的特性：站场的类型、咽喉区的结构、到发线的数量和进路、到发线的有效长以及车站信集闭的类型等。

（2）车站办理列车的种类和数量：客、货列车的比重、摘挂列车的数量等。随着旅客列车和摘挂列车数量的增加，车站通过能力将降低。

（3）货物列车到发线的均衡程度：货物列车到发的不均衡性与列车运行图和车站衔接的方向数有关。随着不均衡性的增加，车站通过能力将降低。

（4）到发线的空费时间：到发线一昼夜不能被用来接发列车的空闲时间称为空费时间。它是由于列车到发的不均衡、列车各作业环节配合不紧密以及列车平均每列占用到发线的时间不可能为一昼夜 1 440 min 的整倍数等原因产生的。随着空费时间的增加，车站通过能力将降低。空费时间的大小可用空费系数 $\gamma_空$ 表示，即

$$\gamma_空 = \frac{\sum t_{空费}}{\sum t_占}$$（3-1）

式中　$\sum t_{空费}$——一昼夜某项设备总的空费时间；

$\sum t_占$——一昼夜某项设备被作业占用的总时间。

三、车站通过能力的计算方法

1. 分析计算法

分析计算法或称公式计算法，包括直接计算法和利用率计算法两种。

直接计算法的一般计算公式为

$$N = \frac{1\,440}{t_占}$$（3-2）

式中　N——车站某项设备的通过能力，列；

$t_占$——每列车到发作业占用某项设备的平均时间，min；

1 440——一昼夜时间的分钟数，min。

利用率计算法的一般计算公式为

$$K = \frac{\sum n t_占}{1\,440}$$（3-3）

式中　K——车站某项设备的利用率；

n——占用某项设备的现有列车数。

由此可知，采用利用率计算法通过能力（N）的计算公式为

$$N = \frac{n}{K}$$（3-4）

分析计算法只能求出车站某项设备通过能力的概算平均值，但方法简便，节省计算时间，无论新建车站或既有车站求通过能力时均可采用。

2. 图解计算法

图解计算法是根据车站相邻区段的列车运行图、车站技术设备的固定使用方案、车站技术作业过程和作业时间标准等有关资料，绘制出车站一昼夜或繁忙阶段列车接发、车列解体、集结、编组、机车出入段等作业过程的图表，以求得车站各项设备的通过能力。

这种方法的特点是能把区间和车站各项技术设备作为一个统一的整体来求得车站的通过能力，比分析计算法更符合实际。但绘制这种图表复杂、费时，新建车站因缺少原始资料而不能采用。目前一般可在作业繁忙的既有站绘制出高峰阶段的图解，用来弥补分析计算法的不足或用于客运站求解通过能力。

3. 计算机模拟法

计算机模拟法以排队论为理论基础，以计算模拟为基本手段，把列车到、解、集、编、发各项作业过程作为一个相互关联的排队系统，模拟输出计算机车站通过能力有关参数的回归方程，然后计算出既有车站的通过能力。这是解决多因素相关联问题求解的较先进方法。它不但克服了分析计算法片面考虑某单项因素求解的缺陷，而且还可以解决车站与区间之间、车站内各项技术设备之间能力协调问题，是车站通过能力计算方法的发展方向。

第二节　咽喉通过能力计算

咽喉区通过能力是按车站咽喉区确定的通过能力，其目的是为检算车站内部咽喉区通过能力与到发线通过能力是否协调。

车站咽喉通过能力计算中，应先按照方向分别计算每一方向上咽喉道岔组的通过能力。车站咽喉区通过能力为该侧咽喉所有方向咽喉道岔组能力之和。当车站有多个咽喉区时，应计算每一个咽喉区的通过能力。

按方向分别计算咽喉道岔组的通过能力：

接车通过能力为 $N_{接}^{i}$，发车通过能力为 $N_{发}^{i}$，则接车通过能力为 $\sum_{i}^{n} N_{接}^{i}$，发车通过能力为 $\sum_{i}^{n} N_{发}^{i}$。

其中 i 表示某方向，n 表示咽喉衔接的方向。

一个咽喉区衔接多个方向，则应具有几个接（发）车进路的咽喉道岔组，若在计算咽喉通过能力时，反按一个繁忙咽喉道岔组来确定咽喉通过能力，将使计算结果偏小。因此需按照方向进行分类计算后汇总。

影响车站咽喉通过能力的因素有以下几项：

（1）车站布置图类型。横列式区段站比纵列式或客货纵列式布置图咽喉的通过能力要小；尽头式客运站比通过式客运站布置图咽喉的通过能力要小。

（2）咽喉区的衔接方向及其平行进路数。衔接方向少，平行进路多，咽喉通过能力大。

（3）每昼夜占用咽喉区的次数及每次占用咽喉的时间。

（4）咽喉区的交叉干扰程度。进路交叉多，妨碍时间增加，使咽喉通过能力降低。

（5）列车到发的均衡程度。到发不均衡，将增加咽喉的空费时间，使咽喉通过能力降低。

车站咽喉通过能力计算涉及占用咽喉时间标准确定，咽喉道岔（组）选定，咽喉通过能力计算等步骤。

一、占用咽喉时间标准的确定

1. 列车占用咽喉时间标准有下列两项：

（1）列车接车占用时间（ $t_{接}$ ）。

自开始准备接车进路时起，至列车进入到发线警冲标内方停车时止占用咽喉区的时间。可用查定方法或按式（3-5）计算

$$t_{接} = t_{准} + t_{进} \tag{3-5}$$

式中　$t_{准}$——准备接车进路及开放信号时间，min；

　　　$t_{进}$——列车通过进站距离的时间，自接车进路准备完毕时起，至列车腾空该咽喉区时止的时间，min，按下式计算：

$$t_{进} = 0.06 \times \frac{L_{进}}{v_{进}} = 0.06 \times \frac{l_{列} + l_{确} + l_{制} + l_{进}}{v_{进}} \tag{3-6}$$

式中　$L_{进}$——列车进站距离，m（见图 3-1）；

　　　$v_{进}$——列车进站平均速度，km/h；

　　　$l_{列}$——列车长度，m；

　　　$l_{确}$——在司机确认信号的时间内，列车所走行的距离，m；

　　　$l_{制}$——列车制动停车距离，m；

　　　$l_{进}$——由进站信号机起至列车尾部进入警冲标内方停车或咽喉道岔联锁区轨道绝缘节（分段解锁时）止列车运行的距离，m。

（2）列车出发占用时间（$t_{发}$）。

自准备发车进路时起至列车腾空线路时止占用咽喉区的时间。可用查定方法或按式（3-7）计算

$$t_{发} = t_{准} + t_{出} \tag{3-7}$$

式中　$t_{出}$——自发车进路准备完毕后列车起动时起，至列车尾部离开发车进路最外方道岔或咽喉道岔联锁区段轨道绝缘节止占用咽喉的时间，min，按式（3-8）计算

$$t_{出} = 0.06 \times \frac{L_{出}}{v_{出}} = 0.06 \times \frac{l_{列} + l_{出}}{v_{出}} \tag{3-8}$$

式中　$L_{出}$——列车出站距离，m（见图 3-1）；

　　　$v_{出}$——列车出站平均速度，km/h；

　　　$l_{出}$——由出站信号机起至发车进路最外方道岔或咽喉道岔联锁区段轨道绝缘节止的距离，m。

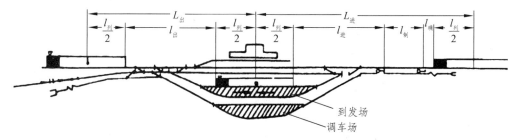

图 3-1　接发列车进路长度示意图

准备进路和开放信号的时间标准，应根据道岔和信号的操纵方式，参考表 3-1 确定。

表 3-1 准备和开放信号时间标准表

顺号	作业名称		时间/min
1	准备进路办理一个道岔的时间	非集中联锁	0.2 ~ 0.4
		集中联锁	0.1 ~ 0.2
2	电气集中准备一条进路时间		0.1 ~ 0.15
3	开放信号时间	色灯信号机	0.1
		臂板信号机	0.25

2．调车占用咽喉时间标准

（1）车列牵出时间（$t_牵$）。

到达解体车列自准备进路由到发线向牵出线牵出起动时起，至车列尾部腾空该线时止占用咽喉的时间。可用查定方法或按式（3-9）计算

$$t_牵 = t_准 + 0.06 \times \frac{L_牵}{v_牵} \qquad (3-9)$$

式中　$L_牵$——车列牵出时行经的距离，m；

　　　$v_牵$——车列牵出平均速度，km/h；

　　　$t_准$——准备进路时间，事先准备好进路时，可略而不计。

（2）车列转线时间（$t_转$）。

自编列车自准备由牵出线向到发线的转线进路时起，至整个车列停在到发线警冲标内方停车时止。可用查定方法或按式（3-10）计算确定

$$t_转 = t_准 + 0.06 \times \frac{L_转}{v_转} \qquad (3-10)$$

式中　$L_转$——车列转线时行经的距离，m；

　　　$v_转$——车列转线平均速度，km/h。

（3）取车（送车）占用时间（$t_{取(送)}$）。

自准备取（送）进路时起，至车列离开该咽喉区进路解锁时止占用咽喉的时间。可以用写实查定的方法确定。

3．机车占用咽喉时间（$t_机$）

包括机车出段、入段占用咽喉的时间，自准备进路时起至机车进入到发线警冲标内方或机务段内进路解锁时止占用咽喉的时间。用写实查定的方法确定。

4．固定作业占用时间（$\sum t_固$）

固定作业包括下列各项：

（1）旅客列车（计算客运站咽喉能力时为货物列车）到、发、调移及其机车出入段等作业；

（2）向车辆段、机务段及货场装卸地点定时取送车辆的作业；

（3）调车机车出入段作业。

二、咽喉道岔（组）的选定

选定咽喉道岔（组）可按下列步骤和方法进行：

1．确定到发场线路合理分工方案

到发场线路合理分工方案的实质，就是合理分配每条线的作业量。这应根据到发线数量、行车量、咽喉布置特点等因素来确定。并遵守下列两点要求：

（1）均衡使用到发线，使每条线的接发列车数或总占用时间大致相等；

（2）合理利用咽喉区的平行进路，使作业量不致过分集中于个别咽喉道岔（组）。

某双线区段站详图见图3-2，到发线使用方案见表3-2。该站客车到发（通过）线3条（Ⅰ、Ⅱ、3道），客货兼用到发线1条（4道），下行到发场共3条道（4、5、6道），上行到发场4条（8、9、10、11道）。

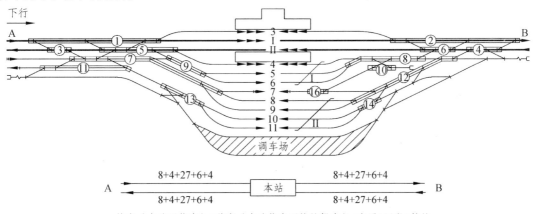

图 3-2　某双线铁路区段站线路布置及行车量图

表 3-2　到发线使用方案

线路编号	固定用途	一昼夜接发列车数
Ⅰ	A 至 B 旅客快车通过	8
Ⅱ	B 至 A 旅客快车通过	8
3	接发 A 至 B 旅客列车	4
	接发 B 至 A 旅客列车	4
4	接发 B 至 A 无改编中转货物列车	10
	接发 A 至 B 无改编中转货物列车	5
5	接发 A 至 B 无改编中转货物列车	11
6	接发 A 至 B 无改编中转货物列车	11
8	接发 B 至 A 无改编中转货物列车	10
9	接发 B 至 A 无改编中转货物列车	7
	接 B 到解区段列车	6
10	发 A 自编区段列车	6
	接 B 到解区段列车	6
	发 B 自编区段列车	6

线路编号	固定用途	一昼夜接发列车数
11	接 B 到解零摘列车	4
	发 A 自编零摘列车	4
	接 B 到解零摘列车	4
	发 B 自编零摘列车	4

2．按咽喉区进行道岔分组

车站咽喉区道岔较多，为了简化计算，可按不同情况，将道岔进行分组，分组的原则如下：

（1）不能被两条进路同时分别占用的道岔，应合并成一组。在一条线路上的若干道岔，如果它们当中没有任何两个道岔尾部相对，且分别布置在线路两侧时，这些道岔应划作一组，如图 3-3（a）所示。因为这些道岔当中，任何一个被占用，其他道岔均无法同时开通其他进路。

（2）两条平行进路上的道岔（包括渡线两端的道岔）不能并为一组。在一条线路上的道岔，如果有两个岔尾相对，且分别布置在线路两侧时，这两个道岔不能并为一组。如图 3-3（b）所示，道岔 5 与道岔 7 可以同时开通两条平行进路，不能并为一组。

（3）道岔尾部相对，且分别布置在线路两侧，而另一道岔又为交叉渡线时，交叉渡线的道岔不能分成两组。如图 3-3（c）所示，道岔 5 必须与道岔 7 合并，而不能与道岔 3 合并成一组。

（4）有的道岔与两条平行进路上的两个道岔组相邻，可以分别开通两条平行进路，该道岔应单独划作一组。如图 3-3（d）中的道岔单独划作一组，而不能与道岔 7 合并成一组。

图 3-2 为一双线横列式区段站道岔分组举例。根据上述原则 A 端咽喉分为 7 组，B 端咽喉分为 8 组，这样大大地简化了确定作业量最大的咽喉道岔（组）的工作。

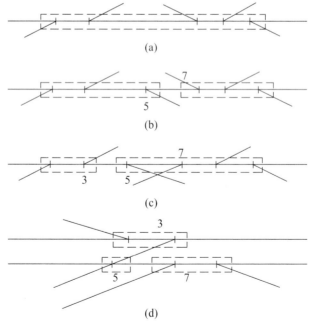

(a)

(b)

(c)

(d)

图 3-3　道岔分组示意图

3．计算咽喉区各道岔组总占用时间

道岔分组及到发场分工确定后，就需要进一步计算出道岔组一昼夜进行各项作业的总占用时间 T。

$$T = n_接 t_接 + n_发 t_发 + n_机 t_机 + \sum t_调 + \sum t_妨 + \sum t_固 \tag{3-11}$$

式中　$n_接$，$n_发$——一昼夜占用道岔组到达、出发的列车数（包括摘挂列车）；

$n_机$——一昼夜占用道岔组的单机次数；

$\sum t_调$——昼夜调车作业占用道岔组的总时分（已包括在 $\sum t_固$ 中的调车作业时分除外）；

$\sum t_妨$——由于列车、调车车列或机车作业占用该道岔组敌对进路上的其他道岔组，而需完全停止使用该道岔组的妨碍时间（计算方法见后）；

其他符号意义同前。

咽喉区各道岔组总占用时分可分别按车站 A 端和 B 端咽喉采用表 3-3 和表 3-4 进行计算。

4．负荷量最大的咽喉道岔组的选定

车站内凡办理接发列车的咽喉区，均应计算其通过能力。它是由各咽喉区内负荷量最大的道岔组（最繁忙咽喉道岔组）一昼夜内能够办理的到发列车数所决定的。但当有下述情况时，则需要根据以下规定选定两个或更多的咽喉道岔组。

（1）一个咽喉区如有两个以上的衔接方向时，应分别确定各衔接方向接车进路和发车进路上工作量最大的道岔组作为咽喉道岔（组）。该咽喉区的通过能力应等于该衔接方向各咽喉道岔（组）通过能力之和。

（2）同一方向的列车经由各个不同的进路到发时，该方向咽喉的通过能力应等于该进路上各咽喉道岔（组）通过能力之和。

举例中 A 端咽喉：接由 A 去 B 的无改编中转列车经由道岔组 1、5、9，由表 3-3 中可以看出其中道岔组 5 的 T 值最大（492）；由 A 接到达解体列车经由道岔组 1、3、7、11、13，由表 3-3 中可以看出，其中道岔组 7 的 T 值最大（542），因而该咽喉区 A 方向的接车进路有两个咽喉道岔组（5、7），作为 A 方向计算接车通过能力的咽喉道岔组。

同样，A 端咽喉发由 B 去 A 的无改编中转列车经由道岔组 7、3、5，由表 3-3 中可以看出，其中道岔组 7 的 T 值最大（542），因而该咽喉区 A 方向发车进路上有一个咽喉道岔组 7，作为 A 方向计算发车通过能力的咽喉道岔组。

同理，可以确定 B 端咽喉：计算 B 方向接车通过能力的咽喉道岔组为 4、12；计算 B 方向发车通过能力的咽喉道岔组为 8、12（见表 3-4）。

表 3-3　A 端咽喉区占用时间计算表

编号	作业进路名称	占用次数	每次占用时间	总占用时间	咽喉区道岔组占用时间						
					1	3	5	7	9	11	13
I	II	III	IV	V	VI						
主要作业											
1	4 道接 A 至 B 无改编中转列车	5	8	40	40		40				
2	4 道发 B 至 A 无改编中转列车	10	6	60		60	60				
3	5、6 道接 A 至 B 无改编中转列车	22	8	176	176		176		176		

续表

编号	作业进路名称	占用次数	每次占用时间	总占用时间	咽喉区道岔组占用时间						
					1	3	5	7	9	11	13
I	II	III	IV	V	VI						
	主要作业										
4	8、9道发B至A无改编中转列车	17	6	102		102		102			
5	10道接A到解区段列车	6	8	48	48	48	（48）	48	（48）	48	48
6	10道发A自编区段列车	6	6	36		36		36		36	36
7	4、5、6道本务机车经7道入段	27	2	54				54		54	
8	4、5、6道本务机车经7道出段	27	2	54				54			
9	4道本务机车出段	10	2	20		（20）	20	20	（20）		
10	4道本务机车入段	10	2	20		（20）	20	20	（20）	20	
11	8、9道本务机车入段	23	2	46				46		46	
12	8、9道本务机车出段	17	2	34				34			
13	10道本务机车经7道入段	6	2	12				12		12	
14	10道本务机车经7道出段	6	2	12				12			
15	10道本务机车出段	6	2	12				12		12	12
16	10道自编区段列车转线	12	15	180							180
17	11道接A到解摘挂列车	4	8	32	32	32	（32）	32	（32）	32	32
18	11道发A自编摘挂列车	4	6	24		24		24		24	24
19	11道摘挂列车本务机经7道入段	4	2	8				8		8	
20	11道摘挂列车本务机经7道出段	4	2	8				8			
21	11道摘挂列车本务机入段	4	2	8						8	8
22	11道摘挂列车本务机出段	4	2	8				8		8	8
23	11道自编摘挂列车转线	8	15	120							120
	固定作业										
24	3道接A至B方旅客列车	4	10	40	40						
25	I道通过A至B旅客列车	8	8	64	64						
26	I道通过B至A旅客列车	8	8	64		64	64				
27	4道发B至A旅客列车	4	8	32		32	32				
28	往机务段送车	2	6	12						12	12
29	向机务段取车	2	6	12				12		12	12
	$\sum t_{固}$				104	96	96	12	0	24	24
	T				400	438	492	542	296	332	492

表 3-4　B 端咽喉占用时间计算表

编号	作业进路名称	占用次数	每次占用时间	总占用时间	咽喉区道岔组占用时间							
					2	4	6	8	10	12	14	16
I	II	III	IV	V	VI							
主要作业												
1	4、5道发A至B无改编中转列车	16	6	96	96		96	96				
2	4道接B至A无改编中转列车	10	8	80		80	80	80				
3	6发A至B无改编中转列车	11	6	66	66		66	66				
4	8、9道接B至A无改编中转列车	17	8	136		136				136		
5	9道接B到解区段列车	6	8	48		48				48		
6	10道发B自编区段列车	6	6	36	36	36	（36）			36	36	
7	4、5道本务机车经7道入段	16	2	32				32	32			32
8	4、5道本务机车经7道出段	16	2	32				32	32			32
9	6道本务机车经7道入段	11	2	22				22	22			22
10	6道本务机车经7道出段	11	2	22				22	22			22
11	10道本务机车经7道出段	6	2	12						12	12	12
12	10道本务机车经7道入段	6	2	12						12	12	12
13	9道解体区段列车牵出	6	15	90						90		
14	11道接B到解摘挂列车	4	8	32		32				32	32	
15	11道发B自编摘挂列车	4	8	32	32	32				32	32	
16	11道摘挂列车机车经7道入段	4	2	8						8	8	8
17	11道摘挂列车机车经7道出段	4	2	8						8	8	8
18	10、11道解体摘挂列车牵出	14	15	210						210		
固定作业												
19	3道发A至B旅客列车	4	8	32	32							
20	I道通过A至B旅客列车	8	8	64	64							
21	II道通过B至A旅客列车	8	10	80		80	80					
22	4道接B至A旅客列车	4	10	40		40	40	40				
	$\sum t_{固}$				96	120	120	40	0	0	0	0
	T				326	484	398	390	108	414	350	148

注：①第Ⅱ栏：根据车场到发线固定使用方案的规定，填写咽喉区全部作业进路名称；

②第Ⅲ栏：根据计算行车量和到发线固定使用方案填入一昼夜各种行车、调车和机车出入段次数；

③第Ⅳ栏：根据计算或查定的各单项作业时间标准填写；

④第Ⅴ栏：第Ⅲ和第Ⅳ栏的乘积；

⑤第Ⅵ栏：根据各作业进路占用道岔组情况将第Ⅴ栏的数据逐项填入相关的道岔组栏内；

⑥带括号的时间为某项作业进路对该道岔组直接妨碍时间。

三、咽喉通过能力的计算

1. 计算咽喉道岔（组）通过能力利用率

咽喉道岔（组）通过能力利用率按下式计算：

$$K = \frac{T - \sum t_{固}}{(1 - r_{空费})(1\,440 - \sum t_{固})} \tag{3-12}$$

式中 $r_{空费}$——考虑咽喉道岔（组）的空费时间和间接妨碍时间扣除的系数，可采用 0.15 ~ 0.20，具体计算方法参见本节第五部分所述。

总占用时间 T 和固定作业时间 $\sum t_{固}$ 均可从表 3-3 和表 3-4 中查得。

将例子中车站两端咽喉道岔（组）的利用率计算结果列入表 3-5。

表 3-5 咽喉道岔（组）利用率表

方向		接发车	A 端咽喉			B 端咽喉		
			经由道岔组号	咽喉道岔组		经由道岔组号	咽喉道岔组	
				组号	K		组号	K
接车	A 方向	无调	1、5、9	5	0.37			
		有调	1、3、7、11、13	7	0.46			
	B 方向	无调				4、6、8	4	0.35
						4、12	12	0.36
		有调				4、12	12	0.36
						4、12、14	12	0.36
发车	A 方向	无调	3、5	5	0.37			
			3、7	7	0.46			
		有调	3、7、11、13	7	0.46			
	B 方向	无调				2、6、8	8	0.31
		有调				2、4、12、14	12	0.36

2. 计算咽喉道岔（组）通过能力

按车站各衔接方向计算的咽喉道岔（组）通过能力：

接车能力：$N^i_{货接} = \dfrac{n^i_{货接}}{K}$ （3-13）

发车能力：$N^i_{货发} = \dfrac{n^i_{货发}}{K}$ （3-14）

式中 $N^i_{货接}$，$N^i_{货发}$——i 方向货物列车接车或发车的咽喉道岔（组）通过能力；

$n^i_{货接}$，$n^i_{货发}$——i 方向列入计算中接入或出发的货物列车数。

将举例中的车站 A，B 端咽喉通过能力计算结果汇总列入表 3-6，

表 3-6　咽喉通过能力计算表　　　　　　　　　　　　　　列

方向		接发车	A 端			B 端				受控制咽喉道岔组
			5 号	7 号	计	4 号	8 号	12 号	计	
接车	A 方向	无调	73.3		73.3					5
		有调		21.5	21.5					7
	B 方向	无调				28.9			28.9	4
								47.3	47.3	12
		有调						27.8	27.8	12
	小计				94.8				104.0	
发车	A 方向	无调	27.1		27.1					5
				36.3	36.3					7
		有调		21.5	21.5					7
	B 方向	无调					86.2		86.2	8
		有调						27.8	27.8	12
	小计				84.9				114.0	

故 A 方向货物列车咽喉通过能力：

接车能力：$N^A_{货接}$=94.8 列；

发车能力：$N^A_{货发}$=84.9 列。

B 方向货物列车的咽喉通过能力：

接车能力：$N^B_{货接}$=104.0 列；

发车能力：$N^B_{货发}$=114.0 列。

3．咽喉区的通过能力

由于本站两端咽喉区只衔接一个方向，故咽喉区接、发车的通过能力与按方向别的咽喉接、发车通过能力相等。

四、咽喉道岔（组）妨碍时间的计算

1．咽喉区作业进路的分类

咽喉区的作业进路，按其相互关系可分为会合进路[见图 3-4（a）]、分歧进路[见图 3-4（b）]、交叉进路[见图 3-4（c）]和平行进路[见图 3-4（d）]。会合进路、交叉进路属敌对进路，分歧进路、平行进路属非敌对进路。

咽喉区的作业进路，按其占用咽喉道岔（组）的不同方式，可分为占用进路和妨碍进路。某项作业直接通过咽喉道岔（组），则该作业进路称为占用进路；某项作业不直接通过咽喉道岔（组），但由于该作业进路的出现，将全部或部分妨碍其他作业进路占用咽喉道岔（组），则该作业进路称为妨碍进路。妨碍进路又可分为直接妨碍进路和间接妨碍进路两种，全部妨碍其他作业进路占用咽喉道岔（组）的进路称为直接妨碍进路，部分妨碍其他作业进路占用咽喉道岔（组）的进路称为间接妨碍进路。

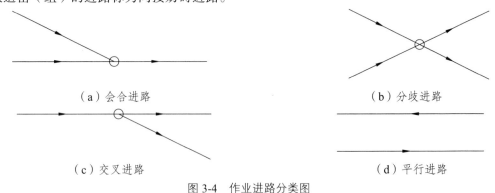

（a）会合进路　　　　　　　　　　　　（b）分歧进路

（c）交叉进路　　　　　　　　　　　　（d）平行进路

图 3-4　作业进路分类图

2．妨碍时间的分类

由于妨碍进路而需停止使用咽喉道岔（组）的时间称为咽喉道岔（组）的妨碍时间。

妨碍时间分为两种：

（1）直接妨碍时间。

当某一妨碍进路与咽喉道岔（组）的全部占用进路互相敌对，由此对咽喉道岔（组）造成的妨碍时间称为直接妨碍时间。例如图 3-2 中，A 端咽喉往 10 道接 A 方向到解区段列车需占用 1、3、7、11、13 号道岔组，这时 5、9 道岔组虽然不直接占用，但必须全部停止使用，从而使该两道岔组产生了妨碍时间，即为直接妨碍时间。

（2）间接妨碍时间。

当某一妨碍进路与咽喉道岔（组）的部分占用进路互相敌对，由此对咽喉道岔（组）造成的妨碍时间称为间接妨碍时间。例如：图 3-5（a）中进路 1 和进路 2 两条平行进路与一条敌对进路 3 相交叉，当进路 1 被占用，进路 2 空闲时，进路 3 不能通过 1、2 两条平行进路，从而使进路 2 上的咽喉道岔组产生空闲时间，这种损失的空闲时间即为道岔组 b 的间接妨碍时间。

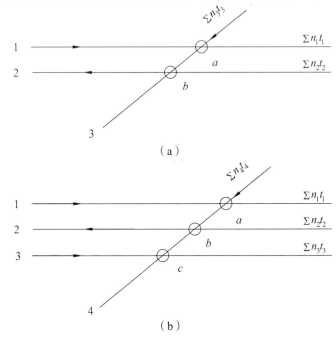

（a）

（b）

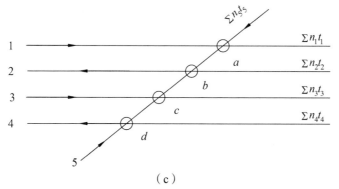

图 3-5　咽喉间接妨碍时间计算图

3．妨碍时间的计算

直接妨碍时间比较直观，计算简单，可将其列入道岔组占用时间表中（见表 3-3），并加括号表示，以示区别。

间接妨碍时间目前有不少计算方法，现根据概率论原理列出一种计算方法，供计算时参考。

（1）两条平行进路与一条进路交叉。

图 3-5（a）中进路 1 与进路 2 为平行进路，进路 3 与进路 1、2 交叉。进路 1、2、3 每昼夜的作业时间分别为 $\sum n_1 t_1$，$\sum n_2 t_2$，$\sum n_3 t_3$，式中，n_i 为进路占用次数，t_i 为每次作业进路占用时间。进路 1、2、3 每昼夜占用进路的概率分别为 $P_1 = \dfrac{\sum n_1 t_1}{1\,440}$，$P_2 = \dfrac{\sum n_2 t_2}{1\,440}$，$P_3 = \dfrac{\sum n_3 t_3}{1\,440}$。

根据概率乘法定理，进路 1 和进路 2 的作业同时分别占用咽喉道岔组 a、b 的概率为 $P_1 \times P_2$，进路 1 占用道岔组 a 的同时进路 2 也占用道岔组 b 的时间为

$$t_{平}^{1,2} = 1\,440 \times P_1 \times P_2 \tag{3-15}$$

进路 1 在咽喉区单独进行作业的时间为

$$\sum n_1 t_1 - t_{平}^{1,2} \tag{3-16}$$

进路 2 在咽喉区单独进行作业的时间为

$$\sum n_2 t_2 - t_{平}^{1,2} \tag{3-17}$$

故进路 1 对道岔组 b 的妨碍时间为

$$t_{妨}^{b} = (\sum n_1 t_1 - t_{平}^{1,2}) P_3 \tag{3-18}$$

进路 2 对道岔组 a 的妨碍时间为

$$t_{妨}^{a} = (\sum n_2 t_2 - t_{平}^{1,2}) P_3 \tag{3-19}$$

（2）三条平行进路与一条进路交叉。

图 3-5（b）中进路 1、2、3 为平行进路，进路 4 与进路 1、2、3 交叉。进路 1、2、3、4 每昼夜的作业时间分别为 $\sum n_1 t_1$，$\sum n_2 t_2$，$\sum n_3 t_3$，$\sum n_4 t_4$ 其每昼夜占用进路的概率分别为

$$P_1 = \frac{\sum n_1 t_1}{1\,440}, \quad P_2 = \frac{\sum n_2 t_2}{1\,440}, \quad P_3 = \frac{\sum n_3 t_3}{1\,440}, \quad P_4 = \frac{\sum n_4 t_4}{1\,440}。$$

根据概率乘法定理，进路 1、2、3 每昼夜相互平行的作业时间为 $t_{平}^{1,2} = 1\,440 \times P_1 \times P_2$，$t_{平}^{1,3} = 1\,440 \times P_1 \times P_3$，$t_{平}^{2,3} = 1\,440 \times P_2 \times P_3$，$t_{平}^{1,2,3} = 1\,440 \times P_1 \times P_2 \times P_3$。

进路 2、3 对道岔组 a 的妨碍时间为

$$t_{妨}^a = (\sum n_2 t_2 + \sum n_3 t_3 - t_{平}^{1,2} - t_{平}^{1,3} - t_{平}^{2,3} + 2t_{平}^{1,2,3})P_4 \qquad (3\text{-}20)$$

进路 1、3 对道岔组 b 的妨碍时间为

$$t_{妨}^b = (\sum n_1 t_1 + \sum n_3 t_3 - t_{平}^{1,2} - t_{平}^{1,3} - t_{平}^{2,3} + 2t_{平}^{1,2,3})P_4 \qquad (3\text{-}21)$$

进路 1，2 对道岔组 c 的妨碍时间为

$$t_{妨}^c = (\sum n_1 t_1 + \sum n_2 t_2 - t_{平}^{1,2} - t_{平}^{1,3} - t_{平}^{2,3} + 2t_{平}^{1,2,3})P_4 \qquad (3\text{-}22)$$

（3）四条平行进路与一条平行进路交叉。

图 3-5（c）中进路 1、2、3、4 为平行进路，进路 5 与进路 1、2、3、4 交叉，同理可求得各相应道岔组的妨碍时间分别为

进路 2、3、4 对道岔组 a 的妨碍时间：

$$t_{妨}^a = (\sum n_2 t_2 + \sum n_3 t_3 + \sum n_4 t_4 - t_{平}^{1,2} - t_{平}^{1,3} - t_{平}^{1,4} - t_{平}^{2,3} - t_{平}^{2,4} - t_{平}^{3,4}$$
$$+ t_{平}^{1,2,3} + t_{平}^{1,2,4} + t_{平}^{1,3,4} + t_{平}^{2,3,4} - 3t_{平}^{1,2,3,4})P_5 \qquad (3\text{-}23)$$

式中　$t_{平}^{1,2,3} = 1\,440 \times P_1 \times P_2 \times P_3$。

若令 $-t_{平}^{1,2} - t_{平}^{1,3} - t_{平}^{1,4} - t_{平}^{2,3} - t_{平}^{2,4} - t_{平}^{3,4} + t_{平}^{1,2,3} + t_{平}^{1,2,4} + t_{平}^{1,3,4} + t_{平}^{2,3,4} - 3t_{平}^{1,2,3,4} = \sum t_{平}$

则　　　　$$t_{妨}^a = (\sum n_2 t_2 + \sum n_3 t_3 + \sum n_4 t_4 + \sum t_{平})P_5 \qquad (3\text{-}24)$$

同理可求得进路 1、3、4 对道岔组 b 的妨碍时间为

$$t_{妨}^b = (\sum n_1 t_1 + \sum n_3 t_3 + \sum n_4 t_4 + \sum t_{平})P_5 \qquad (3\text{-}25)$$

进路 1、2、4 对道岔组 c 的妨碍时间为

$$t_{妨}^c = (\sum n_1 t_1 + \sum n_2 t_2 + \sum n_4 t_4 + \sum t_{平})P_5 \qquad (3\text{-}26)$$

进路 1、2、3 对道岔组 d 的妨碍时间为

$$t_{妨}^d = (\sum n_1 t_1 + \sum n_2 t_2 + \sum n_3 t_3 + \sum t_{平})P_5 \qquad (3\text{-}27)$$

图 3-6 表示了各平行进路同时占用各自咽喉道岔组的情况，图 3-6（a）为两条平行进路的相互关系，两个圆的面积分别表示进路 1、2 每昼夜的作业时间 $\sum n_1 t_1$，$\sum n_2 t_2$，两圆的重合

部分表示进路 1、2 每昼夜的平行作业时间 $t_{平}^{1,2}$，两圆的非重合部分即为 $\sum n_1 t_1 - t_{平}^{1,2}$ 和 $\sum n_2 t_2 - t_{平}^{1,2}$，分别表示两条进路每昼夜单独进行作业的时间。将以上两项时间乘以敌对进路的占用概率即为咽喉道岔 a 或 b 的妨碍时间 $t_{妨}^{a}$ 和 $t_{妨}^{b}$。

图 3-6（b）为三条平行进路的相互相关系，三个圆的面积分别表示进路 1、2、3 每昼夜的作业时间 $\sum n_1 t_1$，$\sum n_2 t_2$，$\sum n_3 t_3$，两两重合部分分别表示平行作业时间 $t_{平}^{1,2}$，$t_{平}^{1,3}$，$t_{平}^{2,3}$，各圆的面积分别减去重合部分即为某进路一昼夜单独进行作业的时间。图中阴影部分为三个圆的重合部分，表示三条进路每昼夜的平行作业时间作 $t_{平}^{1,2,3}$。由于在减去两两重合部分时，多减去了两个 $t_{平}^{1,2,3}$，故公式中最后一项应加上 $2 t_{平}^{1,2,3}$。

图 3-6（c）为四条平进路的相互关系，其计算原理可依据以上三条进路的情况类推。

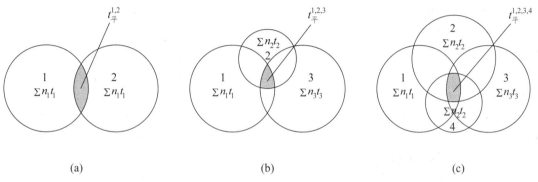

图 3-6　平行进路同时占用各自咽喉道岔组时间关系示意图

五、咽喉道岔（组）空费系数的确定

咽喉道岔组一昼夜内不能被利用进行任何作业的空闲时间称为该咽喉道岔组的空费时间（$\sum t_{空}$），空费时间占一昼夜时间的比重称为空费系数（$r_{空}$）。

产生咽喉道岔组空费时间的原因有：

（1）列车到发的不均衡性，列车密集到发期间，咽喉道岔组占满可能性大，空费时间少；而列车非密集到发期间，则产生不能利用的空闲时间，占满的可能性小，空费时间增多。

（2）占用咽喉道岔组的各项作业不可能紧密衔接，作业间不可避免地产生不能利用的空闲时间。

（3）占用咽喉道岔组的各项作业时间标准有长有短，不可能为 1 440 min 的整倍数。

（4）占用咽喉道岔组的作业时间，大部分是接、发车作业，占用的时刻是由运行图决定的，其间隔不可能被其他作业占用时产生空档。如图 3-7 中根据运行图规定的时刻 1001 次与 1003 次货物列车连续接车占用某咽喉道岔组，由于 $t_{接}$ 小于 $I_{到}$ 产生空闲时间 $t_{空}'$。当旅客列车 27 次经由该咽喉另一道岔组而不经由本道岔组时，则本道岔组将产生空闲时间 $t_{空}''$。

因此，影响咽喉道岔组空费时间的因素如下：

（1）衔接区间的行车闭塞方式。双线自动闭塞时，列车到达（出发）间隔时间小，咽喉道岔组利用率高，故空闲时间相应减少；半自动闭塞列车到达（出发）间隔时间大，咽喉道岔组利用率低，故空闲时间相应增加。

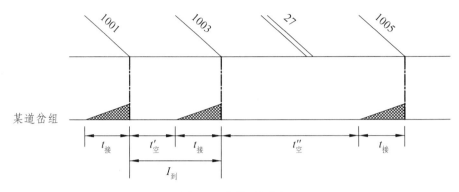

图 3-7 空费时间图

（2）衔接区间既有行车量及其旅客列车数量。既有行车量大，咽喉道岔组被占用的概率大，空费时间将减少。由于旅客列车在编组站上往往不进入到达场或出发场，故随着旅客列车数量的增加，进入编组站上咽喉道岔组的空费时间有增大趋势。

（3）车站咽喉区的构造及平行进路数量。咽喉区平行进路多，在衔接方向数、机务段位置相同的情况下，空费系数可能增大。

（4）咽喉区的作业种类和进路交叉。咽喉区作业种类众多，咽喉道岔组被占用的概率增加，空费时间将呈减少趋势。交叉进路多，则该方向的咽喉道岔组被非本方向其他作业间接占用的时间增加，使空费时间减少。

由此可见，咽喉道岔组的空费时间应是在满足该方向区间最大通过能力情况下，该咽喉道岔组一昼夜内不能被占用的空闲时间。

设区间货物列车的最大通过能力为

$$N_{最大}^{货} = \frac{1\,440}{T_{周}} - \varepsilon_{客} N_{客} - N_{摘}(\varepsilon_{摘} - 1) \tag{3-28}$$

式中　$T_{周}$——货物列车运行图周期；

　　　$N_{客}$，$N_{摘}$——该方向接、发的旅客列车、摘挂列车数；

　　　$\varepsilon_{客}$，$\varepsilon_{摘}$——旅客列车、摘挂列车的扣除系数。

咽喉道岔组空费时间可概略地按下式计算：

$$\sum t_{空费} = 1\,440 - N_{最大}^{货} t_{接(发)}^{货} - \sum t_{他占} - \sum t_{间妨} - \sum N_{客} t_{接(发)}^{客} \tag{3-29}$$

式中　$t_{接(发)}^{货}$——每列货物列车接车或发车占用咽喉道岔组的时间；

　　　$t_{接(发)}^{客}$——每列旅客列车接车或发车占用咽喉道岔组的时间；

　　　$\sum t_{他占}$——昼夜其他作业如机车出入段、取送车、转线或牵出占用咽喉道岔组的时间；

　　　$\sum t_{间妨}$——间接妨碍时间。

故咽喉道岔组的空费系数可按下式计算：

$$r_{空} = \frac{\sum t_{空费}}{\sum t_{占}} \tag{3-30}$$

根据以上前提条件和计算公式，分别对单线半自动、双线半自动、双线自动闭塞方式区段站、客运站和编组站咽喉道岔组的空费系数进行图解和估算，其参考值如表 3-7 所示。

表 3-7 咽喉道岔组空费系数参考值表

闭塞方式	站别		
	区段站或客运站的咽喉道岔组 空费系数	编组站的咽喉道岔组	
		旅客列车对数	空费系数
双线自 动闭塞	0.15 ~ 0.20	29 对及以下	0.15 ~ 0.20
		30 对及以上	0.20 ~ 0.30
双线半 自动闭塞	0.20 ~ 0.25	14 对及以下	0.20 ~ 0.30
		15 对及以上	0.30 ~ 0.35
单线半 自动闭塞	0.25 ~ 0.30	9 对及以下	0.30 ~ 0.35
		10 对及以上	0.35 ~ 0.40

六、高速客运专线咽喉通过能力计算

高速铁路车站咽喉区通过能力除需核定全天的通过能力外还需核定咽喉区高峰小时通过能力。

列车占用咽喉区时分的确定见表 3-8。

表 3-8 咽喉区占用时分的确定

作业名称	作业标准/min
旅客列车停站接车（高速/中速）	3/3
旅客列车停站发车（高速/中速）	3/3
车底转入（高速/中速）	3/4
车底转出（高速/中速）	2/3
单机占用	2

计算咽喉区全天通过能力可采用利用率计算法。某一限制道岔组利用率 $K_{咽喉}$ 为

$$K_{咽喉} = \frac{T - \sum t_{固}}{(1\,440 - t_{天窗} - \sum t_{固})(1-r)} \qquad (3\text{-}31)$$

式中　T——客运站咽喉道岔区一昼夜内被占用的总时间，min；

$\sum t_{固}$——与旅客列车作业无关的其他作业所占用的时间，min；

$t_{天窗}$——综合维修天窗时间，min；

r——空费系数，取 0.2 ~ 0.3，传统上按《车站行车工作细则》（简称《站细》）编制方法一般规定为经验值 0.15 ~ 0.20，考虑到高速铁路列车到发受需求影响较大，略有增大。

由此计算各咽喉区所能办理的每一方向高速、中速列车数为

$$N_{高} = n_{高}/K_{咽喉} \qquad (3\text{-}32)$$

$$N_{中} = n_{中} / K_{咽喉} \qquad (3\text{-}33)$$

式中 $n_{高}$，$n_{中}$——实际某方向一昼夜的专线和中速列车数，列。

为了适应高速列车开行的密集性和间隔不均衡性，在旅客列车到发高峰时段，应将车站的其他辅助作业安排在此时段外，从而保证连续密集开行专线列车，此时可采用直接计算法，1 h 内最多能开行的专线列车数量为

$$N_{高峰}^{咽喉} = 60 / t_{占} \qquad (3\text{-}34)$$

式中 $t_{占}$——接发一列专线列车占用的咽喉区时间，min。

高速铁路车站咽喉作业相对简单，且各方向车场作业相对独立，大多数车站无调车作业，计算相对容易。需要注意的是，部分枢纽站和全部始发终到站有部分取送车底、合并编组、分解重联动车组等调车作业。如无独立进路，计算时也应统一考虑。

七、咽喉通过能力的汇总

当某方向接车或发车经由两条及其以上进路时，汇总后的咽喉能力应等于各进路咽喉道岔组办理该方向接车或发车的通过能力之和。如表 3-5 中 A 方向咽喉的接车能力，无调中转列车的咽喉道岔组为 5 号，其通过能力为 73.3 列；有调中转列车的咽喉道岔组为 7 号，其通过能力为 21.5 列，则 A 方向货物列车咽喉的接车通过能力 73.3+21.5 = 94.8 列。

第三节 到发线通过能力计算

一、区段站到发线能力

到发线通过能力是指到发场中办理列车到发作业的线路，采用合理的技术作业过程和固定线路使用方案，一昼夜能够接、发该方向的货物列车数和运行图规定的旅客列车数。

区段站到发线的通过能力可采用利用率计算法进行计算，其具体步骤和方法如下：

1. 占用到发线时间标准的确定

（1）无调中转货物列车占用到发线时间。

$$t_{中} = t_{接} + t_{技}^{中} + t_{特发} + t_{发} \qquad (3\text{-}35)$$

式中 $t_{接}$——列车接车占用到发线的时间，min；

$t_{发}$——列车出发占用到发线的时间，min；

$t_{技}^{中}$——无调中转列车技术作业占用到发线的时间，根据该种列车技术作业过程的规定取值，min；

$t_{特发}$——列车等待出发占用到发线的时间，min。

（2）部分改编中转货物列车占用到发线时间。

$$t'_{中} = t_{接} + t^{中'}_{技} + t_{特发} + t_{发} \tag{3-36}$$

式中　$t'_{中}$——部分改编中转货物列车（包括变更列车运行方向、变更列车质量、换挂车组）技术作业占用到发线的时间，根据该种列车技术作业过程的规定取值，min；

其他符号意义同式（3-35）。

（3）到达解体货物列车占用到发线时间。

$$t_{解} = t_{接} + t^{解}_{技} + t_{待解} + t_{牵} \tag{3-37}$$

式中　$t^{解}_{技}$——到达解体列车技术作亚占用到发线的时间，根据该种列车技术作业过程的规定取值，min；

$t_{待解}$——列车等待解体占用到发线的时间，min；

$t_{牵}$——车列牵出占用到发线的时间，min；

其他符号意义同式（3-35）。

（4）自编出发货物列车占用到发线时间。

$$t_{编} = t_{转} + t^{编}_{技} + t_{待发} + t_{发} \tag{3-38}$$

式中　$t_{转}$——车列转线占用到发线的时间，min；

$t^{编}_{技}$——自编出发列车技术作业占用到发线的时间，根据该种列车技术作业过程的规定取值，min。

（5）单机占用到发线时间。

按运行图规定接发单机占用到发线的时间 $t_{机}$ 可根据本章第二节所述的方法进行查定。

（6）固定作业占用到发线的时间。

以货物列车为主的车站的固定作业包括下列各项：

① 旅客列车占用到发线的时间；

② 向车辆段、机务段及货场装卸地点定时取送车辆占用到发线的时间（不占用到发线时可以不计）。

（7）其他作业占用到发线的时间。

其他作业包括下列各项：

① 接发军用列车占用到发线的时间；

② 保温列车加冰盐占用到发线的时间；

③ 牲畜列车上水、上饲料占用到发线的时间。

此外，如该站有转场（交换）车，应按一种车列计算其占用到发线的时间。

各种等待时间（待解、待发）标准应采取有效措施，将其压缩到最小限度，可用图解法或分析法予以确定。

图解法是指编制车站工作日计划图或用技术作业图表图解的办法。分析法是指实行新的列车运行图后 1~3 个月完成的实绩，通过对过长的等待时间加以认真分析，剔除不合理部分，并与近期的实绩进行比较后确定。

2. 到发线总占用时间的计算

一昼夜总占用时间按下式计算：

$$T = n_{中}t_{中} + n'_{中}t'_{中} + n_{解}t_{解} + n_{编}t_{编} + n_{机}t_{机} + \sum t_{固} \sum t_{其他} \tag{3-39}$$

式中　$n_{中}$，$n'_{中}$，$n_{解}$，$n_{编}$，$n_{机}$——列入计算中一昼夜在该到发场办理到发作业的无调中转、部分改编中转、到达解体、自编出发的列车数和单机数；

$t_{中}$，$t'_{中}$，$t_{解}$，$t_{编}$，$t_{机}$——办理以上各种列车 1 列或单机 1 次占用到发线的时间，min；

$\sum t_{固}$——昼夜固定作业占用到发线的时间，min；

$\sum t_{其他}$——昼夜其他作业占用到发线的时间，min。

3. 到发线通过能力利用率的计算

$$K = \frac{T - \sum t_{固}}{(1\ 440M - \sum t_{固})(1 - r_{空})} \tag{3-40}$$

式中　K——到发线通过能力利用率；

M——用于办理列车技术作业的线路数；

$r_{空}$——到发线空费系数，根据《站细》规定其值可取 0.15~0.20。

4. 到发线通过能力计算

到发线通过能力应按方向和列车种类分别计算接车和发车的通过能力。接发某方向货物列车的通过能力：

接发无调中转货物列车：

$$N_{货中} = \frac{n_{中}}{K} \tag{3-41}$$

接发部分改编中转货物列车：

$$N'_{货中} = \frac{n'_{中}}{K} \tag{3-42}$$

接入到达解体货物列车：

$$N_{货解} = \frac{n_{解}}{K} \tag{3-43}$$

发出自编货物列车：

$$N_{货编} = \frac{n_{编}}{K} \tag{3-44}$$

到发线（场）接发该方向货物列车的通过能力：

接车：$N_{货接} = N_{货中} + N'_{货中} + N_{货解}$

发车：$N_{货发} = N_{货中} + N'_{货中} + N_{货编}$

某到发场接发货物列车的通过能力为

$$N_{接发} = N_{货中} + N'_{货中} + N_{货解} + N_{货编} \tag{3-45}$$

若该站有几个到发场，则全站接发货物列车的通过能力为各到发场通过能力之和。

5. 到发线通过能力计算举例

某双线横列式区段站详图及计算行车量见图 3-2，具有两个到发场，到发场 I 设有 3 条到发线（4、5、6 道），到发场 II 设有 4 条到发线（8、9、10、11 道），其固定用途见表 3-2。

各种列车占用到发线的时间为

$$t_{中} = t_{接} + t_{技}^{中} + t_{待发} + t_{发} = 8 + 35 + 11 + 6 = 60$$

$$t_{解} = t_{接} + t_{技}^{解} + t_{待解} + t_{牵} = 8 + 35 + 30 + 10 = 83$$

$$t_{编} = t_{转} + t_{技}^{编} + t_{待发} + t_{发} = 12 + 25 + 30 + 6 = 73$$

各车场办理各种列车占用到发线的总时间可列表计算如表 3-9 所示。

表 3-9　各车场占用时间计算表

场别	作业项目	每昼夜作业次数	每次作业所需时间/min	占用时间/min 总时分 T	占用时间/min 其中固定作业时分因 $\sum t_{固}$
到发场 I	接发 B 至 A 旅客列车	4	30	120	120
	接发 B 至 A 无调中转货物列车	10	60	600	
	接发 A 至 B 无调中转货物列车	27	60	1 620	
	总计	41		2 340	120
到发场 II	接发 B 至 A 无调中转货物列车	17	60	1 020	
	接 B 到解区段，摘挂列车	10	83	830	
	接 A 到解区段，摘挂列车	10	83	830	
	发 B 自编区段，摘挂列车	10	73	730	
	发 A 自编区段，摘挂列车	10	73	730	
	总计	57		4 140	

各车场的利用率为

到发场 I：$K_1 = \dfrac{2\,340 - 120}{(1\,440 \times 3 - 120)(1 - 0.2)} = 0.66$

到发场 II：$K_2 = \dfrac{4\,140 - 0}{(1\,440 \times 4 - 0)(1 - 0.2)} = 0.90$

各车场按方向别到发线的通过能力可列表计算如表 3-10 所示。

表 3-10　各车场按方向别到发线通过能力计算表

方向		作业项目	列入计算中的列车数	到发线通过能力/列		
				到发场Ⅰ	到发场Ⅱ	计
A 方向	接车	到发场Ⅰ接 A 至 B 无调中转列车	27	40.9		40.9
		到发场Ⅱ接 A 到解列车	10		11.1	11.1
	计		37	40.9	11.1	52.0
	发车	到发场Ⅰ发 B 至 A 无调中转列车	10	（15.2）		（15.2）
		到发场Ⅱ发 B 至 A 无调中转列车	17		（18.9）	（18.9）
		到发场Ⅱ发 A 自编列车	10		11.1	11.1
	计		37	15.2	30.0	45.2
B 方向	接车	到发场Ⅰ接 B 至 A 无调中转列车	10	15.2		15.2
		到发场Ⅱ接 B 至 A 无调中转列车	17		18.9	18.9
		到发场Ⅱ接 B 到解列车	10		11.1	1.1
	计		37	15.2	30.0	45.2
	发车	到发场Ⅰ发 A 至 B 无调中转列车	27	40.9		（40.9）
		到发场Ⅱ发 B 自编列车	10		11.1	11.1
	计		37	40.9	11.1	52.0

由表 3-10 可见，按方向别的通过能力

A 方向接车能力：$N_{接}^A = 52.0$ 列；

A 方向发车能力：$N_{发}^A = 45.2$ 列；

B 方向接车能力：$N_{接}^B = 45.2$ 列；

B 方向发车能力：$N_{发}^B = 52.0$ 列。

为了衡量到发线的负荷，到发线的通过能力还应按车场别进行计算，此时无调中转列车一接一发计 1 列，有调中转解体 1 列计 1 列，编组 1 列计 1 列。

到发场Ⅰ的通过能力：40.9+15.2=56.1 列；

到发场Ⅱ的通过能力：11.1+11.1+18.9+11.1+11.1=63.3 列；

全站到发线的通过能力：56.1+63.3=119.4 列。

二、编组站到达场能力计算

1. 影响因素的分析

编组站到达场的主要任务是保证完成车列解体前的技术准备工作和不间断地自区间接入到达解体的列车。到达场到发线的通过能力，可根据随机排队服务系统的原理来确定，它与列车占用到发线的时间、列车到达的不均衡性、列检能力、驼峰负荷以及允许的接车延误率等因素有关。

（1）列车到达的不均衡性。

由于旅客列车的运行、列车各项作业不可能紧密衔接等原因，货物列车不均衡到达编组站是难以避免的。所谓不均衡到达是指列车到达间隔时间不均等，有时出现密集到达，造成车列排队等待，延长车辆在站停留时间。有时出现分散到达，造成到达场到发线和驼峰闲置。因此，只有在列车均衡到达、均衡作业时，设备的能力才能得到充分发挥，随着不均衡性的增加，设备的有效能力则降低。不均衡性可用式（3-46）表示。

$$v = \frac{\sigma}{\bar{t}} \tag{3-46}$$

式中　v——变异系数，即列车到达、出发间隔时间或作业时间偏离平均到达间隔、出发间隔或平均作业时间的比值；

　　　　σ——列车到达、出发间隔时间或作业时间的均方差；

　　　　$\bar{t}$——列车平均到达、出发间隔时间或平均作业时间。

v值取 $0 \sim 1$。v值等于或接近于 0 时，表示列车运行均衡或作业均衡；随着 v 值的增加，不均衡性增加，当 $v=1$ 时，则不均衡性最大。

（2）列检能力。

每一列检组一昼夜所能完成技术检查的车列数，可用式（3-47）表示：

$$n_{检} = \frac{1\,440 - \sum T_{固}}{t_{列检}} [列（组）/天] \tag{3-47}$$

式中　$\sum T_{固}$——列检组交接班、吃饭等固定作业时间；

　　　　$t_{列检}$——每一车列的技术检查时间。

列检能力与车场内配备的列检人员组数及车列技术检查时间有关。列检人员不足，将产生待检时间，使占用到发线的时间增加，降低到发线的通过能力。

（3）接车延误率。

一昼夜延误接车的列车数（$n_{延误}$）与到达场一昼夜到达的列车数（$n_{到}$）之比称为接车延误率（$P_{延}$），用式（3-48）表示。

$$P_{延} = \frac{n_{延误}}{n_{到}} \tag{3-48}$$

在一定的列检能力、驼峰解体能力和一定的接车线数条件下，接车延误率将随着到达列车数的增加而增大。当接车延误率有一定要求时，一定的接车线数，就有一定的接车通过能力，要求该系统的接车可靠性提高即（接车延误率减少）或降低（即接车延误率增加）时，在其他条件相同条件下，到达场到发线的通过能力也相应降低或提高。

（4）空费系数。

到发线一昼夜不能利用的空闲时间 $\sum t_{空费}$ 与货物列车占用线路的总时间 $\sum Nt_{占}$ 之比称为空费系数，可用式（3-49）表示。

$$r'_{空} = \frac{\sum t_{空费}}{\sum Nt_{占}} \tag{3-49}$$

（5）列车占用到发线的作业时间。

包括接车、待检、列检、待解、推峰以及分解等项作业时间。

根据上述影响到发线通过能力的因素可见：到达场到发线通过能力是有条件的，它是指在驼峰能力、列检能力、列车到达间隔与作业时间的分布规律等一定的条件下，按照不间断接车可靠性的要求，到发线一昼夜可能接入的最多列车数。

2. 基本计算公式

到达场到发线通过能力可采用直接计算法确定，其一般计算公式为

$$n_{到} = \frac{(1 - r'_{空})(1\,440 M_{到} - \sum t_{固})}{t_{到占}} \quad （列） \tag{3-50}$$

式中 $n_{到}$——到达场到发线通过能力，列；

      $r'_{空}$——到达场到发线的空费系数；

      $M_{到}$——扣除机车和调车机车走行线外，到达场可用于办理列车技术作业的线路数；

      $\sum t_{固}$——接发旅客列车、定时取送车辆等固定作业占用到发线时间（不包括摘挂列车占用到发线的时间），min；

      $t_{到占}$——到发线通过能力利用程度达到饱和时每列解体列车平均占用到发线的时间

$$t_{到占} = t_{技占}^{到} + t_{待}^{到}，\text{min；}$$

      $t_{技占}^{到}$——技术作业占用到发线的时间，应分衔接方向、列车种类按式（3-51）进行分项查定。

$$t_{技占}^{到} = t_{接} + t_{到技} + t_{推占} + t_{解占} + t_{他占} \tag{3-51}$$

式中 $t_{接}$——接车作业占用到发线时间，计算和查定方法见第一章第二节，min；

      $t_{到技}$——到达技术作业占线时间，按各站《站细》规定的货物列车技术作业程序及时间标准确定，通常解体列车到达技术作业时间标准可取 25～35 min；

      $t_{推占}$——车列预推过程占线时间，自调车机车挂妥车列向峰顶预推之时起至车列头部到达预推停车点止的时间，一般根据预推速度不同可取 4～5 min；

      $t_{解占}$——车列分解过程占线时间，由车列头部从预推停车点向峰顶推进时起至到发线腾空进路解锁止的时间，可根据列长度及推峰速度不同取 6～9 min；

      $t_{他占}$——其他作业占线时间，如单机到达等。可通过统计或写实办法确定其占用总时间 $\sum t_{其他}$ 然后按统计或写实期间解体列车总数 $\sum n_{解}$，确定其他作业占用到发线的时间，即

$$t_{他占} = \frac{\sum t_{其他}}{\sum n_{解}} \tag{3-52}$$

      $t_{到待}$——车列在到达场的等待时间，包括待检和待解时间，min。

由上式可知，对一个具体车站，$M_{到}$，$\sum t_{固}$ 是已知值，而在 $t_{到占}$ 中，当列车编成辆数、列车进站速度、列检定员数一定的条件下，列车技术作业平均占线时间也是相对稳定的，它基本上服从正态分布，可以通过统计或查定取其平均值。但待检和待解时间以及每列摊到的空

费时间，则与列检和驼峰负荷水平、列车到达间隔和列检、驼峰作业的不均衡性以及到达场接车的可靠性要求有关。因此，如何正确确定在与到发线通过能力相对应的行车量情况下列车的占线时间（主要是待检、待解）和线路空费系数的各项值，是研究到达场到发线通过能力计算方法的主要任务。

3. 到解系统的计算机模拟

车列在到达场的待检、待解时间以及到达场到发线的空费时间的影响因素是错综复杂的，很难用理论公式表达。为了求得其经验公式或经验数，必须采用计算机模拟方法。

（1）模拟模型的建立。

在到达场各方向到达的解体列车要进行到达作业，而在到达作业中列检作业是费时最长的一项作业。因此我们可以把列检作业看成是到达场第Ⅰ级排队系统服务机构，到达解体列车是该系统的输入流。当到达场配备一个列检组时，系统为单通道；当配备多个列检组时，系统为多通道，到达列车可以接受任一空闲列检组的服务。

到达场第Ⅱ级排队系统是以技检完了的车列为输入流，驼峰为服务机构。当采用单推单溜或双推单溜作业方式时，系统为排成一队的单通道系统；当驼峰采用双推双溜作业方式时，系统为排成两队的单通道系统。

为了进行模拟，需要确定适当的参数，以保证每次模拟结果数据都在充分发挥到发线最大的通过能力下取得。

由于运行图经过一定时期要重新编制，而且每日到达列车车次、每次列车到达时刻受许多因素影响而时有变动，列车中车辆技术状态及车组的组成，各列也不尽相同。因此，列车到达间隔及作业时间均具有一定的随机性，其不均衡程度对列车等待作业时间有很大影响。为了进行作业模拟，必须确定列车到达间隔和作业时间的分布规律，以便模拟时据以确定每列车的到达时刻、列检作业时间和驼峰分解时间间隔。

① 列车到达时间间隔的分布规律。

根据对丰台西、郑州北、南京东、兰州西、石家庄、孟家沟、南翔、山海关、西安东、株洲北等 10 个编组站 1983—1987 年列车到达间隔时间的资料分析表明：列车到达时间间隔分布规律经过 χ^2 检验均符合二阶混合爱尔兰分布，即

$$f(t) = \frac{\lambda_1 \lambda_2}{\lambda_2 - \lambda_1} (e^{-\lambda_1 t} - e^{-\lambda_2 t}) \tag{3-53}$$

其中

$$\lambda_{1,2} = \frac{\lambda \pm \lambda \sqrt{1 - 2(1 - v^2)}}{1 - v^2} \tag{3-54}$$

式中　λ——列车平均到达强度（单位时间内到达的列车数）；

　　　v——到达间隔的变异系数，$v = \dfrac{\sigma}{\bar{t}}$；

　　　$\bar{t}$——列车平均到达间隔；

　　　σ——到达间隔的均方差（可以标准差作为估计值）。

以上 10 个编组站资料表明：列车到达时间间隔的变异系数（反映列车到达不均衡程度）均在 0.75 ~ 0.9，一般是随着衔接方向数的增加而增加，即衔接方向数越多，σ 值越大，列车

到达越不均衡，但对同一个车站不同时期的 σ 值却比较稳定。

② 驼峰分解时间间隔和列检时间的分布规律根据同样 10 个编组站的资料分析，驼峰分解时间间隔的变异系数（反映驼峰分解时间的不均衡程度）一般在 0.2 ~ 0.4，列检时间的变异系数一般在 0.20 ~ 0.35，其分布规律经 χ^2 检验均符合正态分布，即

$$f(t) = \frac{1}{\sigma\sqrt{2\pi}} e^{-\frac{(t-\bar{t})^2}{2\sigma^2}} \tag{3-55}$$

式中 $\bar{t}$ ——平均驼峰分解时间间隔（或平均列检时间）。

由于列车到达间隔及作业时间的样本取自我国主要编组站实际完成的数据，它们综合反映了旅客列车到发、设备状况、车流变化、列车运行秩序等对列车到达和作业时间所产生的影响及车站当前工作的实际水平。因此，在允许的接车延误率下，对不同的驼峰能力、不同的到达线数及相应于通过能力饱和时的行车量进行模拟而得出的列车平均待检时间、待解时间、占线时间及线路空费时间能够反映到解系统各环节的实际情况，因而也是合理的。

（2）模拟结果与分析。

按照我国铁路编组站情况，初步拟定列车到达间隔变异系数为 0.75 ~ 1.0，列检时间变异系数为 0.2 ~ 0.38，列检组数为 3 ~ 4 组（每组一昼夜按完成 30 列计），调车机车台数为 2 ~ 3 台，列检平均每列作业时间为 30 ~ 35 min，分解时间间隔为 9 ~ 18 min，到达解体列车数为 70 ~ 120 列，按 60 个方案分别进行连续 60 天以上计算机模拟工作（此时模拟结果已趋于平稳状态），在接车延误率控制在 10% 以下的情况下，模拟结果如表 3-11 所示（只列部分数据）。

表 3-11　列解系统模拟结果表

方案	到达间隔变异系数 $v_{到}$	平均到达解体列数 $n_{解}$	列检时间变异系数 $v_{检}$	解体间隔变异系数 $v_{峰}$	列检组数 C	驼峰平均解体间隔及能力 $t_{峰}/n_{峰}$	空费系数 $r_{空}$	接车延误率 $P_{延}$	车列占线时间 $t_{占}$	待检时间 $t_{待检}$	待解时间 $t_{待解}$	需要线路数 M	每条道接车能力 n	列检输出变异系数 σ
1	2	3	4	5	6	7	8	9	10	11	12	13	14	15
1	0.75	72	0.35	0.3	3	9/144	0.38	3.7	69.7	5.6	20.1	5.62	13.0	0.79
2						10/130	0.59	6.1	72.6	5.7	21.5	5.80	12.4	0.80
3						11/120	0.37	5.1	73.4	5.5	21.9	5.80	12.4	0.80
4						12/110	0.37	5.4	76.8	5.8	24.7	6.1	11.8	0.78
5						13/100	0.36	5.2	77.7	5.6	26.1	6.1	11.5	0.78
6						34/92	0.37	4.1	81.4	5.8	29.4	6.5	11.0	0.79
7						15/86	0.36	5.1	87.4	5.8	34.1	6.8	10.6	0.79
8						16/81	0.36	4.4	100.3	5.8	47.0	7.1	9.20	0.79
9						18/72	0.28	6.8	152.2	5.6	96.7	10.6	6.80	0.80
10	0.8	84	0.25	0.3	3	9/144	0.38	5.3	71.4	7.1	20.3	6.6	12.70	0.83
⋮														
60	0.8	85	0.25	0.3	3	10/130	0.37	6.7	73.6	7.5	21.5	6.9	12.3	0.81

由表 3-11 的统计结果可以得出：

① 在驼峰能力、列检组数及变异系数一定的条件下，到达的行车量越多，在接车可靠性为 90%～95%，所需占用的线路数也越多。

当要求接入一定列车数时，驼峰能力 $n_峰$ 越小，所需的接车线数 $M_到$ 则越多，且驼峰能力降到一定程度后，接车线数就要急剧增加。例如：当要求通过能力达到 72 列时，若驼峰能力从 120 列降到 90 列，只需增加线路数不足 1 条；但驼峰能力从 90 列降到 80 列，则接线数就要增加 1.5 条。因此，驼峰能力与到达场线路数之间显然存在着合理匹配的关系。

② 每条道的接车能力 n 与驼峰能力 $n_峰$ 的关系为当驼峰能力降低到一定程度后，到达场每条道的接车能力 n 也呈急剧减小趋势。一般情况下，当驼峰负荷达到 90% 时，到达场每条道的接车能力在 9～12 列。

③ 一定的行车量条件，对应于不同的驼峰能力，车列在到达场就有不同的占线时间，从而需要有不同的接车线数和拥有相应的空费系数 $r_空$。由表可知，在一定的驼峰能力 $n_峰$ 下，随着行车量 $n_增$ 的增加虽然线路数要相应增加，但空费系数一般都会相应减少。当驼峰负荷在 0.7～0.9 时，空费系数可取 0.25～0.32。

（3）回归的经验公式。

利用模拟结果数据对列车等待时间（包括待检、待解）和空费系数进行回归分析，得出如下经验公式：

① 计算等待时间的经验公式。

$$t_待^到 = 158.83 + 44.73v - 3.117\,6n_峰 + 0.009\,88n_峰^2 + 61.08 \times \frac{n_解 t_{到技}}{1\,440C} + 0.04n_峰^2 \qquad （3-56）$$

式中　v——列车到达间隔的变异系数（根据数理统计在一般情况下，到达场衔接 3 个及其以下方向时可取 0.75～0.8，平均取 0.775；4 个及其以上方向时，取 0.85～0.90，平均取 0.875）；

$n_峰$——驼峰的解体能力（包括重复解体交换车的能力），列；

$n_解$——昼夜到达场到达解体的列车数；

$t_{到技}$——到达技术作业时间，min；

C——列检组数，当到达技术作业时间取 25、30、35 min 时，一组列检组分别按一昼夜办理 40、35、30 列计算。

② 计算空费系数的经验公式。

$$r_空 = 0.203 - 0.012M_到 + 0.000\,24n_峰 + 0.163v \qquad （3-57）$$

这里应该指出的是空费系数的计算公式在驼峰能力与到达场线路数相互匹配的情况下是正确的。也就是说，在一定的驼峰能力下，到达场线路数有一个合理的极限值，超过这个极限值，列车延误率虽然会减少，但通过能力最大也只能等于驼峰解体能力，因此空费系数将会随着线路增加而增大。所以当计算而得的到达场通过能力超过驼峰能力时，说明到达场线路有多余，除可供解体列车停留外，还可做其他使用。若到达场只供解体列车作业，则空费系数应按式（3-58）推算

$$r_空 = \frac{1\,440M_到 - n_峰 t_占^到 - \sum t_固}{1\,440M_到 - \sum t_固} \qquad （3-58）$$

式中　　$t_{占}^{到}$——每列到达解体列车平均占线时间。

（4）通过能力的计算。

由于 $t_{待}^{到}$ 计算公式中 $n_{解}$ 在确定通过能力时是未知数，因此在计算通过能力时，应采用逐步逼近法来求解。

逐步逼近法可以采用计算机计算也可以采用人工计算。在采用人工计算时，可以根据已知的驼峰解体能力列检平均作业时间 k、列检组数 C 计算任意不大于驼峰解体能力的三种行车量（n_1，n_2，n_3）下的 $t_{待}^{到}$ 值，然后加上平均的技术作业占线时间，求得相应的车列占线时间 $t_{占}^{到}$ 值，并在坐标纸上将其相连成 L_1。根据相应的 $t_{占}^{到}$ 值，接车线数 $M_{到}$ 和空费系数 $r_{空}$ 可以求得三个相应的通过能力（n_1'，n_2'，n_3'），将其相连成 L_2。L_1 与 L_2 的交点 P，即是求解的列车占线时间 $t_{占}^{到}$ 值和通过能力 $n_{到}$ 值（见图 3-8）。

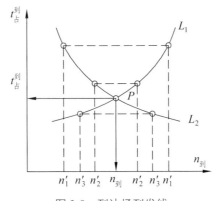

图 3-8　到达场到发线

三、编组站出发场能力计算

1. 基本计算公式

编组站的出发场（含与其并列的通过场）一端连接着调车场尾部牵出线（或联络线）及外包调车场的站内正线，另一端连接着各出发区段或方向。其主要任务：第一，正确及时地完成车列出发前的技术准备工作，并保证不间断地接入中转列车和按运行图规定的时刻发车；第二，保证繁忙期间能从调车场不间断地转入编成的车列，及时腾空调车场的线路，为驼峰的正常解体作业创造条件。

出发场到发线的固定使用办法，一般采取按衔接方向分区固定、区内活用的原则，以减少交叉干扰，保证最大限度地进行平行作业，提高出发场的通过能力。

出发场的作业经常是不稳定的，其客观因素是编成列车自调车场转入及中转列车自区间到达的不均衡性，以及由于旅客列车和摘挂列车运行影响而产生的货物列车运行线在运行图上铺画的不均衡性。在一昼夜的繁忙期里，出发场将会满线，乃至延误一部分列车的接入或转入，而在非繁忙期间，又会出现出发场内线路空闲，没有列车占用。因此，计算出发场到发线通过能力时，办理一列出发列车平均占用线路时间，除列车实际占用时间外，还应包括一定的空闲时间。

出发场到发线的通过能力，同样可结合设备、车流及作业组织等具体条件采用直接计算法进行确定，其基本计算公式为

$$n_发 = \frac{(1-r''_空)(1\,440 M_发 - \sum t_固)}{t_{发占}} \quad （列）\tag{3-59}$$

式中　$n_发$——出发场到发线通过能力，列；

$M_发$——扣除本务机车及调车机车走行线外，出发场可用于办理技术作业的线路数；

$t_{发占}$——到发线利用程度达到饱和时，每列出发列车平均占用到发线时间，$t_{发占} = t^发_{技占} + t^发_待$（min）；

$t^发_{技占}$——每列车出发技术作业占线时间，$t^发_{技占} = t_{转(接)} + t_{发技} + t_发 + t^发_{他占}$（min）；

$t_{转(接)}$——办理列车转线（中转列车为接车）占线时间，可按写实查定，$t_接$取 5 ~ 8 min，$t_转$ 转取 7 ~ 9 min；

$t_{发技}$——办理列车技术作业时间，始发列车取 25 ~ 35 min，无改编中转列车取 35 ~ 40 min，部分改编中转列车取 45 ~ 55 min；

$t_发$——列车出发占线时间，可按写实查定，一般取 5 ~ 7 min；

$t^发_{他占}$——其他作业占线时间，包括单机接发、机车整备、非定时取送等随行车量增长而变化的其他技术作业占线时间，可通过统计或写实查定 $t^发_{他占} = \dfrac{\sum t_{其他}}{\sum n_发}$（min）；

$\sum t_{其他}$——查定期间其他技术作业一昼夜占线总时间，min；

$\sum n_发$——查定期间一昼夜发出的货物列车总列数；

$r''_空$——出发场线路的空费系数；

$t^发_待$——列车在出发场的等待时间，包括待检和待发时间。

由此可见：出发场到发线通过能力主要取决于办理出发作业的出发线数 $M_发$，办理一列出发列车平均占线时间 $t_{发占}$，以及固定作业时间 $\sum t_固$。对具体车站而言：$M_发$ 及 $\sum t_固$ 为确定值；在 $t_{发占}$ 中，当出发场咽喉结构、列车编成辆数、列车出站速度、列检组数及其作业组织一定的条件下，列车办理技术作业平均占线时间 $t^发_{他占}$ 是相对稳定的，它服从正态分布，可以取统计平均值，或通过写实查定；待检时间可以看作是待发时间的转化，在列检组数足够（负荷在75%以下）时，可以不必单独列出；待发时间和空费时间两项，根据统计可知，在总占用时间中约占 70%左右，且与很多随机因素有关，不易查定。因此，如何正确而简便地推算出在一定条件下到发线通过能力利用程度达到饱和尚能保证出发场正常工作的列车待发和线路空费时间的合理值，是计算出发场到发线通过能力的关键。

2. 待发时间和空费时间主要影响因素的分析

（1）待发时间影响因素的分析。

①列车出发间隔：货物列车行车量越大，列车出发间隔越小，列车技术作业完了时刻与最近出发运线发车时刻之间的时间，即待发时间将呈减小的趋势。

②列车出发间隔的不均衡性：由于放行旅客列车和摘挂列车，以及在运行图上预留天窗

的影响，货物列车的出发间隔实际上是很不均衡的。旅客列车密集出发期间及天窗前后一段时间内，势必产生大量货物列车长时间停留在出发场待发，使停留时间延长。

③ 出发场的衔接方向（发车进路）数：当出发场通过能力一定时，衔接方向数越多，每一方向所摊到的平均行车密度越小，列车平均间隔也就越大，从而列车待发时间将有增大趋势。但是，如果采取调整措施组织向空闲方向发车，整个车场的列车出发间隔不均衡程度将有所降低。

④ 列车运行线的专门化：固定运行线种类增多，不仅会使每种列车的平均出发间隔加大，而且增大了列车技术作业完了时刻与按运行图出发时刻紧密衔接配合的难度，这样必然会增大列车待发时间。沿零摘挂、小运转列车定点开行，且可不必满轴，故对待发时间影响不大。直货和区段列车固定使用运行线，对待发时间有较大影响。我国编组站一般在运行图上铺画直货（长线）及区段（短线）两种运行线，并规定部分长线可以短用，这将使固定运行线对待发时间的不良影响减少到最低限度。

⑤ 备用运行线的比率：备用运行线数增多，列车选择最近运行线出发的概率增加，从而列车待发时间有减小趋势，这一因素同时也反映着出发场输出通道的负荷水平，即区间通过能力的利用程度。备用运行线的比率小，表明区间通过能力的负荷大，即区间通过能力利用程度高，列车待发时间有增加的趋势。

⑥ 牵出线调车机或输入通道的负荷：输入通道负荷增大，列车进入出发场的不均衡程度降低，有利于减小待发时间，但与此同时，出发场的接车延误率将会增大，车列待编或待转时间将会延长，甚至造成等线列车增多或调车场满线，影响车站的正常工作秩序。反之，降低输入通道的负荷，可以减小接车延误率，待发时间则有增大的趋势。在运用机车不足，编组站调车场线路数目偏少的情况下，应将此延误率控制在一定水平之内，从而也就相应地规定了输入通道的负荷水平。

此外，交接班、吃饭、机车整备及其他作业组织上的问题等，如果使出发场某些作业出现较长时间中断，也会对待发时间产生不良的影响。

（2）空费时间影响因素的分析。

① 列车密度：随着列车数量的增加，为适应繁忙阶段需要而需增铺的到发线也将随之多，在非繁忙阶段，这些增铺的线路就要空闲起来，从而造成空费时间增大。但是，当到发线总数达到一定数量时，由于调整占用线路先后顺序的灵活性增大，又可促使空费时间呈减少的趋势。

② 输入流到达间隔时间的不均衡程度：由于受列车不均衡到达或转入的影响，一昼夜个别阶段将会出现接入或转入出发场的列车数显著减少，造成线路空闲，无列车占用，导致空费时间增大。这一现象是随机的，只能借助输入流的分布规律反映。

③ 出发场的衔接方向（发车进路）数：在出发场线路总数一定的情况下，如到发线按衔接方向分区固定使用，则方向越多，每一发车区所摊到的线路数目越少，从而机动调整余地也将越小，导致空费时间呈增大趋势。

④ 办理技术作业的占线时间：$t_{技占}$ 增大时，同一线路上连续办理两列车之间的空档（即空费时间）有增大趋势。这是由于小于 $t_{技占}$ 的空档无法利用的缘故。

⑤ 备用运行线的比率：区间备用运行线的比率增加，可使列车占线时间（待发部分）缩短，间接地使空费时间呈减少的趋势。

⑥列车或车列输入延误率；降低列车到达或车列转入出发场的延误率，意味着列车或车列及时进入出发场，如列车必须按指定运行线出发，则列车待发时间将有所延长，而相应地空费时间在占线总时间中的比重（空费系数）将会显著下降。

通过以上分析可知，各种因素对列车待发及线路空费时间的影响是错综复杂的，有的又是相互矛盾的，很难用理论公式表达。为了确定反映各种影响因素的有关参数及找出测算系统处于平稳状态、到发线运用达到一定水平时列车待发时间和线路空费时间的经验公式，必须利用计算机对编发系统进行模拟。

3. 编发系统的计算机模拟

（1）模拟模型的建立。

编发系统是编组站改编过程的最后一环，其中编组系统的服务台为牵出线调车机车，调机如按调车区固定使用时，可视为平行配列的单通道系统，如不固定调车区时，可视为非完全开放式的多通道系统。其需求流为集结完了的待编车列，并以调车场内的线路为排队场所。出发系统的第Ⅰ级是出发作业系统，其服务台是列检组，根据配备的列检组数，它可以是单通道的（1个列检组），也可以是多通道的（几个列检组）并以出发线为排队场所，其输入流为由区间到达的中转列车和从调车场转入的自编车列，显然它是单队多服务台等待制的排队服务系统。出发系统的第Ⅱ级是发车系统，其需求流为列检完了的车列，输出通道为通向各衔接区间的发车进路，显然它是多队多服务台等待制的排队服务系统。

通常，编组调车机车不按调车区使用，但要尽量减少作业间不必要的交叉干扰，如有反发进路时，还要考虑减少列车发出时对调车机作业的妨碍时间。调机台数的配备应与驼峰解体能力相适应，为保证驼峰正常工作，最好将尾部调机的负荷控制在75%～80%。

列检作业不应成为整个系统的限制因素，其负荷应控制在75%以下，即可基本上不产生待检时间。

出发线的使用，通常采用分区固定、区内活用的原则，通过车场实行中转列车优先的原则，在不延误中转列车接车条件下，才允许自编列车占用。

各衔接区段有各自的运行图，除摘挂、小运转列车有专门的运行线外，其他去向一般只分直货（长线）和区段（短线）两种，在日常工作中可按列车性质选用。冠有两种以上车次的运行线，可按技检作业完了时间先后确定发车顺序。

上述编发系统模型结构复杂，用一般的解析方式很难求解，若用蒙特卡洛模拟方式在计算机上重现这一系统的实际活动和作业中出现的有关随机现象，然后通过综合分析来找出需要的各种参数，建立经验公式，则是解决此类问题的较好途径。

（2）到达间隔分布和服务时间分布的确定。

建立了模拟模型之后，首先要收集大量的原始资料并应用数理统计方法做出输入流到达间隔分布和服务时间分布，并确定其有关参数。经对丰西、郑北等全路10个大编组站进行的实际资料收集和统计处理结果得出：

①按编组去向的列车集结完了间隔时间变异系数变动在 0.75～0.90，可用二阶混合爱尔兰分布来描述[见式（3-53）]。

②按方向的中转列车到达间隔时间变异系数在 0.78～0.85，也可用二阶混合爱尔兰分布描述。

③ 分方向分长短线的列车出发间隔时间的变异系数变动于 0.60 ~ 0.80。

④ 列车编组时间和列检技术作业时间服从正态分布，其变异系数在 0.2 ~ 0.4。

由于列车到发间隔和有关作业时间的子样是取自几个主要编组站实际完成的数据，它们综合反映了旅客列车、摘挂列车、设备日常维修、车站交接班等列车到发均衡性所产生的影响，同时也反映了车站工作的实际水平。在不同的衔接区段数、出发线数、中转和自编列车数的比重、备用运行线的比重、调车机编组和列检组技检作业时间标准及其作业负荷以及列车输入延误率等条件下，通过模拟所得出的列车平均待编、待检、待发时间和线路空费时间，是能够反映出编发系统各环节协调平衡的实际情况的，因而也是合理和可以接受的。

（3）模拟结果及分析。

结合三级三场编组站按衔接方向数为 1、2、3 个，行车量为 70、80、110、120 列，备用运行线百分比为 5、10、15 及有关变异系数允许取值范围所组成的 30 个方案分别进了连续 150 个班以上的计算机模拟，这里列车延误率控制在 10% 以下，调车机、列检组负荷控制在 75% 以下，系统基本处于平稳状态时，得到如表 3-12 的模拟结果。

表 3-12　编发系统模拟结果表

总行车量	其中		衔接方向	α/%	$M_发$/条	$P_延$	$t_延^均$/min	$t_{待检}^均$/min	$t_{待发}^均$/min	$t_{待编}^均$/min	$t_{空费}$/min
	自编	中转									
70	30	39	1	10 15	7 6	0.0430 0.080	1 2	2 1	45 35	20 24	44 40
	16/15	19/20	2	10 15	8 7	0.0420 0.062	1 1.5	2 2	55 46	21 24	50 45
80	31	49	1	10 15	8 7	0.0600 0.063	1.5 1.5	4 3	46 37	22 26	40 35
	15/16	65/24	2	10 15	9 8	0.0350 0.067	1 1.5	4 4	55 47	20 24	50 45
110	62	48	1	10 15	10 9	0.1090 0.102	3 3	1 1	45 37	14 13	45 40
	31/31	24/24	2	10 15	11 10	0.110 0.110	4 4	1 1	55 46	12 12	49 45
	21/20/21	15/15/18	3	10 15	12 12	0.035 0.010	2.5 0.1	 1	60 52	9 9	51 47
120	62	58	1	10 15	11 10	0.0960 0.089	3 	1 1	45 36	20 19	44 40
	30/32	30/28	2	10 15	12 11	0.0840 0.099	2 3	2 2	51 45	13 13	47 45
	16/16/30	10/20/19	3	10 15	13 12	0.0920 0.096	2.5 3	1 1	58 52	13 14	51 47

根据数理统计理论，对车列在出发场的等待时间进行回归分析，经过检验和参考现场实际资料进行修正后，得到计算待发时间的如下经验公式：

$$t_{待发} = 19.182 + 8.184D - 1.677\alpha_{发}^2 + 16.96\nu_入 + 5.564M_发 - 0.325M \quad （3-60）$$

式中 $t_{待发}$——车列在出发场的等待出发时间，min；

D——出发场能同时出发的进路数；

α——区间通过能力后备占区间通过能力的百分数，一般取 5 ~ 15（正常情况下取 10）；

$M_发$——出发场用于办理货物列车技术作业的到发线数；

$\nu_入$——列车到达和转线间隔变异系数，可取 0.7 ~ 0.9。

出发场到发线空费系数，在允许的车列转线和列车到达出发场的延误率下，系统处于平稳状态，通过能力达到饱和时，一列货物列车摊到的线路空费时间可按下列经验公式计算：

$$t_{空费}^发 = -5.193 + 0.516t_{技占}^发 + 4.092D - 0.864\alpha + 4.987\nu_入 + 2.867M_发 - 0.168M_发^2 \quad （3-61）$$

式中各项符号意义同前。

由上列公式可知，对应给定条件，编发系统各环节能力达到协调平衡时的列车平均等待时间及空费时间，主要与使用的到发线数、出发场衔接方向、运行图上所铺备用运行线的比重等因素有关。其主要关系如下：

① 在一定的 $\nu_入$，$t_{技占}^发$ 条件下，出发场到发线的通过能力 $n_发$ 将随线路数的增加而上升，且 $M_发$ 在 15 条以上时上升的幅度越大。

② 在同样条件下，$n_发$ 将随出发场的衔接方向的增加而降低。例如：$M_发 = 12$ 条时，衔接 4 个方向的能力将比衔接 2 个方向的能力下降 17% ~ 20%。

③ 在其他条件相同时，备用运行线的比重 α 越大，则 $n_发$ 相应增加。例如：当 $M_发 = 12$ 条，$D = 2$ 时，$\alpha = 15\%$ 比 $\alpha = 5\%$ 增加能力 21% ~ 23%。

④ 根据我国铁路编组站目前作业水平，列车平均待发时间一般波动于 35 ~ 60 min。空费时间一般波动于 40 ~ 55min，若技术作业占线时间为 45min，$\alpha = 10\%$，则空费系数大体波动于 0.23 ~ 0.26，与此同时，每条出发线所能办理的出发列车数大致为 9 ~ 11 列，平均为 10 列。

四、编组站编发线能力计算

1. 编发线在编组站上的设置位置

编发线应设在顺驼峰方向的调车场内，反驼峰方向调车场，由于调车进路与发车进路交叉严重，故一般均不设置编发线。在设有编发线的调车场内，其线路一般分为三类：第一类是编发线，集结并出发顺驼峰方向的有调中转车流；第二类是编组线，集结反驼峰方向有调中转车流；第三类是杂用线，集结或滞留本站车、危险品车、守车、站修车、待整倒装车或超限车等。

三类线路在调车场内的位置，主要考虑因素有二：一是列车出发进路与挂本务机车进路、主要调车进路分开；二是单组列车与多组列车调车作业分开。这样在设计时，应将编发线设在顺驼峰方向调车场的左侧，编组线设在调车场的中间，面杂用线则设在调车场的另一侧。图 3-9（a）为单向二级三场编发线的设置位置，图 3-9（b）为单向三级三场编发线的设置位置，图 3-9（c）为双向二级四场编发线的设置位置。双向三级六场编组站因无集结反向改编车流的必要，故一个系统的调车场内，可不设编发线。

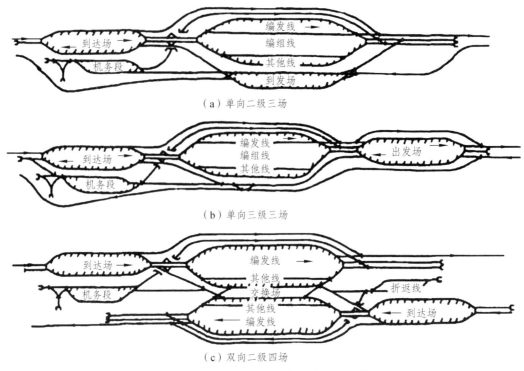

（a）单向二级三场

（b）单向三级三场

（c）双向二级四场

图 3-9　编发线在编组站调车场内的设置位置

2. 编发线通过能力计算方法

目前编发线通过能力的计算方法尚不够完善，下面介绍三种方法，以便进行比较。

（1）《车站行车工作细则》规定的计算方法编发线的发车能力可按下列公式确定：

$$N_{编发} = \frac{(1 - r_{空})(1\,440M - \sum t_{固})}{t_{编发}} \tag{3-62}$$

式中　M——编发线数量；

$t_{编发}$——列列车平均占用编发线的时间，其值为

$$N_{编发} = t_{预占} + t_{分解} + t_{集占} + t_{待编} + t_{编} + t_{技} + t_{待发} + t_{发} + t_{他占} \tag{3-63}$$

$t_{预占}$——开始向编发线解体前，预先办理进路的时间，自允许推峰时起至车列推到峰顶时止的时间；

$t_{分解}$——解体一个车列的时间；

$t_{集占}$——集结一车列占用编发线的时间，根据实际查定的资料予以确定；

$t_{待编}$——集结终了以后等待编组时间；

$t_{编}$——车列的编组时间；

$t_{技}$——列车出发技术作业占用时间；

$t_{待发}$——列车待发时间，自出发技术作业终了至发车时止的时间；

$t_发$——发车时占用编发线时间，自列车起动时起，至列车腾空该线路时止；

$t_{他占}$——摊到每列占用该编发线的其他作业时间；

$r_空$——编发线空费系数，取 0.15～0.2。

应当指出：上述公式只适应于车列在本线集结本线发车的情况。实际作业中，编发线的使用方案是多种多样的，因此出现了下列的计算方法。

（2）《车站技术作业过程及能力查定》一书提出的计算方法。

设有编发场的车站，其设备情况各有不同，编发线的使用情况也不一样，归纳起来有下述四种：

第一种情况：本线集结本线发车（整列编发）。即在编发线上集结车列，车列集结完了以后，在该线上办理编组和出发作业。这是最基本的使用方案，该到达站一昼夜的车流量越大，办理的列车数越多，设置编发线越有利。

第二种情况：他线集结本线发车（整列转发）。即在其他调车线上集结车列，编好后再整列转线到编发线上来办理出发作业。在这种情况下，编发线上办理的作业与一般到发线相同。这种整列转线的列车，一般是一昼夜车流量不大，列车数很少且集结和编组时间较长，例如零担摘挂列车。如果这种列车都在编发线上集结并发车，设置编发线就不一定有利了，

第三种情况：他线和本线同时集结车组，本线发（车组转发）。即在编发线上集结某到达站的车组，又从调车场其他线路转来部分车组凑足一列，然后在编发线上办理编组和出发作业。这种使用方案编发线上办理的作业与第一种情况基本相同，但占用编发线的时间却不一样，第一种情况集结时间是集结够一个车列所需的时间 $t_{列集}$，而这里是集结一个（或几个）车组所需的时间 $t_{组集}$，此外还可能包括车组转线时间 $t_{组转}$（当编发线长度不够，驼峰溜放与车组转线不能同时进行时）。当编发线数少于该站编组去向数或编发线能力紧张时，可采用此种方案。

第四种情况：本线上只集结某一到达站的车组，转往另一编发线上发车（车组编发）。其占用编发线的时间是从开始集结至该车组转出的时间组 $t'_{组集}$ 和 $t'_{组转}$。这种使用方案仅适用于编发线数量较多，双组列车又较多时。

为了适应上述几种情况，编发线通过能力可按下列公式计算，占用编发线的总时间为

$$T = n_1 t_1 + n_2 t_2 + n_3 t_3 + n_4 t_4 + \sum t_固 \qquad (3\text{-}64)$$

式中　n_1，n_2，n_3，n_4——一昼夜四种情况查定时列入计算中的集结列车数或集结车组数；

t_1，t_2，t_3，t_4——四种情况每一车列或车组占用编发线的时间，min，

$$t_1 = t_{预占} + \frac{1}{2} t_{分解} + t_{列集} + t_{编组} + (t_技 + t_{待发} + t_发)$$

$$t_2 = t_{列转} + (t_技 + t_{待发} + t_发)$$

$$t_3 = t_{预占} + \frac{1}{2} t_{分解} + t_{组集} + t_{组转} + t_{编组} + (t_技 + t_{待发} + t_发)$$

$$t_4 = t_{预占} + \frac{1}{2} t_{分解} + t_{组集} + t_{组转}$$

$t_{列转}$，$t_{组转}$——车列或车组转线时间；

$t_{列集}$，$t_{组集}$——车列或车组集结时间；

$\sum t_{固}$——摘挂列车有关作业占用编发线时间，其他符号意义同前。

该编发场编发线通过能力利用率 K 为

$$K = \frac{T - \sum t_{固}}{1\,440m - \sum t_{固}} \qquad (3-65)$$

该编发场编发线总通过能力 $N_{编发}$ 为

$$N_{编发} = \frac{n_1 + n_2 + n_3}{K} + n_{摘} = N_1 + N_2 + N_3 + n_{摘} \qquad (3-66)$$

式中　m——编发线数量；

　　　$n_{摘}$——查定时列入计算中的摘挂列车数；

　　　N_1，N_2，N_3——按第 1、2、3 种情况的发车能力。

这种计算方法考虑了四种不同情况的编发线固定使用方案，因而比较全面。但公式中未考虑空费时间，同时 n_1，n_2，n_3，n_4 如何确定才是较合理的线路固定使用方案，有待进一步研究。

（3）考虑驼峰和峰尾牵出线解编能力协调的计算方法。

该方法运用系统的观点，把编组站解体、编组、编发三种能力视为一个整体，在计算能力时使其互相协调，求其最佳匹配。

如前所述，编发线固定使用方案一般有四种，即整列编发、整列转发、车组转发、车组编发，其中主要的是第一、二两种方案。从每列占用编发线的时间而言，整列转发小于整列编发，故为求得编发线的最大通过能力，应尽可能划出最大数量的线路作为发车线。整列编发可减轻尾部牵出线的负担，整列转发又可使编发线的能力增加。因此编发线的能力不是一个固定值，是可以调整的，它将随不同线路固定方案的组合而异。

设某编发场的编发线数为 $M_{编发}$，编组线数为 $M_{编组}$，其中用于集结各种车流的线路为 $M_{集结}$，用于其他用途(检修、守车、本站车等)的线路数为 $M_{其他}$，显然 $M_{编发} + M_{编组} > M_{集结} + M_{其他}$ 是车站正常作业的必要条件。

① 当 $M_{编组} \geq M_{集结} + M_{其他}$ 时，编发线可全部用来转发列车，此时编发线变成了发车线，其最大通过能力可按下式计算：

$$N_{编发} = \frac{M_{编发} \times 1\,440M - \sum t_{固}}{t_{转发}} + n_{摘} \qquad (3-67)$$

式中　$t_{转发}$——转发一列车平均占用编发线的时间，即

$$t_{转发} = t_{列转} + t_{技} + t_{待发} + t_{发} + t_{空} \qquad (3-68)$$

$t_{空}$——每列列车平均摊到的线路空费时间，min；

$n_{摘}$——固定的摘挂列车数。

其他符号意义同前。

② $M_{编组} < M_{集结} + M_{其他}$ 时，则有一部分编发线上必须集结车辆，并进行编组和出发作业，用于编组并发车的线路为

$$M'_{编发} = M_{编发} + M_{编组} - (M_{集结} + M_{其他}) \qquad (3-69)$$

此时，编发线的最大通过能力为

$$N_{编发} = \frac{M_{编发} \times 1\,440M - \sum t_{固}}{\dfrac{n_{转发}t_{转发} + n_{编发}t_{编发}}{n_{转发} + n_{编发}}} + n_{摘}$$ （3-70）

式中　$t_{编发}$——在编发线上集结编组并出发一列车的占线时间，其计算公式为

$$t_{编发} = t_{预占} + \frac{1}{2}t_{分解} + t_{列集} + t_{编组} + (t_{技} + t_{待发} + t_{发}) + t_{空}$$ （3-71）

$n_{转发}$，$n_{编发}$——一昼夜使用编组线、编发线集结的列车数。

其他符号意义同前。

由上述分析，编发线的能力视线路固定方案而异，求编发线最大能力不是目的，而是一种方法，以此来确定驼峰的工作方案，即两端调车机车编解分工及车流结构已定的条件下，编发场应承担的编组号数及最优的线路固定使用方案，使驼峰、牵出线的改编能力与编发线的通过能力获得最佳匹配。这是一个相互关联的非确定型问题，宜用试凑法求得满意解。首先要初步确定驼峰工作的初步方案和调车机分工的初步方案，然后有两种方法：

① 从最简单的每一去向给一条固定线路开始，列出全部方案计算其能力，逐一比较，求得最佳方案。

② 按固定线路的原则及现场设备、车流情况，拟定一个方案，然后进行验算，看在该方案条件下供出发作业用的线路数及其通过能力是否与所确定的转发、编发的列数相适应。如编发线能力不足，应调整 $M_{其他}$、$M_{集结}$ 使之减少或增加发车线路数，但随之而来的是混线车增加，又反过来影响驼峰的解体能力；如编发线能力大，应改进调车机车分工方案，扩大解体能力，使其相互协调。

此种方法的优点在于考虑了驼峰和牵出线能力的相互协调，使求算出的编发线能力符合实际。但由于能力匹配方案很多，采用人工计算比较困难，且很难求得最优的线路固定使用方案。

五、高速客运专线到发线能力计算

高速铁路车站到发线通过能力除需核定全天的通过能力外，还需核定到发线高峰小时通过能力，使到发线数量能满足在高峰时段列车密集列发的需要。

首先需要确定列车占用到发线时分，不停站列车一般仅经由客运站的正线。停站列车及始发终到列车占用到发线时间见表 3-13。

表 3-13　各种列车占用到发线时分标准　　　　　　　　　　　　　min

列车种类	时分标准
始发终到高速列车	始发 20.5、终到 20.5
立即折返高速列车	20.5
停站高速列车	14
始发终到中速列车	始发 24、终到 22
立即折返中速列车	35
停站中速列车	20

到发线全天通过能力的计算可采用利用率计算法。

首先计算利用率：

$$K_{到发线} = \frac{T - \sum t_{固}}{(1\,440m - \sum t_{固} - mt_{天窗})(1-r')} \qquad （3-72）$$

$$T = n_{始}t_{始} + n_{终}t_{终} + n_{通}t_{通} + \sum t_{固} \qquad （3-73）$$

式中　　$n_{始}$，$t_{始}$，$n_{终}$，$t_{终}$，$n_{通}$，$t_{通}$——客运站通过的始发、终到、通过列车的对数和占用到发线的时间；

$\sum t_{固}$——与旅客列车作业无关的其他作业所占用的时间，min；

$t_{天窗}$——综合维修天窗时间，min；

m——到发线数量；

r'——由于列车到发不均衡及无法利用的作业中断时间造成到发线空费系数，取 0.15 ~ 0.25，传统上按《站细》编制方法一般规定为经验值 0.15 ~ 0.20，考虑到高速铁路列车到发受需求影响较大，略有增大。

由此计算各到发线所能办理的每一方向的高速、中速列车数：

$$N'_{高} = n_{专} / K_{到发线} \qquad （3-74）$$

$$N'_{中} = n_{中} / K_{到发线} \qquad （3-75）$$

式中　　$n_{专}$，$n_{中}$——实际某方向一昼夜的高速和中速列车数，列。

为适应高速列车的开行密集性和间隔不均衡性，在旅客列车到发高峰时段，应将车站辅助作业安排在此时段外，以保证密集开行高速列车。高峰时段列车密集到发时，列车占用到发线的时分按较小时分考虑（见表 3-14），此时 1 h 内到发线最多能开行的高速列车数量，即为到发线高峰小时通过能力。

表 3-14　高峰时段各种列车占用到发线时分标准　　　　　　　　　　　min

列车种类	时分标准
始发高速列车	12
终到高速列车	12
立即折返高速列车	24
停站高速列车	11
始发中速列车	17
停站中速列车	15

注意：此占用标准为研究值，确切的时间标准尚需按运营实践确定。

同样，部分枢纽站和全部始发终到站有部分取送车底、合并编组、分解重联动车组等调车作业。如无独立进路，计算时也应统一考虑。

第四节　最终通过能力计算

车站最终通过能力是将咽喉、到发线的通过能力以及调车设备的改编能力进行综合分析，针对车站的薄弱环节，重新调整咽喉、车场、驼峰和牵出线的分工，最后确定的车站按方向别一昼夜所能通过的最多货物列车数和运行图规定的旅客列车数。

在确定车站最终通过能力时，应首先将车站各项设备的能力进行汇总。可按下列步骤和方法进行。

一、到发线通过能力的汇总

当某方向接车或发车由几个车场办理时，汇总后到发线通过能力应等于各车场办理该方向接车或发车的通过能力之和。如表 3-10 中 A 方向到发线的接车能力：无调中转列车到发场 I 到发线的通过能力为 40.9 列；有调中转列车到发场 II 到发线的通过能力为 11.1 列，则 A 方向到发线的接车能力为 40.9+11.1=52.0 列。

二、方向别最终通过能力的确定

咽喉和到发线通过能力按方向别汇总后，车站最终通过能力应按办理该方向列车的各项设备中受控制的（即利用率最大）那项设备的能力来确定。

当车站有几个到发场分别接发列车，而经由的咽喉有几个不同进路时，则最终通过能力的确定应考虑以下两种情况。

1. 一条固定进路在一个到发场接发

如果某一方向的列车，只经由一条固定的接（发）车进路并在一个到发场内办理接（发）列车作业时，则该方向的接（发）车最终通过能力即等于该进路上受控制的某项设备（咽喉或到发线）能够办理该方向最多的列车数。

2. 几条不同进路在几个到发场接发

如果同一方向的列车经由几条不同的接（发）车进路并在不同的到发场内办理接（发）车作业时，则该方向的接（发）车最终通过能力应等于各该进路上受控制的某几项设备（咽喉或到发线）能够办理该方向最多的列车数之和。如表 3-10 中 A 方向的接车能力受到发场 I 和到发场 II 到发线通过能力的限制，到发场 I 的接车能力为 40.9 列，列发场 II 的接车能力为 11.1 列，故 A 方向最终的接车能力为 40.9+11.1=52.0 列。

必须指出，当某些区段站上有调改编中转列车较多时，其接、发车能力还可能受车站改编能力的限制。此时，应对该站改编能力进行计算后，再求得该站按方向别有调中转列车的最终接（发）车通过能力。

三、车站最终通过能力的确定

车站最终通过能力应按受控制的那项设备的接车和发车通过能力分别进行计算。

接车能力: $$N_{接} = \sum n_{接}^i \qquad (3\text{-}76)$$

发车能力: $$N_{发} = \sum n_{发}^i \qquad (3\text{-}77)$$

式中 $n_{接}^i$, $n_{接}^i$——i 方向的接车或发车能力。

例如: 本区段站 A, B 方向的能力均受到发线能力的控制, 由表 3-15 计算可得, 全站的接车能力 $N_{接} = n_{接}^A + n_{接}^B = 52.0 + 45.2 = 97.2$ 列, 全站的发车能力为 $N_{发} = n_{发}^A + n_{发}^B = 45.2 + 52.0 = 97.2$ 列。

表 3-15 车站最终通过能力计算表

方向	作业和列车种类		列入计算中的列车数	各部分通过能力（列）							受何限制	最终通过能力/列
				道岔组5	道岔组7	到发场 I	到发场 II	道岔组4	道岔组8	道岔组12		
A方向	接车	无调	27	73.3		40.9					到发场 I	40.9
		有调	10		21.5		11.1				到发场 II	11.1
		计									到发线	52.0
	发车	无调	27	(27.1)	(36.3)	(15.2)	(18.9)				到发场	34.1
		有调	10		21.5		11.1				到发场 II	11.1
		计									到发场	45.2
B方向	接车	无调	27			(15.2)	(18.9)	(28.9)		(47.3)	到发场	34.1
		有调	10				11.1			27.8	到发场 II	11.1
		计									到发场	45.2
	发车	无调	27			40.9			86.2		到发场 I	40.9
		有调	10				11.1			27.8	到发场 II	11.1
		计									到发场	52.0
利用率 K				0.37	0.46	0.66	0.90	0.35	0.31	0.36		

第四章　编组站改编能力计算

第一节　车站改编能力的基本概念

在合理使用技术设备的条件下，车站调车设备一昼夜能够解体和编组的货物列车数或车辆数，称为车站的改编能力。改编能力由驼峰解体能力和尾部编组能力组成。

驼峰解体能力是在既有技术设备、作业组织方法及调车机车台数条件下，该驼峰一昼夜能解体的货物列车数（$N_{解}$）或车辆数（$B_{解}$）。

尾部编组能力是在既有技术设备、作业组织方法及调车机车台数条件下，该调车场尾部一昼夜能编组的货物列车数（$N_{编}$）或车辆数（$B_{编}$）在横列式编组站上，当驼峰和尾部牵出线又解又编时，则车站改编能力为驼峰与尾部解体与编组能力之和。

$$N'_{改编} = N'_{解} + N'_{编}(列) \; ; \; B'_{改编} = B'_{解} + B'_{编}(辆)\tag{4-1}$$

纵列式编组站，只有一套调车系统时，改编能力受解体、编组作业中能力较小者控制。驼峰以解体为主，尾部以编组为主，经峰上峰尾协调后，当 $N''_{解} < N''_{编}$ 时，其改编能力为两倍的 $N''_{解}$。

$$N''_{改编} = 2N'_{解}(列) \; ; \; B_{改编} = 2B''_{解}(辆)\tag{4-2}$$

经峰上峰尾协调后，当 $N''_{解} > N''_{编}$ 时，其改编能力为两倍的 $N''_{编}$。

$$N''_{改编} = 2N'_{编}(列) \; ; \; B_{改编} = 2B''_{编}(辆)\tag{4-3}$$

双向编组站有两个调车系统时，改编能力应按上、下行调车系统 $N^{上}_{改编}$ 和 $N^{下}_{改编}$ 分别计算，全站的改编能力为二者相加之和。

$$N^{站}_{改编} = N^{上}_{改编} + N^{下}_{改编}(列) \; ; \; B^{站}_{改编} = B^{上}_{改编} + B^{下}_{改编}(辆)\tag{4-4}$$

有交换车重复解体时，其改编能力应分别按含交换车和不含交换车分别表示。

含交换车时

$$N^{交}_{改编} = N_{改编} + N_{交换}(列) \; ; \; B^{交}_{改编} = B_{改编} + B_{交换}(辆)\tag{4-5}$$

式中　　$N_{交换}$，$B_{交换}$——重复解体交换车的列数或辆数。

第二节　驼峰解体能力

一、驼峰解体能力直接计算法的基本公式

在纵列式编组站上，驼峰一般只进行解体作业，其解体能力可根据不同调车机台数和作业组织方法采用直接计算法进行计算。

1. 当峰上采用一台调车机进行单推单溜作业时，其解体能力可按式（4-6）计算

$$N_{\text{解}}^{\text{单单}} = \frac{(1-\alpha_{\text{空费}})(1\,440-\sum t_{\text{固}})}{t_{\text{解占}}^{\text{单单}}}(\text{列}) \tag{4-6}$$

式中　$\alpha_{\text{空费}}$——由于列车到达不均衡、作业间不协调以及设备故障等原因所引起的驼峰无法利用的空费时间（不计调车组交接班等驼峰作业中断期间内产生的空费）占一昼夜时间的比重。一般可采用 0.03～0.05；

$\sum t_{\text{固}}$——固定作业占用总时分，其值为

$$\sum t_{\text{固}} = \sum t_{\text{交接}} + \sum t_{\text{吃饭}} + \sum t_{\text{整备}} + \sum t_{\text{客妨}} + \sum t_{\text{取送}}^{\text{占}} + \sum t_{\text{取送}}' \tag{4-7}$$

$\sum t_{\text{交接}}$——乘务组及调车组一昼夜交接班总时分；

$\sum t_{\text{吃饭}}$——乘务组及调车组一昼夜吃饭总时分；

$\sum t_{\text{整备}}$——昼夜内一台调车机进行整备作业的总时分，与机车类型及整备作业地点的远近有关；

$\sum t_{\text{客妨}}$——昼夜内由于旅客(通勤)列车横切到达场峰前咽喉妨碍驼峰解体作业的总时分；

$\sum t_{\text{取送}}^{\text{占}}$——由于峰上调车机进行固定的取送作业而占用驼峰的时间；

$\sum t_{\text{取送}}'$——驼峰机车应担当的取送调车作业中未占用驼峰的时间；

$t_{\text{解占}}^{\text{单单}}$——采用单推单溜作业方式解体一列车平均占用驼峰的时间。

采用单推单溜解体列车占用驼峰的时间按下式确定：

$$t_{\text{解占}}^{\text{单单}} = t_{\text{空程}} + t_{\text{推}} + t_{\text{分解}} + t_{\text{禁溜}} + t_{\text{整场}} + t_{\text{妨}} \tag{4-8}$$

式中　$t_{\text{空程}}$——调车机自驼峰待作业地点起动时起经到达场入口咽喉折返与到达场车列连挂并完成试牵引止的时间，其计算式见后；

$t_{\text{推}}$——驼峰机车推送车列的时间，可分为预推和续推时间两部分，即

$$t_{\text{推}} = t_{\text{预推}} + t_{\text{续推}} = 0.06\left(\frac{l_{\text{预推}}}{v_{\text{预推}}} + \frac{l_{\text{续推}}}{v_{\text{续推}}}\right) \tag{4-9}$$

$t_{\text{预推}}$——驼峰调车机车自到达场推送车列起动时起，至将车列的第一辆车推送至预推停车点时止的时间；

$t_{\text{续推}}$——驼峰调车机车推送车列的第一辆车自预推停车点至驼峰主体信号机处所需的时间；

$v_{预推}$，$v_{续推}$——驼峰调车机车平均预推（6 km/h）和续推（3～6 km/h）速度；

$l_{预推}$，$l_{续推}$——预推、续推距离，m；

$t_{分解}$——自车列的第一辆车进入驼峰信号机内方时起，至最后一组车溜出后调车机车停轮时止的纯分解时分，不包括分解过程中产生的进路交叉妨碍时间和解送禁溜车时间。可按下列公式计算：

$$t_{分解} = 0.06 \times \frac{ml_{车}}{v_{分解}} \qquad (4\text{-}10)$$

m——车列平均编成辆数；

$l_{车}$——每辆车平均长度，取 14.3 m；

$v_{分解}$——驼峰机车平均分解速度，取 5～7 km/h；

$t_{禁溜}$——每解体一车列平均摊到的解、送禁溜车时间，min；

$t_{整场}$——每解体一车列平均摊到的整场时间，min；

$t_{妨}$——每解体一车列平均摊到的妨碍时间，min。

禁溜、整场、妨碍时间的确定方法将分别在后面叙述。

调车机的空程按两种情况计算：

（1）当到达场与调车场纵列时（见图 4-1）

$$t_{空程} = \frac{0.06(l'_{咽} + l_{效} + l''_{咽})}{v'_{空}} + \frac{0.06 l_{挂}}{v''_{空}} + t_{挂妨} + t_{岔} + t_{挂} \qquad (4\text{-}11)$$

式中　$l'_{咽}$，$l''_{咽}$——到达场出口咽喉区、进口咽喉区长度，m；

$l_{效}$——到达场线路有效长，m；

$l_{挂}$——由机待线去到达场连挂待解车列的平均走行距离，m；

$t_{挂妨}$——在到达场入口处驼峰调车机与到达列车进路交叉每列摊到的妨碍时间，min；

$t_{岔}$——机待线道岔转换时间（可取 0.2 min）；

$t_{挂}$——驼峰调车机车连挂车列后的试牵引时间（可取 1 min）；

$v'_{空}$，$v''_{空}$——驼峰调车机车自驼峰待作业地点到机待线、机待线至挂车的平均运行速度（$v'_{空}$ 可按 25 km/h，$v''_{空}$ 可按 15 km/h 计算）。

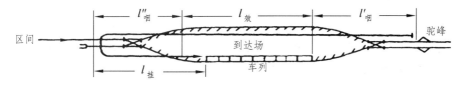

图 4-1　到达场与调车场纵列时空程计算图

（2）当到发场与调车场横列时（见图 4-2）

$$t_{空程} = 0.06\left(\frac{l_{咽} + l_{联}}{v'_{空}} + \frac{l_{挂}}{v''_{空}} \right) + t_{挂妨} + t_{岔} + t_{挂} \qquad (4\text{-}12)$$

式中　$l_{联}$——联络线长度。

其余符号表示与式（4-11）同。

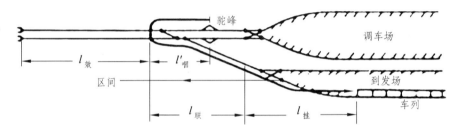

图 4-2　到发场与调车场横列时空程计算图

2．当驼峰采用两台机车实行双推单溜时，驼峰解体能力按式（4-13）计算

$$N_{解2}^{双单}=(1-\alpha_{空费})\left[\left(\frac{1\,440-\sum t'_{固}}{t_{解占}^{双单}}\right)+\left(\frac{2\sum t_{整备}+\sum t'_{取送}}{t_{解占}^{单单}}\right)\right] \tag{4-13}$$

式中　$\sum t'_{固}$——固定作业占用总时分，按式（4-14）确定

$$\sum t'_{固}=\sum t_{交接}+\sum t_{吃饭}+2\sum t_{整备}+\sum t_{客妨}+\sum t_{取送}^{占}+\sum t'_{取送} \tag{4-14}$$

$t_{解占}^{双单}$——双推单溜作业方式解体一车列占用驼峰的时分，可按式（4-15）确定

$$t_{解占}^{双单}=t_{分解}+t_{禁溜}+t_{整场}+t_{妨碍}+t_{间隔} \tag{4-15}$$

$t_{间隔}$——驼峰间隔时间，min。

其他符号意义同前。

由上式可见，在两台调机实行双推单溜时，交接班和吃饭期间驼峰停止作业，而整备是轮流进行的，这时驼峰采取单推单溜，其他时间除取送车以外均采用双推单溜进行解体。

3．当驼峰采用 3 台以上调车机车实行双推单溜时的解体能力按式（4-16）计算

$$N_{解3}^{双单}=(1-\alpha)\frac{1\,440-\sum t''_{固}}{t_{解占}^{双单}} \tag{4-16}$$

式中　$\sum t''_{固}$——固定作业占用总时分，按式（4-17）确定

$$\sum t''_{固}=\sum t_{交接}+\sum t_{吃饭}+\sum t_{客妨}+\sum t_{取送}^{占} \tag{4-17}$$

其他符号意义同前。

由式（4-16）可见，除交接班、吃饭和取送车时间内驼峰停止作业外，因为 3 台调车机可轮流整备，故其他时间内均可采用双推单溜进行解体。

4．当驼峰实行双推双溜时的解体能力

在驼峰设有两条及以上推送线和溜放线，并具有两套独立的驼峰自动集中设备和较多的调车线的情况下，可将到达场、驼峰和调车场按纵向划分成两个作业区，各区自成独立的调车系统，并各自配备 1~2 台调车机车，这样两作业区的驼峰机车可以同时进行推峰解体作业，实行双推双溜，可显著地提高驼峰的解体能力。但由于两作业区间不可避免地要产生大量的交换车，拉取交换车和交换车重复分解又将占用驼峰一部分时间，降低了双溜放所增加的能力。

进行双推双溜解体作业的调车场头部平面结构，如图 4-3 所示。这种布置有共用的中间线

束、中间推送线和调车场两外侧的交换线。共用线束靠左侧的线群中，可以为右侧交来的折角车流量较大的去向划定固定线路；双溜放时，该去向车流尽量溜入左侧固定线路中。对侧折角车流量较小的去向，可以溜入共用的左侧其他线路或右侧交换线中暂时存放，然后重复解体。当出现两侧驼峰都有同时溜向对侧的折角车时，则可通过联锁装置，让前行车溜入对侧固定线路，后行车溜入本侧交换线中暂存。这种作业方法，可使大部分折角车流直接溜入对侧线路，从而大大减少折角车流的重复作业。

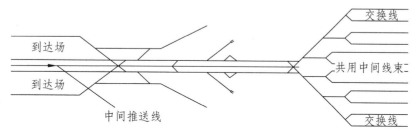

图 4-3　双推双溜驼峰调车场平面图

由于调车场线路较多，两侧驼峰不要求全通各个线束，但中间推送线可通两侧驼峰，并与峰下所有调车线联通。当调车机去交换线取折角车时，不干扰驼峰作业，牵上驼峰和重复解体也只占用一侧驼峰，故对驼峰解体能力影响不大。不设共用线束，只设交换线时，则每辆折角车由于重复作业，需额外消耗 2～2.5 辆解体能力。而设共用线后，只需额外消耗 1.2～1.7 辆，共用线的设置有助于解体能力的提高，并且，当折角车流比重大于 0.4～0.6 时，驼峰双溜放的能力低于单溜放的能力，说明折角车流比重较大时，采用双溜放是不利的。

在调车场固定使用方案和调机使用台数给定的条件下，双推双溜的驼峰解体能力，可按下列情况分别进行计算：

（1）峰上配备 3 台调车机作业时。

3 台调机的交接班、吃饭同时进行，在这段时间内驼峰停止作业，调机的整备作业轮流进行，则在 1 台调机进行整备和车辆取送作业的时间内，峰上仍有两台调机进行作业，这时应采用双推单溜的作业组织方式，以减少交换车的重复解体。当 3 台调机均在峰上作业，如果 $t_{空程}+t_{推} \geq t_{分解}+2t_{间隔}$，则可以认为其中一半时间仍应采用双推单溜，另一半时间采用双推双溜，于是驼峰的解体能力可按式（4-18）近似计算

$$
\begin{aligned}
N_{解3}^{双双} &= (1-\alpha_{空费})\left[\frac{1\,440-\sum t_{固}^{双双}}{2t_{解占}^{双双}}+\frac{1\,440-\sum t_{固}^{双单}}{2t_{解占}^{双单}}\right]\\
&= (1-\alpha_{空费})\left[\frac{1\,440-\sum t_{固}^{双双}}{2\left(\dfrac{t_{解占}^{双单}}{2}+\alpha_{交换}t_{解}^{交换}\times\dfrac{m}{m_{解}^{交换}}\right)}+\frac{1\,440-\sum t_{固}^{双单}}{2t_{解占}^{双单}}\right]
\end{aligned}
\tag{4-18}
$$

式中　$\sum t_{固}^{双双}$——双推双溜固定作业总时间，按式（4-19）计算

$$
\sum t_{固}^{双双}=\sum t_{交接}+\sum t_{吃饭}+\sum t_{客妨}+\sum t_{占}^{取送}+\sum t'_{取送}+3\sum t_{整备}
\tag{4-19}
$$

$\sum t_{固}^{双单}$——双推单溜固定作业总时间，按式（4-20）计算

$$\sum t_{固}^{双单} = \sum t_{交接} + \sum t_{吃饭} + \sum t_{客妨} + \sum t_{占}^{取送} - \sum t'_{取送} - 3\sum t_{整备} \qquad (4\text{-}20)$$

$\alpha_{交换}$——交换车流占总车流中的比重；

$m_{解}^{交换}$——平均每次交换的辆数；

m——解体车列平均编成辆数；

$t_{解}^{交换}$——拉取和分解交换车占用驼峰的时分。

其他符号意义同前。

（2）峰上配备 4 台调车机时。

4 台调车机交接班、吃饭仍同时进行，整备作业轮流进行，因此在 1 台调车机进行整备和取送作业时，峰上仍有 3 台调机工作。在这期间可认为峰上一半时间采用双推双溜，另一半时间采用双推单溜。因此驼峰的解体能力可按式（4-21）近似计算。

$$N_{解4}^{双双} = (1-\alpha_{空费})\left[\frac{1\,440-\left(\sum t_{交换} + \sum t_{吃饭} + \sum t_{客妨} + \sum t_{占}^{取送} + 2\sum t_{整备} + \frac{1}{2}\sum t'_{取送}\right)}{\frac{1}{2}t_{解占}^{双单} + \alpha_{交换} t_{解}^{交换} \times \frac{m}{m_{解}^{交换}}} + \right.$$
$$\left. \frac{2\sum t_{整备} + \frac{1}{2}\sum t'_{取送}}{t_{解占}^{双单}}\right] \qquad (4\text{-}21)$$

式中符号意义同前。

（3）峰上配备 5 台调机时。

调机交接班及调机乘务组、调车组吃饭仍同时进行。调机整备作业可轮流进行。所以当有 1 台调机去进行整备作业或取送作业时，峰上还有 4 台调机进行解体，驼峰的最大解体能力为

$$N_{解5}^{双双} = (1-\alpha_{空费})\left[\frac{1\,440-\left(\sum t_{交接} + \sum t_{吃饭} + \sum t_{客妨} + \sum t_{占}^{取送}\right)}{\frac{1}{2}t_{解占}^{双单} + \alpha_{交接} t_{解}^{交接} \times \frac{m}{m_{解}^{交接}}}\right] \qquad (4\text{-}22)$$

式中符号意义同前。

5．高峰小时的解体能力

在编组站上一昼夜的个别时间内，往往有改编列车密集到达的情况，即所谓高峰时段。为提高高峰期驼峰的解体能力，在此期间内，整场作业全部由峰尾调车机担当，暂时停止驼峰设备的检查和日常维修，驼峰调机不进行整备（无替班调机时），不进行车辆的取送作业，除反接改编列车产生妨碍外，没有其他妨碍时间，故高峰小时驼峰的解体能力按式（4-23）和式（4-24）计算。

（1）实行双推单溜时：

$$N_{小时}^{高峰} = \frac{60}{t_{分解} + t_{禁溜} + t_{间隔} + t_{反妨}} （列） \qquad (4\text{-}23)$$

式中　$t_{反妨}$——每列改编列车摊到的反接妨碍时间，min。

其他符号意义同前。

（2）实行双推双溜时：

$$N_{小时}^{高峰} = \cfrac{60}{\cfrac{1}{2}(t_{分解} + t_{禁溜} + t_{间隔} + t_{反妨}) + \alpha_{交接} t_{解}^{交接} \times \cfrac{m}{m_{交接}^{交接}}}（列）\qquad（4-24）$$

式中符号意义同前。

驼峰解体能力除以列数表示外，还应以辆数表示

$$B_{解} = N_{解} \times m（辆）\qquad（4-25）$$

式中　m——改编车列的平均编成辆数。

二、驼峰解体能力影响因素的分析

在计算驼峰解体能力时，其影响因素错综复杂，下面就一些主要影响因素进行分析，并说明其确定方法。

1．妨碍时间

在峰前到达场进口或出口咽喉处，由于敌对进路交叉，导致延误驼峰调车机车挂车或推峰分解，一昼夜中断驼峰解体作业的时间称为妨碍驼峰解体时间。

妨碍驼峰解体时间，与编组站站型、峰前到达场的咽喉构造、进站线路的衔接、有无峰下跨线桥以及峰顶配备的调机台数等因素有关。

产生妨碍时间的几种主要情况如下：

（1）客车妨碍。

旅客（通勤）列车横切峰前到达场出口咽喉妨碍驼峰调车机车分解车列[见图 4-4（a）]，一昼夜的妨碍时间为

$$\sum t_{客妨} = \sum n_{客} t_{客}\qquad（4-26）$$

式中　$n_{客}$——一昼夜各种旅客（通勤）列车横切驼峰前到达场出口咽喉的次数；

$\quad\ \ t_{客}$——各种旅客（通勤）列车每次占用咽喉的时间，包括准备进路、开放信号和列车通过咽喉区的时间，min。

此项时间可作为固定作业时间。若在交接班时通过咽喉区可以不予计算。

（2）反接妨碍。

到达场出口咽喉反驼峰方向接改编列车妨碍驼峰调车机车分解车列。一昼夜的妨碍时间可根据概率论原理确定[见图 4-4（b）]。

当到达场反接线群有两排平行渡线时，设 n_1 为反接列车数，n_2 为顺接列车数，S_1 为反接线路数，S 为到达场总线路数，反接妨碍驼峰解体的时间可按下列两种情况分别确定：

① 当 $\dfrac{n_1}{S_1} < \dfrac{n_1 + n_2}{S}$ 时，即每条线平均反接的列车数小于到达场平均每条道的接车数。每条

反接线的反接概率为

$$P_1 = \frac{n_1/S_1}{n_1 + n_2} = \frac{n_1}{S(n_1 + n_2)} \qquad (4\text{-}27)$$

每条反接线推峰的概率为

$$P_2 = \frac{(n_1 + n_2)/S_1}{n_1 + n_2} = \frac{1}{S} \qquad (4\text{-}28)$$

8 道反接时不妨碍任何道推峰，其妨碍时间为零；

7 道反接时妨碍 8 道推峰，其概率为 $P_1 P_2$；

6 道反接时妨碍 7、8 道推峰，其概率为 $P_1(P_2 + P_2) = 2P_1 P_2$；

5 道反接时，妨碍 6、7、8 道推峰，其概率为 $P_1(P_2 + P_2 + P_2) = 3P_1 P_2$

依此类推，故到达场反接妨碍推峰解体的概率为

$$
\begin{aligned}
& P_1 P_2 + P_1(P_2 + P_2) + \cdots + P_1(S_1 - 1)P_2 \\
& = \frac{n_1}{S_1(n_1 + n_2)} \times \frac{1}{S} + \frac{n_1}{S_1(n_1 + n_2)} \times \frac{2}{S} + \cdots + \frac{n_1(S_1 - 1)}{S_1(n_1 + n_2)} \times \frac{1}{S} \\
& = \frac{n_1(S_1 - 1)}{2S(n_1 + n_2)}
\end{aligned}
\qquad (4\text{-}29)
$$

一昼夜推峰解体与反接交叉的次数为

$$n'_{交叉} = (n_1 + n_2) \times \frac{n_1(S_1 - 1)}{2S(n_1 + n_2)} = \frac{n_1(S_1 - 1)}{2S} \qquad (4\text{-}30)$$

平均每次交叉妨碍驼峰解体时间为

$$t_{交叉} = \frac{1}{2}(t_{推} + t'_{分解} + t_{接}) \qquad (4\text{-}31)$$

式中　$t_{推}$——推峰占用交叉点时分；

　　　$t'_{分解}$——分解车列占用交叉点时分；

　　　$t_{接}$——反接列车一次占用交叉点的时分。

一昼夜反接列车妨碍驼峰解体的时间为

$$\sum t'_{反妨} = n'_{交叉} t_{交叉} = \frac{n_1(S_1 - 1)}{4S}(t_{推} + t'_{分解} + t_{接}) \qquad (4\text{-}32)$$

② 当 $\dfrac{n_1}{S_1} > \dfrac{n_1 + n_2}{S}$ 时，即每条反接线反接的列车数大于到达场平均每条线的接车数，则每条反接线推峰的概率为

$$P_2 = \frac{n_1}{S_1(n_1 + n_2)} \qquad (4\text{-}33)$$

每条反接线的反接概率与情况①相同。

故一昼夜推峰解体与反接列车的交叉次数为

$$n''_{交叉} = (n_1 + n_2)\left[P_1 P_2 + 2P_1 P_2 + \cdots + (S_1 - 1)P_1 P_2 \right] = \frac{n_1^2(S_1 - 1)}{2S_1(n_1 + n_2)} \qquad (4\text{-}34)$$

每次交叉平均妨碍驼峰解体时间与情况①相同。故一昼夜反接妨碍驼峰时间为

$$\sum t''_{反妨} = n''_{交叉} t_{交叉} = \frac{n_1^2(S_1-1)}{4S_1(n_1+n_2)}(t_推 + t'_{分解} + t_接) \quad (4\text{-}35)$$

应当指出：上述计算公式仅适合于反接线峰前咽喉构造有双排平行渡线的情况。当咽喉构造发生变化时，其一昼夜的交叉次数的计算公式将有所不同，但仍可参照上述公式应用概率原理进行计算。

（3）挂机妨碍。

改编列车自到达场入口咽喉到达妨碍驼峰调车机车连挂车列而延误驼峰分解车列的时间，仍可应用概率的原理进行确定[见图 4-4（c）]。

设该咽喉处接车为优先进路，调车机连挂为次要进路，则只能延误调车机连挂，不能延误接车。若 n_1，n_2 分别为一昼夜到达的改编列车数和每列改编列车调车机连挂次数，t_1，t_2 为接车和连挂一次占用咽喉交叉点的时间。

一昼夜延误调机连挂的概率为

$$P = \frac{n_1(t_1+t_2)}{1\,440} \quad (4\text{-}36)$$

一昼夜延误连挂的次数为

$$n = \frac{n_1 n_2(t_1+t_2)}{1\,440} \quad (4\text{-}37)$$

每次延误连挂时间最大为 (t_1+t_2)，最小为 0，平均为 $\frac{1}{2}(t_1+t_2)$。则一昼夜妨碍驼峰机车挂车的时间为

$$\sum t_{挂妨} = \frac{n_1 n + (t_1+t_2)^2}{2\times1\,440} \quad (4\text{-}38)$$

平均每解体一列车摊到的挂车妨碍时间为

$$t_{挂妨} = \frac{\sum t_{挂妨}}{n_解} \quad (4\text{-}39)$$

式中　$n_解$——昼夜该台调机解体的列车数。

必须指出：此项连挂妨碍时间应计入 $t_{空程}$ 当驼峰只配备 2 台调机，且 $t_{空程}$ 较大时，可能对驼峰解体能力产生影响。当驼峰调机配备 3 台及以上时，一般调车机连挂即便与接车有交叉妨碍，也来得及推峰，不会影响驼峰解体能力。

（4）机车妨碍。

在到达场出口咽喉处，本务机车入段妨碍驼峰调机推峰解体[见图 4-4（d）]。此项妨碍时间只有在无峰下跨线桥，并在到达场入口处无第二条入段通路时才产生。在计终时只应考虑到达场上侧那部分线路的本务机车入段，而下侧那部分线路的本务机可利用驼峰调车机推峰离开交叉点后的空档入段，不会妨碍驼峰机车推峰。故其妨碍时间可按式 4-40 计算

$$\sum t_{机妨} = \beta n_机 t_机 \quad (4\text{-}40)$$

式中　$n_机$，$t_机$——每昼夜入段机车台数和每次入段占用咽喉时间；

β——采取部分本务机利用驼峰调机下峰整场时横越驼峰前出口咽喉或经由入口咽喉绕行入段等措施以后，一昼夜横跨驼峰的本务机机车占总入段机车的比重。

平均每解体一列车摊到的机车妨碍时间为

$$t_{机妨} = \frac{\sum t_{机妨}}{n_{解}} \qquad (4\text{-}41)$$

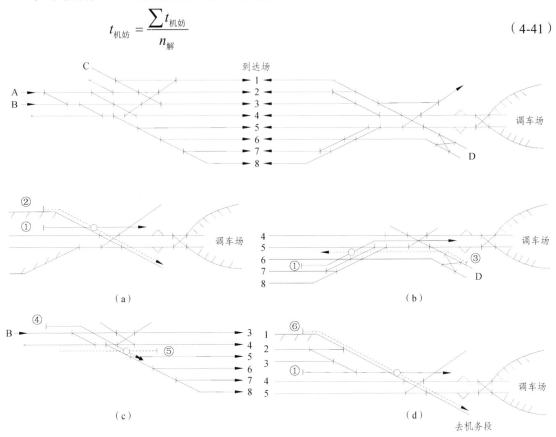

图 4-4 妨碍驼峰解体时间计算举例

① 推峰解体；② 客车通过；③ 列车反接；④ 列车到达；⑤ 调机折返；⑥ 机车入段

（5）妨碍驼峰解体时间计算举例。

已知：某编组站到达场详图如图 4-4 所示，配备两台调车机实行双推单溜，甲调负责 1 ~ 3 道列车解体，乙调负责 5 ~ 8 道列车解体。一昼夜共计到达改编列车 80 列，其中 1 ~ 3 道顺接 36 列，5 ~ 8 道顺接 22 列，反接 22 列，$t_{推}$ =5 min，$t'_{推}$ =8 min，$t_{接}$ =7 min，$t_{机}$ =2 min，$n_{客}$ =2 列，$t_{客}$ =6 min，试计算该驼峰的妨碍时间。

① 计算 $\sum t_{客妨}$：

$$\sum t_{客妨} = n_{客} t_{客} = 2 \times 6 = 12 \ (\text{min})$$

② 计算 $\sum t_{反妨}$：

由于 $\dfrac{n_1}{S_1} < \dfrac{n_1 + n_2}{S}$，即 $\dfrac{22}{4} < \dfrac{22+58}{7}$，5.4 < 11.4

故

$$\sum t_{反妨} = \frac{n_1(S_1-1)}{4S}(t_{推} + t'_{分解} + t_{接}) = \frac{22(4-1)}{4 \times 7}(5+8+7) = 47.1 \text{（min）}$$

③ 计算 $\sum t_{挂妨}$：

$$\sum t_{甲}^{挂妨} = \frac{n_1 n_2 (t_1+t_2)^2}{2 \times 1\,440} = \frac{36 \times 36 \times (7+2)^2}{2 \times 1\,440} = 36.5 \text{（min）}$$

$$t_{甲}^{挂妨} = \frac{36.5}{36} = 1.0 \text{（min）}$$

乙调可通过采取措施，不妨碍驼峰机车解体，故可不必计算挂车妨碍时间。

④ 计算 $\sum t_{机妨}$：

由于 1、2、3、4 道部分本务机车必须横切驼峰推送线入段，$n_{机} = 36$，$t_{机} = 36$，$\beta = 50\%$，则 $\sum t_{机妨} = 36 \times 2 \times 0.5 = 36$，min。

上述 $t_{挂妨}$ 计入空程中，$\sum t_{客妨}$ 计人固定作业时间中，则实际一昼夜摊到每解体一列车的妨碍时间为

$$t_{妨} = \frac{\sum t_{反妨} + \sum t_{机妨}}{n_{解}} = \frac{47.1+36}{80} = 1.04 \text{（min/列）}$$

2．整场时间

驼峰调车机车下峰整理车辆产生的中断驼峰作业时间称为整场时间，它包括：

（1）为腾出空线使车组能自驼峰继续溜放，驼峰机车下峰将线路上的车辆连挂（"推场子"），而产生的驼峰作业中断时间。

（2）为恢复调车场线路固定使用，驼峰机车下峰将混线的车辆进行整理，而产生的驼峰作业中断时间。

影响整场时间的主要因素有：

（1）调车场采用的调速方式：调车场调速系统可大大提高车辆的连挂率，减少"天窗"，据不完全统计，在调车场内安装减速器或减速顶以后，车辆连挂率可达到 97%，每列车平均的整场时间可减少 33% ~ 48%。

（2）调车场线路的有效长度及线路数量：调车场线路的有效长度应满足列车长度加 20% 的要求，以保证必需的"天窗"和安全距离。显然，调车场线路有效长能满足上述要求时，则下峰"推场子"的时间和次数可以减少。调车场的线路数量规定应保证每一个组号设一条，当该到达站每昼夜的车流大于 200 车时，应增设一条，如线路数量满足不了这个要求，就会产生"借线"或"共用"等情况，使整场时间增加。

（3）解体钩数：驼峰每昼夜解体的钩数对整场时间有一定的影响。大组车多，"天窗"数就少；碎钩车多，"天窗"就多，则下峰次数也会增加。

（4）气候条件：下雨、雾天视线不好，影响瞭望，使制动准确性降低，车辆连挂率降低。顺风溜放，有利于车辆连挂，而逆风又会使"天窗"加大。另外，气候严寒，车辆容易凝轴，制动距离不易掌握，都直接影响整场时间。

（5）此外，调车和制动人员的技术水平，驼峰头、尾部作业分工等都对整场时间有影响。

整场时间可以采用写实查定的方法求得，每解体一列车的平均整场时间

$$t_{整场} = \frac{\sum t_{整场}}{n_{解}}$$ （4-42）

式中 $\sum t_{整场}$ ——每昼夜该驼峰调车系统查定的总整场时间，min；

$n_{解}$ ——查定期间该驼峰解体的列车数。

3．解送禁溜车时间

解送禁溜车可按解禁溜车与送禁溜车两个过程分别进行查定。解禁溜车是指在解体过程中将车列中禁止溜放的车辆送往禁溜线的作业，其时间应自调车机停止溜放车组时起至将禁溜车送往禁溜线或迂回线后返回驼峰峰顶时止。送禁溜车是指驼峰调车机将存放在禁溜线或迂回线上的禁溜车送往峰下固定线路的作业，或者是解体过程中将挂在车列中的禁溜车直接送往峰下线路的作业。

影响解送禁溜车时间的因素有下列几项：

（1）车列中禁溜车的数量：禁溜车钩数多，解送禁溜车的时间会增加。

（2）禁溜车组在车列中的位置：禁溜车挂在解体车列的首部，解送时间要长；相反，禁溜车挂在解体车列尾部，由于在调机的机后，解送时间可大大缩短。

（3）峰顶禁溜线的出岔位置：当禁溜线的辙叉设在峰顶平台上时，送禁溜车需后退，所需时间增加；当禁溜线的道岔尖轨设在平台上时，送禁溜车不必后退，可节省送禁溜车的时间。

每解体一车列平均摊到的解送禁溜车时间可用写实查定方法按式（4-43）进行计算。

$$t_{禁溜} = \frac{\sum t_{禁}^{解} + \sum t_{禁}^{送}}{n_{解}}$$ （4-43）

式中 $\sum t_{禁}^{解}$，$\sum t_{禁}^{送}$ ——每昼夜查定的解、送禁溜车时间；

$n_{解}$ ——查定期解体的列车数。

4．驼峰间隔时间

驼峰间隔时间是指第一车列在峰顶溜放完毕调车机停轮时起至第二车列开始溜放时止的最小技术间隔时间，它包括转换道岔、开放驼峰信号、司机确认信号和车列自预推停车点起动至将车列的第一辆车推至驼峰信号机处等项作业时间。

驼峰间隔时间与驼峰作业组织方式、驼峰上采用的调机台数、推送线上预推停车点离驼峰信号机的距离、预推速度等项因素有关。

（1）单推单溜的最小间隔时间。

驼峰只配备1台调车机车，其间隔为

$$t_{间隔}^{单单} = t_{空程} + t_{推}$$ （4-44）

式中 $t_{空程}$ ——调车机车空程走行时分；

$t_{推}$ ——驼峰机车挂车后将车列第一辆车推送至驼峰信号机处的时间。

（2）双推单溜的最小间隔时间。

驼峰上配备两台及其以上机车，其间隔为

$$t_{间隔}^{双单} = t_{岔} + t_{确} + 0.06 \times \frac{l_{续推}}{v_{续推}} \tag{4-45}$$

式中 $t_{岔}$——转换道岔、开放驼峰信号时间，min；

$t_{确}$——司机确认信号时间，min；

$l_{续推}$——续推距离，m；

$v_{续推}$——续推速度，km/h。

当驼峰只配备两台调机，且 $(t_{空程} + t_{推}) > (t_{分解} + t_{禁溜} + 2t_{间隔}^{双单})$ 时，其间隔时间需附加空程时间 Δt

$$\Delta t = \frac{1}{2}\Big[(t_{空程} + t_{推}) - (t_{分解} + t_{禁溜} + 2t_{间隔}^{双单})\Big] \tag{4-46}$$

式中 $t_{推} = t_{预推} + t_{续推}$。

（3）双推双溜的最小间隔时间。

这时驼峰配备 3 台及其以上调车机，其间隔时间应分别一峰、二峰按式（4-47）计算：

$$t_{间隔}^{双双} = t_{岔} + t_{确} + \left(\frac{l_{续推}}{v'_{空}} + \frac{l_{续推}}{v_{续推}}\right) \times 0.06 \tag{4-47}$$

式中 $v'_{空}$——驼峰机车从峰顶返回至预推停车点的平均速度，km/h。

其他符号意义同前。

5．辅助生产时间

（1）交接班时间。

$$\sum t_{交接} = n_{交接} t_{交接} \tag{4-48}$$

式中 $n_{交接}$——每昼夜交接班次数，三班制时为 2 次，四班制时为 3 次；

$t_{交接}$——平均每次交接班时间，可取 20～25 min，实行四班制时，应增加夜间一次交接班时间 10～15 min，减少一次吃饭时间。

（2）吃饭时间。

$$\sum t_{吃饭} = n_{吃饭} t_{吃饭} \tag{4-49}$$

式中 $n_{吃饭}$——每昼夜吃饭次数，可取 2 次；

$t_{吃饭}$——平均每次吃饭时间，可取 30 min。

（3）整备时间。

$$T_{整备}^{汽} = (t_{整备}^{汽} + t_{走行}^{汽'}) + (t_{补水}^{汽} + t_{走行}^{汽''}) \tag{4-50}$$

式中 $t_{整备}^{汽}$，$t_{走行}^{汽'}$——蒸汽机车加煤上水（50 min）和至整备地点的走行时间，min；

$t_{补水}^{汽}$，$t_{走行}^{汽''}$——蒸汽机车补水和（25～30 min）至补水地点的走行时间，min。

$$内燃机车 \quad T^{内}_{整备}=t^{内}_{整备}+t^{内}_{走行}$$

式中 $t^{内}_{整备}$，$t^{内}_{走行}$——内燃机车整备（30 min）和至整备地点的走行时间，min。

内燃调车机车每 2～4 天还应增加一次加油时间，每次不得超过 50 min（具体时间由车站、机务，根据机车油箱大小及耗油量等条件共同查定）。

6．推送速度

驼峰的推送速度是确定驼峰解体能力的关键，也是衡量驼峰效率的重要指标。若驼峰配备两台调车机，实行双推单溜，采用直接计算法有关公式，可计算出在不同推送速度 $v_{解}$ 和不同列车编成 m 时，驼峰的解体能力如表 4-1 所示。由表 4-1 可知：

（1）驼峰解体能力随 $v_{解}$ 的增加而上升，其递增值不是呈线性上升，而是随 $v_{解}$ 的增加而逐渐减弱。提高 $v_{解}$ 至一定值（如 6 km/h）有利于增加驼峰的解体能力。

（2）当 $v_{解}$ 为定值时，以列数计的解体能力将随列车编成辆数 m 的增加而降低；以辆数计的解体能力将随 m 的增加而增加。因此，驼峰解体能力应以改编车数为主，辅以改编列数同时进行衡量。

（3）当 $v_{解}$ 为定值时，以列数计的解体能力将随列车质量的提高而递减约 4.8%，但以辆数计的解体能力将随列车质量的提高而递增 4.7%。因此，提高列车质量，开行可过峰的重载列车，将对驼峰能力产生正面效应，即可用较少的调车程，完成较多的改编辆数。

表 4-1 两台调机双推单溜解体能力表

$v_{解}$ / （km/h）	m=40		m=45		m=50		m=55		m=60		m=65	
	$N_{解}$	$B_{解}$	$N_{解}$	$B_{解}$	$N_{解}$	$B_{解}$	$N_{解}$	$B_{解}$	$N_{解}$	$B_{解}$	$N_{解}$	$B_{解}$
4.0	87.9	3 516	81.7	3 679	76.4	3 326	71.8	3 947	67.5	4 050	63.8	4 147
4.5	94.2	3 768	87.8	3 955	82.4	4 120	77.5	4 261	73.1	4 386	69.3	4 504
5.0	99.9	3 996	93.5	4 209	87.9	4 395	82.9	4 559	78.3	4 698	74.4	4 836
5.5	105.1	4 204	98.7	4 440	92.9	4 648	87.9	4 834	83.2	4 992	79.1	5 141
6.0	109.9	4 396	10.34	4 653	97.7	4 885	92.5	5 088	87.8	5 268	83.6	5 434
6.5	114.4	4 564	107.8	4 853	102.1	5 103	96.8	5 327	92.0	5 520	87.8	5 707
7.0	118.4	4 736	111.9	5 036	106.2	5 310	100.9	5 550	96.0	5 760	91.7	5 960
7.5	122.2	4 888	115.7	5 208	109.6	5 495	104.7	5 758	99.8	5 988	95.7	6 220
8.0	125.7	5 028	119.3	5 377	113.5	5 675	108.2	5 952	103.3	6 198	99.0	6 435

注：① $t_{空程}=6.78$，$t_{预推}=4.0$，$t_{禁溜}=1.0$，$t_{妨碍}=0.5$，$t_{间隔}=3.0$；

② $t_{解}=\dfrac{ml_{车}}{v_{解}}$，$l_{车}=14.3$ m；

③ $\sum t_{交接}=50$，$\sum t_{吃饭}=60$，$\sum t_{整备}=40$，$\sum t_{客妨}=0$，$\sum t'_{取送}=0$。

7．驼峰调车机车台数和作业组织方式

驼峰的解体能力与峰上配备的调车机台数以及驼峰采用的作业组织方式有关。现按到达场与调车场纵列的编组站三种不同作业方案，分别求算其解体能力（见表 4-2）。

表 4-2　不同调机台数和作业组织方式的解体能力

$v_{解}/$（km/h）	方案 I		方案 II		方案 III	
	$N_{解}/$列	$B_{解}/$辆	$N_{解}/$列	$B_{解}/$辆	$N_{解}/$列	$B_{解}/$辆
4.0	50.5	2 525	76.4	3 820	83.0	4 150
5.0	55.6	2 780	87.9	4 395	96.6	4 830
6.0	59.5	2 975	97.7	4 885	108.4	5 420
7.0	62.7	3 135	106.2	5 310	113.8	5 940
8.0	65.4	3 270	113.5	5 675	128.1	6 405

方案 I：一台调车机实行单推单溜；

方案 II：两台调车机实行双推单溜；

方案 III：两台半调车机实行双推单溜。

第 II 方案与第 I 方案比较，驼峰解体能力提高了 64.2%（当 $v_{解}$=6.0 km/h 时）。第 III 方案与第 II 方案比较，其解体能力只提高 10.9%（当 $v_{解}$=6.0 km/h 时），能力增加有限。因此，用于驼峰纯解体作业的机车大于两台以上，且交接班、吃饭期间驼峰全部停止作业时，第三台机车充其量只能顶替其他两台机车的整备作业时间，用于纯解体时间不足 6.4%，解体能力只增加 6～10 列。故一般驼峰用于纯解体的机车台数以配备 2～2.5 台为宜。当驼峰需要协助峰尾进行编组作业或下峰整场和取送作业较多时，调机台数可根据峰上峰尾作业分工情况另行确定。

第三节　尾部牵出线编组能力

一、编组能力计算的基本公式

调车场尾部编组能力可用直接计算法或利用率计算法进行计算。

1．直接计算法按式（4-51）计算

$$N_{编} = \frac{(1\,440M - \sum t_{固})(1-\alpha)}{t_{编组}} + N_{摘} \quad （列） \tag{4-51}$$

式中　M——尾部配备的编组调车机台数；

　　　$\sum t_{固}$——固定作业总时分，按式（4-52）确定

$$\sum t_{固} = \sum t_{交接} + \sum t_{吃饭} + \sum t_{整备} + \sum t_{取送} + \sum t_{摘挂} \tag{4-52}$$

　　　$\sum t_{摘挂}$——编组摘挂列车占用总时分；

　　　$N_{摘}$——昼夜编组的摘挂列车数；

　　　α——妨碍系数；

　　　$t_{编组}$——平均编组一列车的时间，min。

2. 利用率计算法按式（4-53）计算

$$N_{编} = \frac{N}{K} + N_{摘} \tag{4-53}$$

$$K = \frac{T - \sum t_{固}}{(1\,440M - \sum t_{固})(1 - \alpha)} \tag{4-54}$$

式中　N——平均每昼夜编组的直通、区段、小运转、交换车总列数；

$\quad\quad K$——利用系数；

$\quad\quad T$——每昼夜尾部的总作业时间（不含妨碍时间），min；

$\quad\quad$其他符号意义同前。

二、编组能力各单项作业时间标准的确定

平均编组一列车的时间按式（4-55）确定

$$t_{编组} = t_{空程} + t_{连挂} + t_{选编} + t_{转场} + t_{整场} \tag{4-55}$$

1. 空程（空钩）时间 $t_{空程}$

当调车场与出发场纵列时，空程时间按式（4-56）计算[见图 4-5（a）]：

$$t_{空程} = \frac{(2l'_{咽} + l_{效} + l''_{咽})}{v_{空}} \times 0.06 \tag{4-56}$$

式中　$l'_{咽}$——出发场出口咽喉长度，m；

$\quad\quad l_{效}$——出发场到发线有效长，m；

$\quad\quad l''_{咽}$——包括出发场入口咽喉及其与调车场连结部分，调车场尾部咽喉的总长度，m；

$\quad\quad v_{空}$——尾部调车机空程平均走行速度，km/h。

当调车场与到发场横列时，空程时间按下式计算[见图 4-5（b）]

$$t_{空程} = \frac{(l_{咽} + l_{联} + l_{挂})}{v_{空}} \times 0.06 \tag{4-57}$$

式中各项符号意义同前。

2. 连挂时间 $t_{连挂}$

指调车机所需的时间，将集结在调车场内一条或几条调车线上的车辆（或车组）连挂成车列，并按转线要求连接好规定数量的风管。其值取决于调车场内调速工具的类型、调车线上集结车辆的连挂率、解体车列的钩数、列车编成辆数以及在几条道上连挂等因素，一般通过查定取值。

3. 选编时间 $t_{选编}$

根据编组计划及其他有关编组作业的规定，将集结在一条或几条调车线上的车辆选编成组，或按站顺编挂，或改变车辆在列车中的位置，解送扣修车、整装车、倒装车等技术作业所需的时间。其值取决于列车编组计划的要求、改编车流的性质、隔离车和关门车的多少、尾部咽喉结构、有无辅助调车场以及尾部调车机台数等因素，一般通过查定取值。

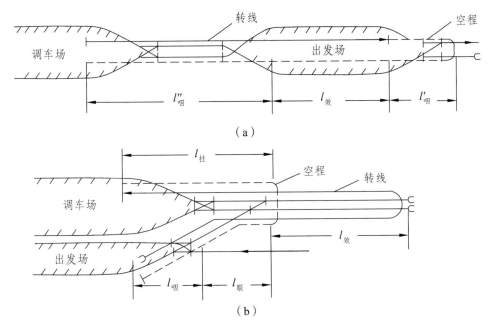

图 4-5　编组时间空程计算图

4．转线时间 $t_{转线}$

转线时间是指将连挂好的车列自调车场转往出发场（或到发场）的时间。它与调车场尾部咽喉的长度、出发场入口咽喉的长度及两者连接部分的长度、出发场线路有效长以及列车编成辆数等因素有关。其值可按下式计算：

调车场与出发场纵列的编组站[见图 4-5（a）]：

$$t_{转线} = \frac{(l''_{咽} + l_{效})}{v_{转}} \times 0.06 \quad (\text{min}) \tag{4-58}$$

调车场与出发（到发）场横列的编组站[见图 4-5（b）]：

$$t_{转线} = \frac{l_{挂} + 2l_{效} + l_{联} + l_{咽}}{v_{转}} \times 0.06 \quad (\text{min}) \tag{4-59}$$

式中　$v_{转}$——车列平均转线速度，km/h。

其他符号意义同前。

5．整场时间 $t_{整场}$

整场时间是指利用尾部调车机消除集结车辆之间的天窗，恢复线路固定使用和向尾部警冲标方向带车等作业时间，一般通过查定取值。

6．妨碍时间

调车场尾部有两台或两台以上机车进行调车作业时，其作业组织可以有三种方案：

（1）分区固定调机：调车机固定分工几条线路上的编组作业；

（2）不分区固定调机：与以上相反，调车机可穿插作业，不固定区域；

（3）相对固定，灵活使用，相互协作：这是第一、二两种方案的结合，现场作业中一般采用此种方案。

调车场尾部产生妨碍时间的原因是多方面的，三级三场尾部主要是多台调车机穿插作业的干扰，其交叉主要是调车与调车的交叉，当尾部有反向发车时，有可能产生部分调车与列车出发的交叉。对于设有编发线的二级式调车场尾部，则可能发生发车与调车的交叉、发车与挂本务机的交叉以及挂本务机与调车作业的交叉等。

交叉延误可按非同等进路和同等进路，用概率原理分别进行计算。列车进路与调车进路间的交叉为非同等进路交叉，列车进路之间或调车进路之间的交叉为同等进路交叉。

（1）非同等进路的交叉延误：发车与调车的交叉以及挂本务机与调车的交叉均属非同等进路的交叉，这里发车和挂本务机为优先进路，一昼夜占用交叉点时间为 $n_1 t_1$；而调车为次要进路，一昼夜占用交叉点的时间为则调车机一昼夜被延误的时间为 $n_1 n_2$（理由见本章解体能力部分的 $\sum t_{\text{挂妨}}$）。

$$\sum t_{\text{妨}} = \frac{n_1 n_2 (t_1 + t_2)^2}{2 \times 1\,440} \tag{4-60}$$

（2）同等进路的交叉延误：当尾部具有几台调机时，则会产生调车作业与调车作业的交叉干扰。设一昼夜占用交叉点的时间甲调为 $n_1 t_1$，乙调为 $n_2 t_2$，甲调先到时延误乙调，乙调先到时延误甲调。

甲调占用交叉点的概率 $\frac{n_1 t_1}{1\,440}$ 为即乙调被延误的概率，乙调占用交叉点的概率为 $\frac{n_2 t_2}{1\,440}$ 即甲调被延误的概率。甲调一昼夜被延误的次数 $n_1 \times \frac{n_2 t_2}{1\,440}$，乙调为 $n_2 \times \frac{n_1 t_1}{1\,440}$。甲调每次被延误的平均时间为 $\frac{t_2}{2}$，乙调为 $\frac{t_1}{2}$，故：

甲调一昼夜被延误的总时间为 $\sum t_{\text{妨}}^{\text{甲}} = \frac{n_1 n_2 t_2^2}{2 \times 1\,440}$，乙调一昼夜被延误的总时间为 $\sum t_{\text{妨}}^{\text{乙}} = \frac{n_1 n_2 t_1^2}{2 \times 1\,440}$。甲、乙调一昼夜总共被延误的时间为

$$\sum t_{\text{妨}} = \sum t_{\text{妨}}^{\text{甲}} + \sum t_{\text{妨}}^{\text{乙}} = \frac{n_1 n_2}{2 \times 1\,440}(t_1^2 + t_2^2) \tag{4-61}$$

为简便起见，妨碍时间可采用妨碍系数进行计算

$$\alpha = \frac{\sum t_{\text{妨}}}{\sum t_{\text{作业}}} \tag{4-62}$$

式中　$\sum t_{\text{妨}}$——昼夜尾部一台机车总的妨碍时间用上式计算，也可用查定方法确定；

　　　$\sum t_{\text{作业}}$——昼夜尾部该台机车总的作业时间。

查定大量资料，α 的取值范围：2 台调车机时采用 0.06 ~ 0.08；3 台调车机时，采用 0.08 ~ 0.12。

三、尾部编组能力影响因素的分析

1. 编组站站型

由于编组站站型不同，平均编组一列车的时间各异。单向三级三场编组站与单向二级四场编组站比较，由于单向二级四场尾部车列转线要折返运行，其时间要比单向三级三场增加

约1倍，尾部编组能力约降低20%；双向二级四场编组站，由于上、下行系统均设有编发线，车列不必转线，全部在编发线上出发，一个调车系统尾部编组能力与单向三级三场比较，可提高约50%；单向二级三场编组站，由于顺驼峰方向设有编发线，车列可不必转线（但反驼峰方向的车列仍需转线），其尾部编组能力与单向三级三场比较，可提高约5%。

2．调车机台数

尾部配备的调车机台数，对编组能力有直接影响，一般尾部根据站型、牵出线数量，驼峰解体能力配备1台、2台、2.5台或3台调车机。对同一站型，尾部编组能力随调机数的增加而提高，根据计算，每增加一台调车机，提高编组能力约80%。

3．调速系统

尾部连挂时间的长短，主要决定于调车场所采用的调速系统。根据全国一些大编组站的查定数据，不同调速系统平均一列车摊到的连挂时间如表4-3所示。

表4-3　不同调速系统连挂时间取值范围

方案编号	调速系统方案	一线连挂 /min	两线连挂 /min	加权平均 /min
I	制动铁鞋	5.5～6.5	10.0～12.0	7.4
II	点式或点连式半自动调速系统	4.5～5.0	6.5～8.0	5.4
III	减速器、减速顶、加速顶组合半自动调速系统	4.0	6.0	4.3

根据计算，在尾部调机台数和编组的摘挂列车相同条件下，其编组能力第II方案比第I方案提高编组能力约8%，第III方案比第I方案提高约12%。

4．编发列车的比重

具有编发场的二级式编组站，自编列车有的直接在编发线上集结满轴后发车（编发），有的在调线上集结满轴后转到编发线上发车（转发），两者占总编组列车数的比重，直接影响着尾部的编组能力。转发列车数的比重增加，有利于提高编发线的能力，但在同样数量的调车机台数情况下，尾部的编组能力则相应降低；反之，随着编发列车的比重增加，尾部编组能力将上升。计算证明，当二级式编组站尾部配备两台调机时，编发列车比重递增10%，编组能力约提高7.0%，如全部列车都采取编发，则与全部转发相比可提高编组能力约80%，相当于节省了1台调机的能力。因此，设置编发线并增加编发列车的比重是提高尾部编组能力的有效措施。

<h1 align="center">第四节　铁路车站解编能力综合计算</h1>

一、编组站最终通过能力的确定

编组站的最终通过能力是按现有各项设备（咽喉、到发线、驼峰、牵出线）合理分工使用方案求算出来的通过能力进行综合分析，针对编组站的薄弱环节，进行作业调整后得到的编组站按方向别一昼夜所能通过的最多货物列车数或辆数。

计算编组站最终通过能力的目的如下：

（1）发现控制编组站能力的薄弱环节，以便拟定加强编组站能力的技术组织措施和改建措施；

（2）确定编组站各子系统的能力和合理负荷，以便对各子系统进行能力协调；

（3）确定编组站每昼夜的最大办理列数或车数，以便为全路制订列车编组计划提供定量依据。

编组站最终通过能力的确定与区段站略有不同，其重点应放在办理有调中转列车的能力上。为此，应分别按无调中转列车和有调中转列车进行确定。

办理无调中转列车能力的限制因素是咽喉和到发线；办理有调中转列车能力的限制因素则是到发线、咽喉、驼峰或牵出线。

确定编组站最终通过能力的步骤与方法与区段站有类似之处，可根据表4-4的要求进行。

1．咽喉通过能力汇总

根据各方向接、发进路上的咽喉道岔（组），分别确定其有调和无调中转列车的通过能力。

2．到发线通过能力汇总

根据各方向接、发列车车场的固定使用方案，分别确定其有调和无调中转列车的通过能力。

3．改编能力汇总

在汇总时注意：

（1）当一个方向的列车由两个或两个以上调车设备进行解编时，该方向的改编能力应等于各调车设备改编该方向能力之和；

（2）一个调车系统的改编能力为该系统解编各方向能力之和；

（3）全站的改编能力应为两个调车系统解编能力之和。

4．确定车站最终通过能力

根据限制因素，列出按方向影响接发车最终能力以及全站的接、发车能力。并列出全站最终办理能力（包括办理辆数，有调、无调辆数和无调比重）。

二、解体能力与编组能力的协调

在编组站上，为了提高整个系统的改编能力，驼峰的解体能力必须与尾部的编组能力相协调。否则，两者的能力相互制约，不能得到充分发挥。当两者能力相差较多时，应采取调整措施，或增减调车机台数，或重新分配峰上、峰尾的作业量，使解体和编组能力都不浪费，达到相互协调的目的。其具体措施如下：

1．调整峰上与峰尾的作业量

（1）当驼峰解体能力大于尾部编组能力，即 $N_{解} > N_{编}$ 时，驼峰机车除了最大限度地担负起调车场内整场（包括重复解体混线车组）任务以外，还可协助尾部编组机车编组部分列车或部分编组作业（如连挂）。在设有编发线的车站，驼峰机车可协助编组在编发线上集结的列车。

表 4-4

咽喉通过能力/（列/日）　到发线通过能力（列/日）

方向	接或发	××号咽喉道岔			××号咽喉道岔			汇总后能力			到达场	出发场			编发场	汇总后能力		
		有调	无调	计	有调	无调	计	有调	无调	计	有调	有调	无调	计	有调	有调	无调	计
A	接																	
	发																	
B	接																	
	发																	
C	接																	
	发																	
合计	接																	
	发																	

改编能力/（列/日）

方向	解或编	峰1	峰2	牵1	牵2	汇总	汇总后能力		
							有调	无调	计
A	解								
	编								
B	解								
	编								
C	解								
	编								
合计	解								
	编								

最终能力/（列/日）

方向	接、发、解、编	受控设备	总计
A			
B			
C			
合计			

说明

设 $\Delta n_{解}$ 为驼峰担负部分编组任务后减少的解体能力，$\Delta n_{编}$ 为尾部增加的编组能力，$N_{解}$ 为调整前驼峰的解体能力，$N_{编}$ 为调整前尾部的编组能力，$m_{解}$ 为到达解体列车的平均编成辆数，$m_{编}$ 为自编发出列车的平均编成辆数，$r = m_{编}/m_{解}$，则驼峰与尾部牵出线间最大可能调整量应符合式（4-63）。

$$r(N_{编} + \Delta n_{编}) \leqslant N_{解} - \Delta n_{解} \tag{4-63}$$

若驼峰协助编组的列数为 $N'_{编}$，驼峰协助编组一列的额外占峰时间为 $t_{协占}$ 驼峰协助编组时尾部机车编组该列车的时间可节省 $\Delta t_{编}$，则

$$\Delta n_{编} = \frac{N'_{编} \Delta t_{编}(1 - \alpha_{妨碍})}{t_{编组}} \tag{4-64}$$

$$\Delta n_{解} = \frac{N'_{编} \Delta t_{协占}(1 - \alpha_{空费})}{t_{解占}} \tag{4-65}$$

式中　　$t_{编组}$——尾部编组一列车平均时间，min；

$t_{解占}$——驼峰解体一列车平均占峰时间，min；

$\alpha_{妨碍}$——尾部编组时交叉干扰妨碍系数；

$\alpha_{空费}$——驼峰空费系数。

将式（4-64）及式（4-65）代入式（4-63）中，得

$$N'_{编} \leqslant \frac{N_{解} - rN_{编}}{r(1 - \alpha_{妨碍})\dfrac{\Delta t_{编}}{t_{编组}} + (1 - \alpha_{空费})\dfrac{\Delta t_{协占}}{t_{解占}}} \tag{4-66}$$

例：驼峰配备两台机车实行双推单溜，设 $t_{解占}^{双单}$=16 min，$t_{解占}^{单单}$=25 min，$\sum t_{固}$=260 min，其中 $2\sum t_{整备}$=120 min，$\alpha_{空费}$=0.03，则

$$N_{解} = \frac{(1 - 0.03)(1\,440 - 260)}{16} + \frac{120}{25} = 76.3 \text{（列）}$$

若尾部配备 2 台机车，$\sum t_{固}$=600 min（其中编组摘挂列车 4 列），$t_{编组}$=30 min（不计摘挂列车），$\alpha_{妨碍}$=0.12，则

$$N_{编} = \frac{(1 - 0.12)(1\,440 \times 2 - 600)}{30} + 4 = 70.9 \text{（列）}$$

可见该调车系统改编能力受编组能力限制，若驼峰协助编组一列车时间 $t_{协占}$=6 min，编组机车编组该列车可节省 $\Delta t_{编}$=8 min，r=0.98，则

$$N'_{编} \leqslant \frac{76.3 - 0.98 \times 70.9}{0.98(1 - 0.12) \times 8/30 + (1 - 0.03) \times 6/16} = 11.48 \text{（列）}$$

于是，编组能力可提高

$$\Delta n_{编} = \frac{11.48 \times 8 \times (1 - 0.12)}{30} = 2.7 \text{（列）}$$

解体能力将降低

$$\Delta n_{解} = \frac{11.48 \times 6 \times (1 - 0.03)}{16} = 4.2 \text{（列）}$$

（2）当驼峰解体能力小于尾部编组能力，即 $N_解 < N_编$ 时，可以将驼峰担当的部分作业（如整场）调整给尾部调车机担当，以提高驼峰的解体能力。

设 $\Delta n'_解$ 为尾部调机协助驼峰整场后驼峰可能提高的解体能力，$\Delta n'_编$ 为尾部减少的编组能力，$r' = m_解/m_编$ 则驼峰与尾部牵出线间最大可能调整量应符合下列关系式：

$$r'(N_解 + \Delta n'_解) \leqslant N_编 - \Delta n'_编 \tag{4-67}$$

$$\Delta n'_解 = \frac{\Delta n_整 t_{峰整}(1-\alpha_{空费})}{t_{解占}} \tag{4-68}$$

$$\Delta n'_编 = \frac{\Delta n_整 \cdot S \cdot t_{尾整}(1-\alpha_{妨碍})}{t_{编组}} \tag{4-69}$$

式中　$\Delta n_整$——驼峰机车减少的整场次数（即尾部机车协助整理 $\Delta n_整 \cdot S$ 条线路）；

　　　$t_{峰整}$——驼峰机车下峰整场一次平均占用驼峰时间，min；

　　　S——驼峰机车下峰一次平均整理线数；

　　　$t_{尾整}$——尾部机车每次整理一条线的平均时间，min；

　　　其他符号意义同上。

将式（4-68）和式（4-69）代入式（4-67），得

$$\Delta n_编 \leqslant \frac{N_编 - r'N_解}{(1-\alpha_{空费})\dfrac{r't_{峰整}}{t_{解占}} + \dfrac{St_{尾整}}{t_{编组}}(1-\alpha_{妨碍})} \tag{4-70}$$

例：设驼峰配备 1 台调机，$t_{解占}^{单单}$=23 min，$\sum t_固$=160 min，$\alpha_{空费}$=0.03，则

$$N_解 = \frac{(1-0.03)(1\,440-160)}{23} = 54 \text{（列）}$$

若尾部配备 2 台机车，$\sum t_固$=640 min（其中编组摘挂列车 3 列），$t_{编组}$=30 min（不计摘挂列车），$\alpha_{妨碍}$=0.03，则

$$N_编 = \frac{(1-0.12)(1\,440\times2-640)}{30} + 3 = 68.7 \text{（列）}$$

可见，调车系统改编能力受解体能力限制，若尾部调机整场一条线的平均时间 $t_{尾整}$=8 min，驼峰机车一次下峰平均整理线数 S=2，整理一次平均占峰时间 $t_{峰整}$=10 min，$r' = m_解/m_编$=1.07，则

$$\Delta n_整 \leqslant \frac{68.7 - 1.07\times54}{\dfrac{0.97\times1.07\times10}{23} + \dfrac{2\times8\times0.88}{30}} = 11.8 \text{（次）}$$

即尾部机车一昼夜要协助驼峰机车整理 11.8×2=23 条线路。

于是，驼峰解体能力可以提高

$$\Delta n'_解 = \frac{11.8\times10\times0.97}{23} = 4.98 \text{（列）}$$

尾部编组能力将降低

$$\Delta n'_编 = \frac{11.8\times2\times8\times0.88}{30} = 5.53 \text{（列）}$$

2．调整转发和编发列车的比重

在设有编发线的二级式编组站上，当$N_解>N_编$时，可增加本线集结本线发车（编发）的列车数，减少转线发车的列车数，以提高尾部牵出线的编组能力。其调整量可参见编发线能力第三种计算方法所列公式进行确定。

3．合理配备峰上与峰尾的调车机台数

各型编组站峰上与峰尾配备的调车机台数协调方案举例如表 4-5 所示，一般均能满足$N_编≥N_解$的基本条件，即编组能力等于或稍大于解体能力，达到峰上峰下协调的目的。

表 4-5　峰上峰尾配置调机台数协调方案

站型	驼峰			峰尾			协调情况	备注
	调机台数	$N_解/$（列/日）	$B_解/$（列/日）	调机台数	$N_解/$（列/日）	$B_解/$（列/日）		
单向三级三场	2台双推单溜解体	97.7	4 885	2.5台编组	108.5	5 425	$N_解>N_编$	1. 列车编成 m=50 辆 2. 推峰速度 $v_解$=6 km/h 3. 调车场为点连式制式
单向二级四场（方案Ⅰ）	2台双推单溜解体	97.7	4 885	2.5台编组	105.1	5 275	$N_解>N_编$	1. 列车编成 m=50 辆 2. 推峰速度 $v_解$=6 km/h 3. 调车场为点连式制式
单向二级四场（方案Ⅱ）	2台双推单溜部分编组	$N_解=75.3$，$N_编=20$	$B_解=3\,765$，$B_编=1\,000$	2台编组	56.1	2 805	$N_解>N_编$	1. 全部整场作业由峰顶担当 2. 20 列选编连挂由峰顶担当，转线由峰尾担当 3. m=50 辆，$v_解$=6 km/h
单向二级三场	2台双推单溜解体	97.7	4 885	2台编组	95.3	4 765	$N_解<N_编$	1. 全部整场作业由峰顶担当 2. 顺驼峰方向列车全部编发反驼峰方向列车全部转发 3. m=50 辆，$v_解$=6 km/h
双向二级二场（一个调车系统）	2台双推单溜解体	97.7	4 885	1.5台编组	101.4	5 070	$N_解<N_编$	1.全部整场作业由峰顶担当 2.列车全部编发 3. m=50 辆，$v_解$=6 km/h

第五章　铁路运输能力加强

第一节　概　述

铁路作为国民经济的大动脉，具有较大的运输能力，能完成国家规定的运输任务和满足城乡经济的发展及人们旅行的需要。随着市场经济的发展和人民生活水平的提高，社会各方面对铁路运输的需求日益旺盛，客货运量呈上升趋势。但是，铁路运输能力却是相对稳定的，在运输设备（包括固定设备和移动设备）和行车组织方法一定的条件下，运输能力有一定的限度。这样，当某条线路（或区段）的运输能力难以适应其运输需求时，就需要考虑运输能力加强的问题了。

一、运输能力适应性分析方法

为了适应国民经济发展和国防建设的需要，以及采用现代化新技术以改善运营条件，铁路应及时地、有计划地采取加强通过能力措施、不断提高铁路的运输能力。通过能力需要加强的数量和时机，主要是根据需要通过能力和现有通过能力的比较来确定，常有以下 3 种分析方法。

1．通过能力利用率法

以 $n_{普货}$，$n_{客}$，$n_{快货}$，$n_{摘}$ 表示某线路（区段）现行运行图中普通货物列车（指直达、直通、区段列车）、旅客列车、快运货物列车和摘挂列车的行车量，则现有平行运行图通过能力利用率 $\gamma_{通}$ 为

$$\gamma_{通} = \frac{n_{普货} + \varepsilon_{客} n_{客} + \varepsilon_{快货} n_{快货} + \varepsilon_{摘} n_{摘}}{N_{平}} \qquad （5\text{-}1）$$

式中　$N_{平}$——平行运行图通过能力；

$\varepsilon_{客}$，$\varepsilon_{快货}$，$\varepsilon_{摘}$——旅客列车、快运货物列车、摘挂列车的扣除系数。

一般说来，当 $\gamma_{通}$ 达到或接近 80% 时，就应着手研究能力加强的各种方案和措施。这是最简单的方法，可用来粗略地估计扩能的必要性。

2．通过能力比较法

这种方法的实质是：根据预测未来年份的需要货流量，计算需要的货物列车行车量，同时考虑一定的能力储备，得出需要通过能力 $N_{需}$，然后与现有平图通过能力 $N_{平}$ 比较，如果 $N_{平} < N_{需}$，说明现有能力不适应未来年份的需要，应早做准备，研究扩能方案。

设货运方向预测的全年需要货流量（不含以快运货物列车和摘挂列车输送的货流量）为 $G_{需}$ 吨，则该方向平均每日需要开行的普货列车行车量 $n_{普货}$ 为

$$n_{普货} = \frac{G_{需}K_{波}}{365Q_{总}\varphi} \text{（列）} \tag{5-2}$$

式中　$Q_{总}$——货物列车平均牵引总重，t；

　　　$K_{波}$——年度货流密度波动系数，一般取 1.1~1.2；

　　　φ——货物列车平均静载重系数，可由统计查定，计算公式为 $\varphi = Q_{净}/Q_{总}$，这里，$Q_{净}$ 是货物列车平均牵引货物净重。一般，φ 值可取 0.65 ~ 0.75。

以 $\gamma_{备}$ 记通过能力后备系数，则需要通过能力 $N_{需}$ 的计算公式如下：

$$N_{需} = (n_{普货} + \varepsilon_{客}n_{客} + \varepsilon_{摘挂}n_{摘挂} + \varepsilon_{快货}n_{快货})(1+\gamma_{备}) \tag{5-3}$$

式中　$n_{普货}$——由（5-2）式算得；

　　　$n_{客}$，$n_{摘挂}$，$n_{快货}$——该线路（区段）旅客列车、快运货物列车和摘挂列车的行车量；

　　　$\varepsilon_{客}$，$\varepsilon_{摘挂}$，$\varepsilon_{快货}$——对应列车的扣除系数。

关于上述计算方法，有以下几点说明：

（1）$G_{需}$ 不包括以快运货物列车和摘挂列车输送的货流量；

（2）考虑 $K_{波}$ 的原因是：需要的普通货物列车行车量由年度最繁忙月份的日均货流量来确定；

（3）由于 $N_{需}$ 带有近似性，计算结果可以四舍五入取整。

（4）后备系数 $\gamma_{备}$ 是根据铁路运输需要保有一定的后备能力而规定的。铁路保有适当的后备能力，主要是为了在运输最繁忙期间用来在运行图上留出为保养和维修区间内线路设备和接触网等用的"天窗"时间，以及提供应付列车区间运行时分偏离（运缓）和适应行车量日常波动及进行运行调整之用。其数值应根据各铁路方向的具体情况规定，一般单线可取 0.20，双线可取 0.15。这意味着与之对应的通过能力利用率理论上的最大值，或称技术负荷，单线为 1/1.2=0.833，双线为 1/1.15=0.87。

在一般情况下，通过能力利用率，不应超过其技术负荷。当某一个区段在其通过能力利用率已达到或接近80%时，就应当着手考虑和安排该区段能力加强问题。

可根据现有通过能力和需要通过能力资料，绘制能力比较图（见图 5-1）。可以明显地看出运输能力是否需要加强，以及需要加强的薄弱环节和加强数量。

3．输送能力比较法

线路货物输送能力简称输送能力，是线路运输能力的一种表示方式。输送能力不仅与固定设备有关，而且与移动设备的数量、人员数量等因素有关，因而是综合性很强的一项指标。输送能力比较法就是用现有输送能力与未来年份的需要输送能力（即预测的重车方向全年货流量）$G_{需}$ 比较，从而得出线路能力能否适应、应否加强的结论。事实上，输送能力比较法与通过能力比较法是互逆的。

设线路现有输送能力（不包括快运货物列车和摘挂列车输送的货流量）用 $G_{能}$ 表示，货运方向平均每日能够开行的普货列车行车量为 $n_{货能}$，现有平图能力为 $N_{平}$，则由式（5-3）可反推出

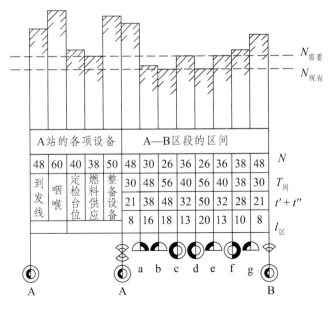

A站的各项设备					A—B区段的区间								
48	60	40	38	50	48	30	26	36	26	36	38	48	N
到发线	咽喉	定检台位	燃料供应	整备设备	30	48	56	40	56	40	38	30	$T_{周}$
					21	38	48	32	50	32	28	21	$t'+t''$
					8	16	18	13	20	13	10	8	$l_{区}$

图 5-1　能力比较图

$$n_{货能} = \frac{N_{平}}{1+\gamma_{备}} - (\varepsilon_{客}n_{客} + \varepsilon_{摘挂}n_{摘挂} + \varepsilon_{快货}n_{快货}) \quad (5\text{-}4)$$

再由式（5-2）反推出

$$G_{能} = \frac{365n_{货能}Q_{总}\varphi}{K_{波}} \quad (5\text{-}5)$$

通过能力比较法和输送能力比较法分别从不同的角度来考察能力加强的必要性：前者着眼于行车量，后者着眼于货流量，即分别从通过能力和输送能力的不同侧面反映现有能力与需要能力的差距。应当说，两种方法都可以使用。一般说来，考察既有线是否需要进行技术改造及预计采取措施后所能实现的货流量，多用输送能力比较法，而在新线设计时，多用通过能力比较法。

二、提高铁路通过能力的途径和措施

铁路线路货运方向一年所能实现的输送能力。可按式（5-5）确定。

在旅客列车快运货物列车、摘挂列车已确定的条件下，提高既有铁路的运输能力的途径主要有以下三种：

1. 提高列车质量，即提高 $G_{能}$ 及 φ 的数值，措施主要有：

（1）调整机型，使用大功率机车；

（2）采用补机推送、实行多机牵引或开行组合列车；

（3）采用大型货车、通过改善车辆构造来增加轴重及每延米平均载重；

（4）延长到发线有效长及降低限制坡度等。

2．增加行车密度，即增大 $n_{货能}$ 的数值，措施主要有：

（1）压缩运行图周期以提高平行运行图的通过能力 N。

主要通过以下方式来实现：① 提高列车运行速度（如提高线路质量，消灭限速慢行处所等）；② 缩短限制区间长度（如增设会让站、线路所，在限制区间修建双线插入段或部分区间修建双线，全区段复线改造等）；③ 减少车站间隔时间（如采用先进的信号、联锁、闭塞设备等）；④ 采用特殊类型运行图；⑤ 双线自动闭塞区段缩小追踪列车间隔时间等。

（2）减少扣除系数 ε。

主要是通过改进列车运行图铺画方法来达到减少扣除系数 ε 的目的。

3．同时提高列车质量和增加行车密度。

属于这类措施的主要是电化改造，采用电力牵引。

各国铁路根据本国国情、路情的特点，在提高运输能力方面采取的办法不尽相同。以客运为主的西欧各国和日本，采取的是低质量、高密度的运输组织模式。美国与之相反，着重提高列车质量和发展直达运输，但列车密度却很低。俄罗斯客、货运量都很大，故采取列车质量和密度并重的方针。我国铁路与俄罗斯有许多相似之处，但运输密度更高，铁路负荷已是世界最重的。为了改善铁路运输的不适应状况，一方面大力加强新线建设增加营业里程，另一方面加强既有线改造提高旧线运输能力。在扩能方面，我国铁路注重列车质量、密度、速度的优化组配，提出"旅客运输高速化、快速化，货物运输重载化、快捷化"的技术政策，并对列车速度、行车密度和列车质量做出了详细规定，以获得更好的经济效益与社会效益。

依照投资数量及实施期限，加强运输能力的各项措施可划分为技术组织措施和改建措施两大类。

凡是不需任何投资或只需少量投资在很短时期内就能使通过能力达到需要水平的加强措施，均属技术组织措施。例如：利用动能闯坡，组织超轴牵引，组织空重混编列车充分利用到发线长度，开展巧装满载以提高货车载重力利用程度，采用补机推送或多机牵引，以及开行组合列车来增加列车质量；通过改进接发车作业组织缩短列车间隔时间，采用不成对及部分追踪运行图增加单线区段通过能力，改善运行图结构以缩减扣除系数，以及采取反向行车、开行续行列车等临时性措施来增加行车密度等等。

凡是需要大量投资通过改建或新建铁路技术设备来加强铁路通过能力的措施，均属于改建措施。例如：改用内燃牵引或电力牵引，延长到发线有效长，增设车站或扩建站场，采用大型货车，加强线路强度和改善线路平纵断面，增设二线，采用先进的信号、联锁、闭塞设备等。改建措施一般都有大量的配套工程和需要较长的施工期限。

在解决加强运输能力问题时，应首先考虑采用技术组织措施，大力挖掘现有设备及运输组织工作中的潜力；当采用技术组织措施以后仍不能使通过能力提高到所需要的水平时，再考虑采用技术改造措施。但是，随着国民经济的进一步发展，铁路也必须有计划地对现有技术设备逐步进行技术改造，不断地以现代化的、能取得高效益的先进技术装备铁路，以增强铁路的运输能力并建立必要的储备，更好地适应国民经济对铁路运输日益增长的需要。

三、选择运输能力加强措施的原则

提高铁路运输能力的措施是多种多样的，从中选择最有效的加强措施是一件十分重要而又比较复杂的工作。因为在选择加强通过能力的措施时，需要考虑和研究一系列因素。

（1）必须以《铁路主要技术政策》为指导。《铁路主要技术政策》提出了铁路技术发展的总原则和总目标，就铁路技术的若干重大问题规定了政策方针和各种量的标准，是铁路技术发展的纲要文件，无论是新线建设还是旧线改造，都必须严格遵守。

（2）全面了解拟扩能的线路（区段）在路网中的地位和作用，掌握该地区的生产力发展趋势及客货流量增长情况，根据需要确定恰当的扩能方案，既要留有一定的余地，又要避免能力虚糜浪费。

（3）该方向和区段现有技术设备的状况和特点。

（4）国家生产力发展远景（决定采用何种新技术及取得某种能源和某些必要物资的实际可能性）。

（5）货流和客流的增长速度。

（6）为节约国家投资而采取分阶段加强通过能力每一步骤应与整个方向采取的加强措施相配合，尽量保证该方向技术标准和列车牵引质量的统一，并减少不必要的废弃工程。

（7）讲求经济效益和社会效益。在决定实施一项技术改造措施之前，应进行项目的经济评价，比较所需要的投入（基建投资费、设备购置费等）和所产生的收益（运营支出的节省、运输收入的增加等），看看究竟是否值得投资，投资以后多少年可以得到偿还。如果存在几种可行的方案，则选择一项经济效益最佳的扩能方案。

总之，加强铁路运输能力是一项系统工程，应当按照系统思想，统筹全局，着眼长远，追求整体优化，讲求综合效益，并采用定性与定量相结合的方法来进行权衡决策。

由于客货运量的增长态势一般是连续型的，而铁路运输能力水平的提高一般是离散型的（跳跃式增长），因而，分阶段实施能力加强通过能力的措施将是最有效的。为此，应根据运量增长情况及远期所需达到的最终目标，从各种技术上可能的加强措施中按实施顺序选择几种措施组合为一个运输能力发展的总体方案，并就几个可能的总体方案中评选出最合理的方案。

为便于寻求能适应运量增长需要的各种可能的加强方案，最简便的办法就是根据运量逐年增长情况和采取各种加强措施所能实现的运输能力绘制运量适应图（见图 5-2）。借助运量适应图，可以根据远期运量增长趋势，选择若干个可能的加强通过能力的总体规划方案，并可确定某一个措施的设备能力已经全部利用（只留有必要后备）而必需过渡到另一个加强措施的最迟期限。

图中每种措施所能实现的运量都是逐年下降的，这是因为旅客列车的开行对数逐年增加的缘故。为了求得较高的经济效益和保证行车安全，在设备能力尚未全部用完之前，也可提前过渡到另一较完善的加强措施。

铁路各项技术装备的有关参数是相互关联的。在选择能力加强措施时，特别是涉及提高列车质量与运行速度时，必须注意到设备的配套问题。例如，提高列车牵引质量就要涉及站线有效长度的延长，大型机车车辆的采用，制动技术改进、线路桥梁结构的加强，养路和装卸作业的机械化，通信信号等行车控制设备的现代化等问题。同时，必须使各种设备有关参数间互相匹配，才能取得最佳效果。又如，在单线区段装设自动闭塞以增加行车密度时，就要注意到各站的到发线数量问题，因为，采用部分追踪非平行运行图时，其追踪系数在很大程度上取决于各站的到发线数量。

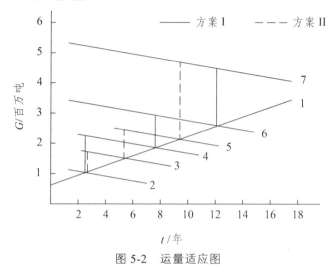

图 5-2　运量适应图

1—需要输送能力；2—现有（单线半自闭）输送能力；3—增设会让站；4—双线插入段；
5—单线自闭部分追踪；6—双线半自动闭塞；7—双线自闭电力牵引

为了避免车站、机务、给水、供电等设备的能力与区间通过能力不相协调，在加强区间通过能力时，必须考虑其他设备的现状，找出其限制因素和薄弱环节，采取相应的加强措施来提高其通过能力，使之与区间通过能力相适应，以发挥最大的投资效果。

第二节　提高列车质量

一、提高列车质量的效果

提高货物列车质量不仅是增加铁路运输能力最有效的措施之一，而且也是改善铁路工作运营指标和降低运输成本的重要手段。列车质量决定着对铁路技术装备，机车功率、货车构造、站线长度、牵引供电设备，调车工具等的运营要求。因此，规定合理的列车质量，是一个重要而又复杂的技术经济问题，它与铁路运输能力的加强紧密相关，又涉及与铁路运营和发展有关的更加广泛的其他问题。

在货物周转量相同的条件下，提高货物列车质量的效果，表现在下列几个方面：

（1）增加铁路输送能力；

（2）减少了开行的货物列车数，从而减少了在区段内的会让次数，有助于提高货物列车的旅行速度；

（3）减少机车使用台数和能源消耗；

（4）减少车站到发线的需要数量，并可减轻技术站的工作；

（5）降低运输成本。

因此，增加列车质量受到了各个幅员辽阔的资源大国的普遍重视。俄罗斯多年来铁路运输能力的提高，百分之八十是靠增加列车质量取得的。

二、列车质量标准的选择

当线路的平纵断面不改变、货流和车流结构一定时，货物列车牵引质量 $Q_总$ 主要受机车类型（机车牵引力）和站线有效长度的制约，即

$$Q_总 \leqslant \frac{F_K - 10P(W_o' + i_p)}{10(W_o'' + i_p)} \text{（t）} \tag{5-6}$$

$$Q_总 \leqslant P_延(l_{到发} - 2l_机 - l_安) \tag{5-7}$$

$$P_延 = \frac{q_自 + q_载 \gamma_载}{l_车} \tag{5-8}$$

式中　F_K——机车轮周牵引力，kN；

W_o'，W_o''——机车、货车的单位基本阻力，N/kN；

i_p——计算上坡道的坡度，‰；

P——机车的质量，t；

$P_延$——车辆的每延米平均质量，t；

$q_自$——车辆的平均自重，t；

$q_载$——车辆的平均标记载重，t；

$l_机$，$l_车$——机车、车辆的平均长度，m；

$\gamma_载$——车辆的平均载重利用系数；

$l_{到发}$——到发线有效长度，m；

$l_安$——安全距离，m。

一定类型机车的牵引力规定列车质量标准，可以保证机车得到最好的利用，但也可能使到发线长度未能充分利用，还可能因此而增加了行车量；如按站线长度和列车每延米平均质量来确定列车质量标准，可以保证有最小的行车量，但这种列车并不是总能选到最合适的功率的机车来牵引的。如使用显著超出该质量所需功率的机车，即使把多余的牵引力用来提高运行速度，也将是不尽合理的。那么，在给定机型的条件下，如何解决这一问题呢？这就要从理论上加以分析。

当采用成对非追踪平行运行图时，单线区段的区间通过能力为

$$N_货^{最大} = \frac{24}{T_周} = \frac{24}{\frac{2l_限}{v_运} + \sum r} \tag{5-9}$$

式中　$T_周$——运行图周期，h；

$l_限$——限制区间长度，km；

$v_运$——列车在限制区间内的平均运行速度，km/h；

$\sum r$ ——车站间隔时间及起停车附加时分的总和，h。

由于相对于运行图周期而言 $\sum r$ 数值不大，为简化起见，可以忽略不计，于是有

$$N_{货}^{最大} = \frac{12}{l_{限}} \cdot v_{运} \tag{5-10}$$

如货运方向的通过能力以货物吨数表示，则有

$$G_{货}^{最大} = N_{货}^{最大} \cdot Q_{总}\varphi = \frac{12\varphi}{l_{限}} \cdot Q_{总} v_{运} \tag{5-11}$$

如 $\dfrac{12\varphi}{l_{限}}$ 以 A 表示，上式可以写成

$$G_{货}^{最大} = A Q_{总} v_{运} \tag{5-12}$$

$Q_{总} v_{运}$ 称为机车的纯生产率。由上式可见，为使区段通过能力有最大值，必须使列车牵引总重和列车运行速度的乘积达到最大值。为此目的，对如何更合理地利用现有机车的功率进行分析。已知，当机车牵引力得到充分利用时，$Q_{总} = \dfrac{F_K - 10P(W_o' + i_p)}{10(W_o'' + i_p)}$。在等式两边同乘以 $v_{运}$，并简化使 $W_o' \approx W_o'' \approx W_o$，可得

$$Q_{总} v_{运} = \frac{F_K v_{运}}{W_0 + i_p} - P v_{运} \tag{5-13}$$

机车动轮轮周功率 N_K 以下式表示：

$$N_K = \frac{1\,000 F_K v_{运}}{60 \times 60 \times 75} = \frac{F_K v_{运}}{270} \tag{5-14}$$

即 $F_K v_{运} = 270 N_K$，同时记 $W_0 + i_p = W$，代入（5-12）可得

$$G_{货}^{最大} = \frac{270 A N_K}{W} - A P v_{运} \tag{5-15}$$

在内燃牵引条件下，机车功率 N_K 在很大速度变化范围内几乎是常数，随着运行速度的增大，运行阻力 W 值将增大，$G_{货}^{最大}$ 值将会减小。因此，充分利用内燃机车牵引力增加列车质量，可以使区段输送能力有最大值。在电力牵引条件下，电力机车的最大功率只在一定的速度范围内（例如 50 ~ 60 km/h）才能实现，以后如速度再提高，功率就急剧下降，因此，提高列车质量来提高区段输送能力的效果更加显著。

由此可见，在机车类型和站线长度已定的条件下，对所有牵引方式来说，充分利用机车牵引力所能达到的最大货物列车质量也就是最有利的列车质量标准。

如果要求在选择列车质量的同时选定机车类型和站线长度，情况稍有不同。为使问题易于解决可以假定：每吨列车质量所摊到的该种牵引方式单位机车功率固定不变，即所选择的机车牵引力将随列车质量的增加而大致成比例地增加。在此条件下，对各种牵引方式来说，在同一区间内不同质量列车的平均运行速度将大致相同。此时，在双线区段，列车质量的变化将会影响：

（1）货车在编成站的集结停留时间。此项年度支出与列车质量的增加成正比。

（2）与机车乘务组工资有关的支出，此项支出与列车质量的增加成反比。

（3）延长站线、改建机务设备和供电设备的支出。因为只有在车站到发线长度不足时才

需延长站线，只有改用大功率机车后原有机务、供电设备不能适应时才需改建，所以应按具体条件规定。

（4）因进行线路改建工程需在运行图上预留施工"天窗"而使列车延误的费用。此项费用一般在双线区段平行运行图每日行车量超过 70~80 对时方予计算。

这样，双线上最有利的列车质量，应是几种规定的运行速度条件下，年度换算总支出最少的方案。

运量大、运距长、价值低廉的重质货物，如煤炭、矿石等，以较大质量的列车来输送是合理的；而鲜活易腐及价值昂贵的日用百货等，由于加速其送达具有重要国民经济意义，不满轴运行的损失，完全可以得到补偿，因而对快运货物列车通常规定较低的质量标准和较高的行车速度。

另外，对于单线区段，提高列车质量还会减少交会时的停站次数和停站时间。此外，提高列车质量还可能因推迟加强线路能力而得到额外的节省。将列车质量增加到站线现有长度所容许的数值，开始时可导致换算总费用的减少，之后，当进一步提高列车质量必须将站线延至规定长度等级时，换算总费用开始增长。换算总费用最小的方案即表明最有利列车质量和最佳站线长度相互匹配。计算表明，最有利的站线长度为 850~1 050 m。与此长度相对应的最优列车质量标准随货流量大小和车辆每延米平均质量而变化，当每延米质量达到 4.6~5.8 t 时，约为 3500~5 500 t；随大型车比重的增大及专用车的采用，当每延米质量达到 6~8 t 时，列车质量可达 4 500~7 500 t。在大多数情况下，提高列车质量同时延长站线和加强牵引力应是加强单线铁路通过能力最初阶段应采取的措施。只有当现有站线有效长度已是 850~1 050 m，而货流又足够大时，才采用部分区间双线或修建双线的加强措施。

三、划一质量标准和差别质量标准

通常，一个铁路线路方向上的各区段，由于纵断面条件和技术装备的不同，其最有利的列车质量也就不同，有时可能差别很大。如果各个区段分别规定各自的列车质量标准，那么，跨越几个区段的直达、直通列车，势必在各区段的交界——区段站或编组站上，需经常变更质量，进行增减轴作业。这样，不仅给变重站的工作带来很多不便（特别是纵列式编组站），而且要因此而增加车站设备改扩建的投资。与此同时，按区段制确定列车质量标准配备机型，还会妨碍机车交路的延长，导致机车生产率降低。因此，在直通货流很大的方向上，应实行统一的列车质量标准。

划一方向上各区段的货物列车质量标准可以消灭直达直通列车在技术站摘挂车组的额外调车工作，缩短货车集结和待发时间，是加速货车周转、降低运输成本的重要措施。在大多数情况下，划一列车质量标准，不仅有利于提高车站的通过能力和改编能力，还可通过提高列车质量增加区间通过能力。

划一质量标准是要规定一个全线统一的最有利质量标准，以便最好地利用牵引机车、车站到发线长度和线路通过能力。方向上可能有的列车质量标准及机车运用方案取决于：

（1）具有不同纵断面条件及车站到发线有效长度的区段数目；

（2）各区段列车流构成的复杂程度；

（3）机车类型及其用于全部双机牵引或部分双机牵引时的可能组合；

（4）机车交路可能的组合。

这些因素与列车质量标准之间关系复杂，因此只能根据具体情况，就几个可行方案进行简单的技术经济比较来规定方向上各区段的列车质量标准和机车运用的总体方案。为醒目起见，一般应绘制区段吨公里图（见图 5-3）及区间吨公里图（见图 5-4）。由图 5-3 可知，在 A—E 方向上 A—B 及 C—D 区段的列车质量标准为 2 700 t，B—C 区段为 2 600 t，D—E 区段为 2 100 t。将方向的列车质量标准统一规定为 2 100 t，显然是不合理的。研究 D—E 区段的区间吨公里图（图 5-4）得知，该区段绝大部分区间的列车牵引质量都在 2 700 t 以上，只是个别区间的牵引定数为 2 100 t。这样，将 A—E 方向下行货物列车质量标准初步定为 2 700 t 的方案是可行的。在此前提下，应进一步研究将 B—C 及 D—E 区段的列车质量提高到 2 700 t 的具体措施。如采取适当的加强措施后，方向上的列车质量标准可以统一为 2 700 t，且通过能力也能满足运营的需要，这一标准就可确定下来。否则，尚须研究另外的可行方案。

为实现划一质量标准，常常需要在限制区段采取某些提高列车重量的技术组织措施，甚至改建措施，其中主要有：

（1）利用动能闯坡，组织超轴牵引；

（2）在限制列车质量的区间采用补机；

（3）在限制列车质量的区段采用多机牵引；

（4）在限制列车质量的区段采用大功率机车等。

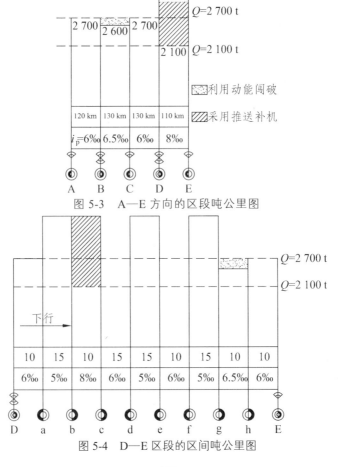

图 5-3　A—E 方向的区段吨公里图

图 5-4　D—E 区段的区间吨公里图

这些措施有时还需结合起来使用，现分述于下。

1．利用动能闯坡

货物列车牵引质量标准，是按牵引区段内的计算坡度或限制坡度确定的。列车的实际质量超过了牵引质量标准即称为超重列车或超轴列车。

在考虑利用列车动能闯坡时，应通过牵引计算加以检验。

为了更充分地利用动能，需要采取一些技术组织措施，例如取消上坡道前的线路慢行和桥梁限速，在运行图上规定列车进入困难坡道所在区间之前不停车通过车站等。这样，利用动能闯坡，将会与施工慢行发生矛盾。同时，当行车量较大时，还会给日常列车运行调整工作造成困难。有时，提高质量将导致降低运行速度，从而使以列车对数表示的通过能力可能会有所减少。这些都是采用这一措施时应该注意到的。此外，动能闯坡的运营可靠性和安全性都较差。所以这种方法只宜作为提高列车质量的一种过渡措施或辅助措施。

2．采用补机推送

采用补机推送是提高列车质量和划一整个方向列车质量标准的有效措施之一。如图 5-4 所示，若在 b—c 区间采用补机，则可将 D—E 区段的列车质量标准由 2 100 t 提高到 2 700 t，并且在 b—c 区间还可利用多余的牵引力来提高列车运行速度。

在地形变化较大的铁路线上，如陡坡地段长而集中，全线牵引质量受此陡坡地段限制，则在此地段采用补机推送，不仅可以提高全线列车牵引质量从而提高运输能力，而且由于减少了全线各区段的行车量，一般还可节省运用机车台数，减少燃料消耗和乘务组定员。因此，在这些路段采用补机推送来加强通过能力常常是一种经济有效的措施。

但是，采用补机来加强通过能力时，由于补机的换挂和折返，对区间通过能力也有不利影响。补机可以在全区间（或连续几个区间）或在区间内的一个地段上采用。在全区间使用补机时，补机正常挂于本务机车前位，并于区间端点站附挂反向列车折返，以减少单独放行补机对区间通过能力的影响，但上下行列车在区间两端站均须停车。补机在区间的一个地段推送，可挂于列车尾部，并根据需要在前方站摘下；也可不接风管于途中提钩折返。从区间内折返时，如补机往返运行时分小于被推送的列车的区间运行时分时，对通过能力一般没有影响，否则，将有不利影响。使用补机时，区间通过能力 $N_补$ 可按式（5-16）计算（不考虑 $T_固$ 及 $d_{有效}$ ）

$$N_补 = \frac{1\,440}{T_补} \tag{5-16}$$

式中　$T_补$——使用补机区间的运行图周期（分），其数值根据具体情况确定。

（1）单线半自闭区间。

当补机随反方向列车自车站折返时，如图 5-5 所示，

$$T_补 = t' + \tau_补^b + t'' + \tau_补^a + 2t_起 + 2t_停 \tag{5-17}$$

当补机途中单独折返，且 $t_补' + t_补'' \leqslant t'$ 时，如图 5-6（a）所示，

$$T_补 = t' + \tau^b + t'' + \tau_补^a + 2t_起 \tag{5-18}$$

当补机自途中单独折返，且 $t_补' + t_补'' > t'$ 时，如图 5-6（b）所示，

$$T_\text{补} = t'_\text{补} + t''_\text{补} + \tau_\text{连} + t'' + \tau^\text{a}_\text{补} + 2t_\text{起} \qquad (5\text{-}19)$$

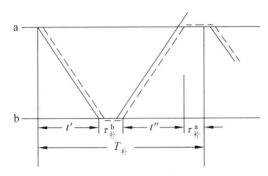

图 5-5　全区间使用补机的运行图周期

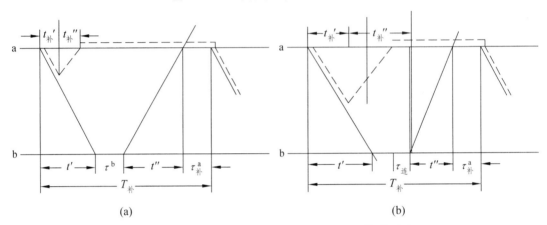

图 5-6　单线区间补机中途折返对运行图周期的影响

（2）双线半自闭区间。

补机自途中单独折返，且 $\tau_\text{连} + t' - (t'_\text{补} + t''_\text{补}) \geqslant \tau^\text{a}_\text{补}$ 时，如图 5-7（a）所示，

$$T_\text{补} = t' + \tau_\text{连} \qquad (5\text{-}20)$$

当 $\tau_\text{连} + t' - (t'_\text{补} + t''_\text{补}) < \tau^\text{a}_\text{补}$ 时，如图 5-7（b）所示，

$$T_\text{补} = t'_\text{补} + t''_\text{补} + \tau^\text{a}_\text{补} \qquad (5\text{-}21)$$

式中　$\tau^\text{a}_\text{补}$，$\tau^\text{b}_\text{补}$——列车在 a、b 站附挂补机作业时间（当 $\tau_\text{补} > \tau_\text{站}$ 时取 $\tau_\text{补}$ 值，否则按 $\tau_\text{站}$ 取值），min；

　　　　$t'_\text{补}$，$t''_\text{补}$——补机于配属站至途中折返点间的往返运行时分，min；

　　　　$\tau_\text{连}$——连发间隔时间，min。

列车质量提高得越多而补机站设置点越少，采用补机的效果越大。在单线采用补机的效果还与货流量有关，并随货流量的增长而增大。

在一个区段内设置推送补机的区间数，不宜超过区间总数的 20%。当区间通过能力利用程度比较紧张时，采用补机推送尚应考虑补机运用组织工作的复杂性，如组织不当，可能要产生列车等补机的额外停留，甚至造成区间阻塞。为减少各种不良影响，可在补机站设置机待线，在补机折返点设线路所，并增加补机使用台数。当限制列车质量的陡坡区间比较集中时，采用补机推送一般是有利的。但当一个区段内的陡坡区间较多且较分散时，使用补机需要多次换挂，列车运行组织工作非常复杂，应在全区段采用双机牵引。

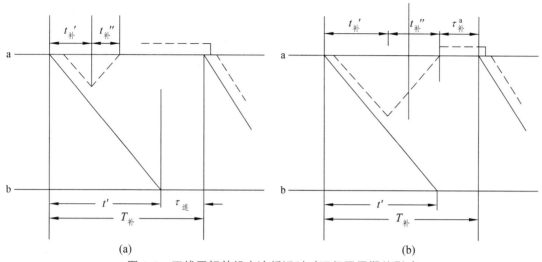

图 5-7　双线区间补机中途折返时对运行图周期的影响

3. 采用多机牵引

多机牵引在电气化铁道及内燃牵引的铁路线上采用较为广泛，通常在陡坡区间分散不宜采用补机推送的地段或全区段采用，以达到划一列车质量标准的目的。

全区段采用双机牵引，如列车质量受到发线长度限制不能成倍增大时，多余的牵引力可用于提高列车运行速度。但是，当方向上货流结构很复杂，有的列车需要双机牵引，有的列车只需单机牵引，列车的质量与运行速度都不同时，如果采用非平行运行图，会使行车组织工作大大复杂化。因此，通常所有普通货物列车运行线都应以单机牵引的列车为标准来确定，即单机牵引和双机牵引的列车运行线不固定使用。

在个别情况下，因某种原因不得不推迟繁忙线路能力加强的基建投资时，采用多机牵引方案作为过渡措施也是很有效的。特别是在单线区段，由于会车次数将随行车量的减少而降低，部分列车实行双机牵引可以取得更好的效果。

4. 采用大功率机车

更换机型，从现有机车中选用功率较大的机车，既能增加列车质量以达到整个方向划一列车质量标准的目的，又可提高列车运行速度，缩短限制区间的运行图周期，从而提高铁路线的通过能力。

采用大功率机车的效果和采用双机牵引相比，除能达到同样目的外，还可获得节省机车台数和机车乘务组需要数的效果。

例：某单线铁路连接矿山与钢厂，采用蒸汽机车牵引，牵引定数 $Q=1\,800$ t，上行重车方向限制坡度 $i_x=8.5‰$，限制区间运行图周期 $T_周=36\ \text{min}$，车站到发线有效长 $L_效=550$ m。开行 2 对旅客列车，1 对摘挂列车，其余全是固定编组循环使用的矿石列车，车辆标记载重 60 t，自重 21 t，换长 1.2。

按已知条件计算现有矿石输送能力如下：

$$N_{平} = 1\,440 / 36 = 40 \text{（对）}$$

取 $\varepsilon_{客} = 1.3$，$\varepsilon_{摘} = 1.4$，得

$$n_{普货} = \frac{40}{1.2} - (1.3 \times 2 + 1.4 \times 1) = 29 \text{（对）}$$

这便是一昼夜矿石列车行车量（下行为整列空车返回）。重车方向按车辆满载计算，得 $\varphi = 60/81 = 0.74$，又取 $k_{波} = 1.1$，于是现有矿石运能为

$$G_{能} = \frac{365 \times 29 \times 1\,800 \times 0.74}{1.1} = 1\,280 \text{（万吨/年）}$$

由于钢厂生产规模扩大，矿石需求量增加，要求五年后矿石年运量增至 1 900 万吨，与现有能力对比，缺口超过 600 万吨。为弥补能力缺口，拟用东风 4B 型内燃机车代替蒸汽机车，其余条件不变。

先计算由机车牵引能力决定的牵引质量。将东风 4B 型内燃机车牵引计算有关数据代入式（5-6），得

$$Q = \frac{313\,000 - 138 \times (2.94 + 8.5) \times 10}{(1.19 + 8.5) \times 10} = 3\,067 \text{（t）}$$

可取 $Q_{总} = 3\,050$ t，按起动条件和长大下坡道制动条件校验均通过。

再计算由站线有效长决定的牵引质量。因车辆满载，故 $q_{延} = 81/13.2 = 6.1$（t/m），这样

$$Q_{总} = (550 - 60) \times 6.1 = 2\,989 \text{（t）}$$

可取 $Q_{总} = 2\,950$ 吨。可见，车站到发线有效长在这里起限制作用。

经计算，限制区间运行图周期无变化，于是，更换机型后，矿石年输送能力为

$$G'_{能} = \frac{365 \times 29 \times 2\,950 \times 0.74}{1.1} = 2\,100 \text{（万吨）}$$

计算结果表明，现有的站线有效长不变，车辆类型不变，仅由蒸汽牵引改为内燃牵引，即可满足五年后矿石运量增长的需要。

5．差别质量标准

划一列车质量标准应就铁路网的某一地区或方向进行综合部署。除划一质量标准外，有时还采用以下几种质量标准：

（1）区间差别质量标准。主要是摘挂列车采用，其特点是对每一区间按其平纵断面情况分别规定不同的重要标准，以求减少摘挂列车开行对数，增加区间通过能力。

（2）区段差别重要标准。未实行划一质量标准，或只对某些直达列车实行划一质量标准时，各区段按本区段的具体条件规定各自的列车质量标准。如该区段采用两种以上机型时（动力改革阶段的常有现象），应对不同的机型按不同组织方式、不同性质列车分别规定质量标准，以求更好地利用机车牵引力。

（3）平行质量标准。当铁路干线和支线的列车质量标准不同时，通常应规定直通或直达列车在干支线衔接站进行增减轴作业。这样，在变重站就要对补轴车组进行摘挂和解编作业，如无适当车流补轴，还要将部分直达列车提前解体以供补轴之用，大大降低了直达运输的效

果。为避免由于变更列车质量而导致的上述损失，当欠轴运行距离不长或其运行方向恰有单机运行时，则可规定由支线开来低于干线划一质量标准的列车（主要是始发直达列车）不在干支线衔接站增重，仍以原编组质量在干线上继续运行，这种列车质量标准即称为平行质量标准（不按欠轴统计）。

划一列车质量标准给运营工作带来极大方便，但是，如不突破到发线有效长度牵引方式和机型的限制，在通过增加列车质量以提高铁路运输能力方面所能发挥的作用将是很有限的。为此，进一步增加列车质量就必须对铁路的技术装备，特别是牵引动力进行现代化技术改造。

四、牵引动力现代化

牵引动力现代化的主要标志为发展电力牵引。通过牵引动力改革、依靠科技进步来大幅度增加铁路运输能力，是提高运输效率和经济效益的最佳策略。这一点已被很多国家的铁路所证实。

内燃机车的主要缺点：

（1）内燃机车构造复杂，尤其是电传动内燃机车需要装备大功率柴油机、交流发电机、硅整流器、直流牵引电动机等，单位功率的造价比电力机车高。同时，维修技术要求高，维修费用高，使用寿命短（约20年），折旧成本高。因此，单位成本高于电力牵引。

（2）需要价值较高的液体燃料，对大气的污染也比较严重。根据国家石油资源、生产供应、铁路对柴油价格的承受能力等方面来看，内燃牵引的发展应适当控制。

在电力牵引因受财力、物力、机车生产、电力供应等条件的制约，一时不能大幅度上马的情况下，作为应急措施，可以采用内燃牵引进行电化前的过渡。电气化铁路的摘挂列车、枢纽内的调小机车因须去专用线进行取送车辆的调车作业，也应采用内燃牵引。对于运量不大的边远地区，以及工矿企业内部专用线也以采用内燃牵引为宜。

铁路电气化改造，是提高铁路运输能力的最有效方法之一。电力牵引的主要优点在于：

（1）电力机车牵引力大、速度高，并可缩短机车在技术站的技术作业时间。

（2）节约能源有助于解决能源危机对铁路发展的影响。

（3）改善乘务组劳动条件和增进行车安全。电力牵引没有空气污染问题，特别是当列车通过长隧道时，使乘务人员免除了被有害气体的侵害，保证了乘务人员的人身安全。电力机车可以多节重联，集中操纵，驾驶室宽大、明亮，操纵台整洁、舒适，无须投煤、上水、加油，大大改善了乘务员的劳动条件。

（4）受气候条件影响小，整备简单，几乎经常处于整备妥当状态，运用可靠性高。

采用电力牵引也有一定的缺点，主要是各项设备如牵引变电所、高压线、接触网、分区亭等区间设备，以及电力机务段必须同步建成，才能开通使用；必须准备足够的电力机车，供电设备才能得到充分利用。而且，铁路电化之后，有些技术改造项目就不宜再进行，该铁路线路今后所须进行的技术改造项目，例如，延长站线，加强线路上部建筑和改善平纵断面所采取的更换重轨、加大桥隧限界、更换道砟、轨枕、道岔、加大曲线半径等，应在电化之前或与电化结合起来进行。因此，一次投资额往往非常巨大，工期也较长，并且不易在较短时间内见到效果。

五、发展大型货车

列车质量是由铁路固定设备的质量（线路平纵断面、结构强度、站线有效长等），移动设备的数量和质量（机车的功率、制动力、货车每延米质量、车钩强度、制动系统的功率等），以及运输组织方式等多种因素综合确定的。在线路平纵断面确定不变的前提下，机车功率配备、站线有效长度和货车每延米平均质量三者互相匹配才能求得最佳列车质量标准。为此，在解决牵引动力现代化问题的同时，还必须致力于其主要配套措施——逐步提高货车每延米平均质量问题的解决。

通过增加货车每延米平均质量、充分发挥到发线有效长度来增加列车质量、扩大运输能力的主要措施是发展大型货车。货车大型化是世界各国铁路发展的共同趋势，发展大型货车，逐步提高车辆平均标记载质量和货车载重利用系数是全面提高货物列车质量的必要条件。

发展大型货车的可行办法可有两种，一是增加轴数，二是增加轴重。在我国既有线上比较理想和可行的是采取第二种方法。列车长重化，货车大型化要求转向架、制动、车钩、缓冲装置更新换代。大型货车必须装备：大吨位的转向架、高强度车钩和缓冲装置、性能好的制动装置、阻力小的滚动轴承。

改善货车载重力利用也是增加货车每延米平均质量的一个重要方面。改善货车载重力利用的主要措施为改进货物包装和装载技术以求达到紧密、满载，使用敞、平车装载轻质货物时要充分利用限界空间等。

列车长重化、货车大型化、客运高速化、行车紧密化的发展，将使通过线路的总重密度逐年上升，作用于轨道的纵向、横向、竖向力破坏效应显著增加。这势必加剧轨道结构的纵、横、竖向残余变形的积累和轨道部件的疲劳损伤，加速钢轨的磨耗，特别是加剧对轨道的横向破坏。因此，强化轨道结构应是大幅度增加列车质量、提高运行速度和保证行车安全的重要条件。

为了进一步提高货物列车质量标准，还应将主要干线和煤运通道的站线有效长进行延长。但是，延长股道属于站场改造综合性工程，拆迁工程量大，施工困难多，如果大规模普遍延长，投资数额相当大。因此，延长站线有效长应根据需要和可能有步骤地分批进行。在此期间，提高列车质量、加大行车密度以扩大运输能力主要通过优化运输组织来实现。组织多种方式的重载列车就是解决这一问题的有效途径。

六、发展重载运输

近年来，随着世界科学技术的飞跃发展，一些发达国家的铁路在技术改造和技术进步方面也取得了显著的成效，特别是重载技术的突破，推动了重载运输的迅猛发展。它的兴起，又促进了科技进步和运输组织改革，为提高铁路运输能力、降低运输成本、增进铁路经营效益开辟了一条新的途径，已成为铁路现代化的发展趋势。

各国铁路因为运营条件不同，对于组织重载运输所采取的形式和方法也不完全相同，可归纳为三种基本类型。

（1）单元式重载列车——固定发、到站，固定运行线，固定机车车辆，运输单一品种货物，在装车地和卸车地之间往返循环运行，途中不进行改编、摘挂作业的列车。

（2）整列式重载列车——由大功率机车（单机或多机）牵引，机车挂于列车头部，作业组织方法与普通货物列车一样，只是列车质量和编组辆数有显著增加的列车。

（3）组合式重载列车——将两列及以上的普通货物列车首尾相接连在一起，机车分别挂于列车头部和中部，在运行图上占用一条运行线，运行到前方某站再分解的列车。

目前，各国对于重载运输的概念理解不一，不同的国家和不同时期有不同的标准。一般地说，所谓重载运输，就是用载重量大的货车（轴重 250 kN 以上），编组长而重的列车（8 000 t 以上），来运送大宗货物（年运量 5 000 万吨以上）的一种运输方式。

1. 单元式重载运输组织

北美铁路的单元列车始源于美国，盛行于北美，进而推广到澳大利亚、巴西、南非等国。我国 1990 年代初期在大秦线上正式开行。这种列车的主要优点是：

（1）运输能力大——一列重载单元列车总重往往超过万吨，按单列载重 7 000～10 000 t 计算，列车年输送能力可达 250～360 万吨，一条单线重载铁路每天开行 20 列这样的列车，线路输送能力即达 5 000～7 000 万吨，相当于开行普通列车的双线能力。

（2）运输成本低——列车质量大，机车牵引力和车辆载重力利用程度高，列车周转快，机车车辆运用效率高，可减少机车车辆需要数，节省运营费用，降低运输成本。

（3）运输组织佳——重载单元列车的开行，需要产运销多方密切配合，需要对运输全过程做出统筹安排。列车按时刻表准时运行和到发，日常行车组织工作大为简化。

（4）社会效益好——加速货物送达，减少在途货物流动资金，节省存储费用，发、收货人可从中直接受益。

在运输组织上，北美铁路对单元列车采取以下措施来加速列车周转和提高列车载重：

（1）在装车地、大型矿点铺设环行线，进行不停车装车；

（2）采用大型专用货车和机车固定编组专列；

（3）实行多机牵引，加大每个列车的质量；

（4）列车在运行途中，严格按事先精密规定的行车时刻表和列车最优周转方案行车；

（5）在卸车地，如港口、电厂、钢厂等，一般都设有环形或贯通式线路，以及相应的地面设施，保证卸车效率。就煤炭和矿石而言，主要有自动启闭的无盖底开门漏斗车和翻车机两种形式。

上述运输组织方法是建立在货源货流的稳定集中，产运销三方的协同配合，以及铁路技术装备重型化的基础上的，也就是：

（1）要有稳定集中的货源货流，这是长期均衡地组织重载单元列车循环运行的基本条件；

（2）要求产运销相互协调一致，保证装、运、卸各个环节的能力能够相互适应配合；

（3）要求铁路技术装备的重型化，以便尽可能地提高列车的载重。

应该指出，北美铁路网分布较密，铁路线纵横交错，通过能力利用率较低。因此，他们发展重载运输的出发点，主要不是扩大输送能力，而是降低运输成本。但是，澳大利亚、巴西、南非等国铁路引进北美重载单元列车的技术和经验时，则主要注重于提高线路通过能力问题。

单元式重载列车虽然有许多优点，但它的开行条件却十分"苛刻"，除了对机车、车辆、线路、站场、信联闭合调度指挥系统等技术设备和装卸设备有很高的要求外，货流条件也很严格，即要求货源充足、品类单一、货主单一、发到站统一、便于整列装卸等。适合此条件的货物主要是煤炭、矿石、矿建、粮食等大宗散装货物，适合此条件的发、收货单位主要是大型矿区、大型港口、大型电厂、大型冶金企业、大型仓储基地等。由于这些要求，单元式重载列车事实上已基本成为专用列车，单元重载铁路也差不多成为专用铁道。也正因为如此，此种重载列车的局限性较大，适用性不强。

2．整列重载列车

整列式重载列车源于苏联，过去被称为超重超长列车。这种列车对货流没有什么特殊要求，其行车组织方法也与普通货物列车基本相同。如在车流组织方面：既可以组织装车站至卸车站的始发直达列车，也可以组织技术站至技术站的技术直达列车；既可以组织方向上跨区段的长距离重载列车，也可以按区段组织，不强求方向上统一牵引质量。在列车运行组织方面，只要车站到发线有效长能与之适应，列车的会车和越行完全与普通列车一样处理，不存在对能力的扣除。在车站作业组织方面，到、解、编、发、取、送、机车换挂等作业均与普通列车相同。因此，整列式重载列车适用范围更广。

3．组合式重载列车

组合式重载列车源于 20 世纪 60 年代的苏联，是由日常调度指挥中的"组织列车合并运行"逐步演变而形成的。列车临时性的由两列或三列合为一列，使用一条运行线运行。这是当线路进行技术改造或大中修施工运行图上开"天窗"时，用来加速放行积压列车、疏通区间阻塞而采取的措施。列车的合并无须改变编成，合并列车通过某区间后即可拆解为原来的列车。由于受车站到发线数量和长度的限制，合并列车常要通过几个区间，在大的中间站或区段站进行合并或拆解。

后来在货运量较大的铁路线上把合并列车也作为解决运输能力不足的经常性措施，由于行车安全关系，一般采取两列合一列的方式，并按区段进行组织。在始发站，以本站编成的普通列车或由相邻区段接入的中转列车组合成双联列车直接驶往指定到达站。在到达站再将此列车拆解为两列原普通列车，或按常规进行改编作业，或在进行无调中转技术作业之后继续运行。两个列车的合并联挂须按调度命令进行，联挂作业时间一般为 10～15 min，拆解作业时间一般为 6～7 min。当联挂作业是在"天窗"时间影响区内进行时，即使占用区间也不致影响通过能力，但作为经常性的加强通过能力措施使用时，就应考虑这一因素。在半自闭区段，为了保持最大的区间通过能力，这些作业应在运行图周期最小的区间进行。最好是能满足：

$$T_{周}^{分合} + t_{分合} \leqslant T_{周}^{限} \tag{5-22}$$

式中 $T_{周}^{限}$ ——限制区间的运行图周期；

$T_{周}^{分合}$ ——组合列车分开或合并所占用区间的运行图周期；

$t_{分合}$ ——组合列车分开或合并的作业附加时间。

如不能遵守上述条件，就应将技术站的到发线向区间适当延长。当开行的旅客快车和组合列车对数不多时，通常可不设组合列车会让站，利用旅客快车间的无越行区放行同方向的组合列车，使之不停车地通过整个区段。

为保证组合列车有最好的运行条件，一般在铺画完旅客列车之后，随即铺画组合列车运行线。因放行组合列车占用区间的时间一般要大于普通货物列车占用区间的时间，所以还应考虑组合列车扣除系数 $\varepsilon_{组}$ 对通过能力的影响。对于双联列车，如 $\varepsilon_{组} \geq 2$，开行这种组合列车肯定是得不偿失的。一般情况下，$\varepsilon_{组} = 1.1 \sim 1.4$。当区段内运行的旅客列车对数较多时，无越行区的数量与范围将显著减小，若须开行的组合列车较多，就需要延长区段内个别中间站的部分到发线，以供组合列车待避和会让。从运营观点来看，需要通过能力 $n_{货需}$ 大于非平行运行图能力时，才有必要开行组合列车，此时应有

$$n_{货需} = 2n_{组} + n_{普} \tag{5-23}$$

另一方面，如不采取其他增加列车密度的措施，则开行组合列车后的区间通过能力 $n_{货能}$ 为

$$n_{货能} = \varepsilon_{组} n_{组} + n_{普} \tag{5-24}$$

则有

$$n_{组} = \frac{n_{货需} - n_{货能}}{2 - \varepsilon_{组}} \tag{5-25}$$

对于区段内需要设置的组合列车会让站数量，需根据组合列车在区间的交会和待避次数进行估算。

当区段内运行的旅客快车对数较多时，适于放行组合列车的运行线数因受各种因素的限制而不会很多，一般单线不超过 12 对，双线不超过 20 对，运输能力可增加 30% ~ 40%。但是，这一潜力的充分发挥，还有赖于加强车站的日常计划与指挥工作。组合列车应按专门指定的运行线运行，在指定的地点会让，不宜使用普通货物列车的运行线放行，而普通货物列车可以利用组合列车运行线运行。这样，组织组合列车必须注意以下问题：

（1）要有合适的列流来源，它们可以是自编列车，也可以是中转列车，但要符合编开组合列车的条件，因而对中转列车要检查其编组确报的内容，对自编列车要控制车辆的集结，注意车辆编挂顺序要求，有计划地安排到解列车的解体顺序和自编列车与中转列车的协调配合。

（2）编开组合列车的目的在于增加区段总的输送能力，如组合运行线前有空闲运行线可以利用时，可开两列单编列车，而不开组合列车，以增加运行调整的灵活性。

（3）加强计划性，防止出现有线无流，有流无线，以及有流有线而货车停留时间过长等情况，保证组合列车的开行效益。组合列车的开行数量以满足实际需要为度，并非开行得越多越好。

因此，大力提高列车质量，发展重载运输，应根据各条线路的不同运营特点，采取不同的模式。

4．开行重载列车的要求

开行重载列车可以大幅度、大范围地提高列车质量，但它也对技术设备提出了更高的要求，主要有如下几个方面：

（1）以大功率电力或内燃机车作为牵引动力，当列车质量超过万吨时，多采用双机或多

机牵引，机车分别配置，配置在列车不同位置，采用同步操纵，以减少列车纵向冲击力和防止断钩。

（2）采用载重量大、自重轻、强度高的大型四轴货车。为使重载列车具有良好的运行性能，装用新型空气制动装置，高强度车钩和大容量高性能缓冲器。

（3）延长车站到发线有效长至 1 050 m 及以上（考虑节约投资，可隔站延伸）。

（4）强化重载轨道结构，采用 60 kg/m 以上的重型钢轨，铺设无缝线路，使用可动心轨道岔，轨道材质强韧化。

（5）扩大供电设备规模，如增加变电所数量，增大变压器容量等。

（6）采用调度集中系统。

（7）对于单元式重载列车以及始发直达性质的整列式重载列车，建造高效、快速、适应整列装卸的装卸设施。

综上所述，开展重载运输实际上是一个系统工程，应当从运能运量、货流条件、技术设备、经济效益等多方面综合考虑。

应予指出的是，铁路的货流、车流无论在数量、品类方面或在去向方面都是很复杂的，各发到站的装卸设备差别很大，路网上各铁路线的技术装备也不尽相同。因此，在同一条铁路线上，往往同时需要开行几种形式的重载列车和普通货物列车。在牵引动力配备逐步完善、大型货车逐步发展，以及线路、站场改造分阶段施工的过程中，只有因时制宜、因地制宜、不拘一格、综合采用不同质量级别、不同组织形式的重载列车，才能最大限度地提高列车平均牵引质量，取得最佳经济效益。

第三节　增加行车密度

增加行车密度是提高铁路通过能力的核心环节。增加行车密度投资少、见效快，在客货共线条件下，以及在非常时期，效果特别显著。因此，在研究提高铁路运输能力问题时，一般都把增加行车密度作为优先采用的措施，待密度接近饱和时，再转为以提高列车质量为主的政策。如前所述，增加行车密度的主要途径在于提高货物列车运行速度、缩短列车间隔时间、缩短区间长度、增加区间正线数目等等。

一、缩短列车间隔时间

在站间距不变的条件下，缩短列车间隔时间（包括车站间隔时间及追踪间隔时间），可以减少列车占用区间的时间，从而提高区间通过能力。

缩短车站间隔时间，重点是要缩短办理接发列车作业的时间。根本的解决办法是采用更完善的信号、联锁、闭塞和通信设备。采用先进的信号、联锁、闭塞设备，不仅能缩短车站间隔时间，组织列车追踪运行和实现列车不停车交会，而且可以保证行车安全，改善劳动条件，减少行车工作定员，也是实现铁路现代化、以提高区间和车站通过能力、改善运输工作指标的重要措施。例如，单线铁路以自动闭塞代替半自动闭塞，仅靠缩短车站间隔时间即可增加通过能力 2~3 对列车。

组织列车追踪运行，可以大幅度缩减同方向列车间隔时间，从而可以显著提高区间通过能力。例如，单线自动闭塞区段为采用追踪运行图提供了可能性，通过能力可提高

$$\Delta n = \left[\frac{T}{(1-\gamma_{追})T+2I\gamma_{追}} - 1 \right] \times 100\% \qquad (5-26)$$

若列车追踪间隔时间 $I = 10 \ \text{min}$，追踪运行图周期 T 和追踪系数 $\gamma_{追}$ 在一定范围变化条件下的通过能力增长百分数见表 5-1。

表 5-1　单线区段组织列车追踪运行通过能力增长情况

T/min	36				40			
$\gamma_{追}$	0.15	0.25	0.33	0.5	0.15	0.25	0.33	0.5
Δn /%	7	12	17	28	8	14	20	33
T/min	44				48			
$\gamma_{追}$	0.15	0.25	0.33	0.5	0.15	0.25	0.33	0.5
Δn /%	9	16	22	37	10	17	24	41

但是，随追踪系数的增大，区段内中间站须要增铺的到发线数将急剧增加，且旅行速度较低。研究表明，只有在增铺站线不多，且能在较长时期内推迟第二正线的铺设时，采用这一加强措施才是经济有利的。此时，追踪系数的最佳值，一般为 0.15%~0.33%，通过能力增加 10%~20%。

在装有计轴自动闭塞或半自动闭塞的单线区段，当限制区间内设有线路所时，也可用组织列车追踪（或连发）的方法来加强区间通过能力。如以保证推送补机折返不影响区间能力为目的，通常采用在个别区间单方向追踪（或连发）运行图；如以加强某方向通过能力为目的，通常采用限制区间单方向追踪（或连发）运行图；如区间显著不均等时（个别站间区间内有大桥或长隧），也可在站间区间采用双方向追踪（或连发）运行图。

装有半自动闭塞或计轴自动闭塞的双线区段，为缩短列车间隔时间，可采用在个别区间内增设线路所的措施。双线半自动闭塞区段的平行运行图通过能力，单复线区段也可达到。说明双线区段仍采用半自动闭塞是不合理的现象。如以自动闭塞代替半自动闭塞，平行运行图区间通过能力可提高 1~2 倍，并可在提高旅速、减少列车延误方面获益。

既有双线自闭区段通过调整信号机间距离进一步缩短列车间隔以增加行车密度，运能还可大幅度提高。缩短货物列车追踪间隔时间，可以提高通过能力，但也带来一些不利因素，如旅客列车扣除系数有所增大，列车运行时分偏离对通过能力的影响加剧，以及编组站能力很难适应等等。组织旅客列车连发或追踪运行有助于降低旅客列车扣除系数。但是，这在理论上是正确的，运行图上也可铺画出来，而在实际工作中未必实现得了。这是因为，旅客快车按最小列车距离间隔全程追踪运行的条件是：首先，前后两列车必须完全同步，即两列车的运转时分、起停车附加时分、停车站和停站时分等必须完全一样，否则就要破坏"追踪"，导致产生额外扣除；其次，列车的主要停车站每个方向必须有足够的接车线和站台面，而我

国既有铁路列车运行和大部分客运站场还不具备这样的条件；最后，我国的大客运站一般按方向设置候车室，同方向旅客列车密集发车将加重旅客站舍的负担，而且这样安排同方向客车运行线，对广大中转换乘旅客可能会带来很大不便。基于上述原因，在列车运行图中通常不安排客车在全程上追踪运行，除非同方向开行客车对数很多，才根据具体条件连续追踪铺画部分旅客列车。

通过缩短列车间隔时间来加强铁路通过能力，在个别特殊情况下，例如在战时或需在短时期内完成某项紧急任务时，还可采取各种临时性的措施来实现。

（1）在两条平行线路上组织单方向运行。当需要将大量物资或人员在短时间内集中输送到同一地点时，如有环状径路，可组织在一条线路上运行重列车，另一条线路上运行空列车，并以固定机车固定车底循环运输。这一措施系根据专门的命令实施，一般与开行续行列车措施结合起来使用。

（2）开行续行列车。在未装设自动闭塞的区段，不待前行列车到达邻接车站，即以时间间隔法向区间发出同方向列车，称为"开行续行列车"。为了保证必要的行车安全，一般规定（战时例外）续行列车只宜在昼间天气明朗的时间开行，且后一列车与前一列车的发车间隔时间不得少于规定时间，后行列车的运行速度不得超过前行列车的运行速度，以及其他一系列限制。此时，调度员须发布变更基本闭塞法的命令，两站间应办理电话记录，列车凭路票进入区间。

（3）在区间内设置临时电话所。实质上是将站间区间划分为几个电话闭塞分区，从而可以扩大续行列车开行范围，增加通过能力。当双线区段进行线路施工而组织反向行车时，采用这一方法特别有效。此时，每个临时电话所须配备一名值班员和一名信号员，负责办理行车联络，显示必要的手信号或临时性手动臂板式通过信号。电话所的配置距离根据行车量大小确定，但不得小于列车制动距离。

（4）采用活动闭塞。活动闭塞就是在区间内每隔一定距离指派一名信号员（或士兵），昼间手持信号旗，夜间手持信号灯，面向列车来向显示与自动闭塞相同的信号：列车一过，显示红色信号；当列车通过后方相邻信号员时，显示黄色信号；当后方相邻信号员显示黄色信号时，显示绿色信号。各信号员间如能通过无线电步话机进行联系，此种方法更为可靠。采用活动闭塞时，区段通过能力取决于信号员间的距离，这个距离不应小于一定速度下的制动距离，也不应大于相邻信号员互相识别信号的距离。

如不具备采用活动闭塞法，需按最小列车间隔时间组织运输，可采用成队运行和钟摆式运行的方法。

（5）采用列车成队运行。此时，是将前行列车尾部与后行列车头部之间的间隔缩短到视界距离，其长度约为200 m，并能保证后行列车能在此距离内制动停车。列车成队运行时的速度应严格限制在20 km/h以下，以保证行车安全。

（6）采用钟摆式运行。钟摆式运行就是在一段时间内完全开行上行列车，在另一段时间内完全开行下行列车，依次交替，既能追踪运行，又不必在中间站会车。

钟摆式运行通常与活动闭塞或成队运行结合使用，能大大地提高单线铁路的通过能力，但是，这一措施将延缓机车周转，并要求技术站有较多的到发线，所以这项措施和活动闭塞、成队运行一样，只在特殊情况下采用。

二、缩短区间长度

为了缩短站间区间长度，在单线上可以增设会让站，或向限制区间方向延长站线，此外，在单线和双线上还可以增设线路所。

1．增设会让站

增设会让站可以缩短限制区间长度，缩小运行图周期，从而达到提高区段通过能力的目的。如图 5-8 所示，A—B 区段的区间不均等程度较大，e—f 是限制区间，b—c 是困难区间，在这两个区间各增设一个会让站之后，限制区间转移到 h—i，平图能力 $N_{平}$ 可由 26 对提高到 36 对，提高幅度近 40%，效果是可观的。相反，区间比较均等的区段，不适宜增设会让站。在地形困难的线路上，增设会让站往往要受地形限制，很少能设在理想的位置。即使在地形比较平坦的线路上，增设会让站也要受一些条件的限制，其中主要有：

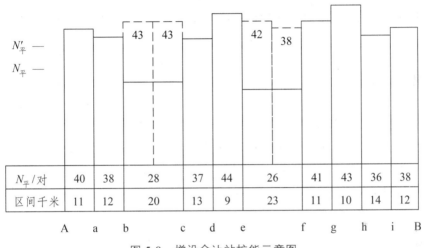

$N_{平}$/对	40	38	28	37	44	26	41	43	36	38
区间千米	11	12	20	13	9	23	11	10	14	12

A　a　　b　　　c　d　　e　　　f　　g　　h　i　B

图 5-8　增设会让站扩能示意图

（1）区间最短长度应能保证办理接发列车作业的必要时间和列车运行的安全，避免降低列车运行速度，产生机外停车事件。图 5-9 是根据这一条件画出的区间最短距离 $L_{区间}^{\min}$ 示意图，计算公式如下：

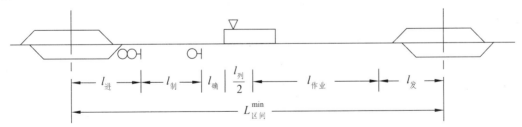

图 5-9　区间最短距离示意图

$$L_{区间}^{\min} = \frac{1000}{60}\left[v_{发}t_{通} + v_{运}(t_{作业} + t_{确})\right] + \frac{1}{2}l_{列} + l_{制} + l_{进} \qquad （m） \qquad （5-27）$$

式中　$t_{通}$——发车站监督列车出发（通过）并通知邻站列车出发时刻所需时间，min；

　　　$v_{发}$——在 $t_{通}$ 时间内列车的平均运行速度，km/h；

$v_{运}$——列车在区间内的平均运行速度，km/h；

$t_{作业}$——接车站准备接车进路和开放进站信号的作业时间，min；

$t_{确}$——司机确认信号显示的时间，min；

$l_{列}$——列车长度，m；

$l_{制}$——制动距离，m；

$l_{进}$——由进站信号机至车站中心线的距离，m。

可见，$L_{区间}^{\min}$ 与列车运行速度、办理有关作业时间、制动距离、列车长度、车站咽喉长度等因素有关。设 $v_{发}=35\ \text{km/h}$，$v_{运}=70\ \text{km/h}$，$t_{确}=1.5\ \text{min}$，$t_{作业}+t_{确}=2\ \text{min}$，$l_{列}=700\ \text{m}$，$l_{制}=800\ \text{m}$，$l_{进}=600\ \text{m}$，用式（5-27）计算，得 $L_{区间}^{\min}=5\ \text{km}$。这表明，一般情况下，区间最短距离不应小于 5 km。

（2）实现单线区段的最大通过能力，要考虑调度指挥方面的实际可能性。单线区段的行车量越大，调度指挥工作越困难。且增设会让站越多，区间越均等，运行调整越加困难。有时不得不增设调度台，形成在同一牵引区段内的行车工作，由几个调度员分地段指挥的现象。常会出现由于某一地段调整失当而使整个区段产生较大的通过能力损失。

（3）增设会让站的优点是投资省、涉及面小、简便易行、形成能力快，长时期来增加会让站都作为单线技术改造的主要措施。但是，随着会让站数目及行车量的增加，站间区间愈来愈短，列车交会停站的次数显著增加，旅行速度随之下降，从而增大了运营支出。因此，过多的采用此项措施，实质上是以效率换能力，从长远看并不一定经济合理。增设会让站的效果，在很大程度上取决于区间的均等程度和地形条件。在区间很不均等的区段，只要增设 1～2 个会让站，即可将通过能力提高到所需要的水平。在这种情况下，增设会让站是增加铁路通过能力的一项有效措施。反之，当区间均等或接近均等时，几乎需要在所有区间增设会让站，才能提高通过能力，采用此措施来加强通过能力一般是不利的。

2．向限制区间方向延长站线

单线区段限制区间两端车站向限制区间延长站线，可以缩短限制区间长度，提高通过能力。和增加会让站的措施相比较，工程数量大体相同，运营费有所节省，同时还具有以下优点：

（1）有助于提高列车质量标准，与组织组合列车的方案结合起来，效果更为显著；

（2）可以缩短车站间隔时间，在一定条件下还可组织列车不停车交会，从而可以提高旅行速度；

（3）可以作为单线过渡到双线的一个步骤而不产生大量废弃工程。

这一措施的缺点主要是通过能力提高的幅度不大，一般只有 10%～20%，而且对相邻区间有不利影响。因而，在多数情况下要与其他加强措施结合起来采用。

3．修建线路所

前面介绍的增设会让站，对地形条件要求较高。在地形受限的情况下，可考虑修建线路所来加强通过能力。

线路所是没有配线的分界点，设有通过信号机（见图 5-10），放行通过列车之前必须与邻站办理行车闭塞手续。在衔接有分歧线路的区间，线路所通常设进、出站信号机，有自己的管辖地段（见图 5-11）。

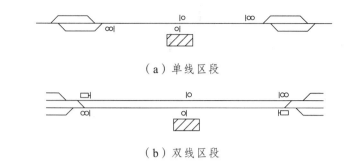

（a）单线区段

（b）双线区段

图 5-10　无管辖地段的线路所示意图

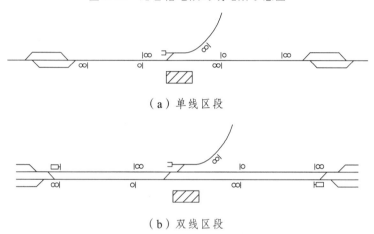

（a）单线区段

（b）双线区段

图 5-11　有管辖地段的线路所示意图

由于线路所除正线外未设配线，不能办理对向列车的交会作业，只能通过缩短限制区间（及个别困难区间）的长度，来压缩连发运行的同向列车之间的时间间隔，因而它适用于下列情况：

（1）上、下行行车量显著不均衡的单线区段，在限制区间（困难区间）设置线路所，压缩连发列车占用运行图的时间。

（2）在采用后补机的单线区间设置线路所，减免补机折返对能力的影响。

（3）区间很不均等的双线非自动闭塞区段，在限制区间（困难区间）设置线路所，压缩限制区间运行图周期。

比较之下，上面第（3）种情况效果最好，就是说，修建线路所这一措施最适合用来提高双线非自闭区段的通过能力。

三、修建双线

修建双线（即是在单线区段增建第二正线）并装设自动闭塞、调度集中，通过能力可提高 2~3 倍。同时，还可提高列车旅行速度，从而加速车辆周转和货物送达，改善乘务组工作条件，增进行车安全和铁路运营可靠性。因而，通常把提高复线率和自动闭塞比重作为增加行车密度的最重要措施。但是，修建双线需要大量投资，而且工期较长。如果短期内需要通过能力增加的幅度没有这样大时，采用分阶段铺设第二线、逐步向全区段复线过渡的方案，在技术经济上可能更合理些。

单线向双线过渡可有两种方法：一是修建双线插入段，组织列车在部分区间或全区段实现不停车交会；二是分阶段在部分区间修建双线。

1．修建双线插入段

修建双线插入段就是在区间的一段线路上修建双线，实现不降低运行速度的不停车交会，并以此与向限制区间延长站线的措施相区别。

在限制区间及个别困难区间铺设双线插入段，是单线区段提高通过能力的又一项常用措施。对于需要能力介于单线和双线之间，但运量增长较慢的单线区段，还可采用双线插入段作为过渡措施。由于这一措施既能缩短限制区间长度，又可组织对向列车在区间不停车会车，减免列车会让停站，所以它不仅有利于扩能，而且有利于提高列车旅速。铺了双线插入段之后，限制区间发生转移，全区段通过能力将受新的限制区间制约。因此，在限制区间（及个别困难区间）与其余区间的运行图周期相差较大的区段，这一措施可以收到明显的扩能效果，特别是结合调度集中使用，效果更好。反之，若各区间大体上均等，则采取这一措施的扩能效果不显著。

关于双线插入段的铺设方式，比较普遍的是将车站站线向一端延伸至区间，设一个线路所。有的区间受地形条件限制，向一端延伸无法达到需要的长度，也可向两端延长站线，分设两个线路所（该站若无客货运作业，亦可封闭）。自车站向区间两端相向铺设两段双线插入段的情况是很少见的。

修建双线插入段并组织全区段不停车交会应根据线路条件及远期运量要求进行整体设计，然后，根据近期运量及其增长速度决定是否需要分期施工。即：近期在一部分区间修建双线插入段，使单线区间运行图周期达到需要通过能力的近期要求，并在双线插入段组织部分列车不停车交会；远期在全区段交错配置双线插入段和单线线段，并使各单线线段和双线线段分别达到完全均等，以保证列车能在全区段不降速地不停车交会。为此，双线插入段的配置应根据上述原则要求进行设计。

（1）双线插入段的最小长度。

为了充分利用双线插入段减少列车交会停站次数，应尽量组织实现双向列车不停车会车。因此，在地形允许的条件下，双线插入段的长度——自车站（或线路所）中心线至线路所中心线之间的距离，记作 $L_{插}$（见图 5-12）不能太短，应考虑列车晚点 2～3 min 进入双线插入段的可能，给运行调整留有一定余地。其最小长度可用式（5-28）做近似计算：

$$L_{插} = \frac{1000}{60}\left[\frac{1}{2}(\tau^{b}_{不通} + \tau^{c}_{不通}) + t_{晚}\right]\cdot\frac{1}{2}(v^{上}_{运} + v^{下}_{运})（\text{m}） \tag{5-28}$$

式中　　$\tau^{b}_{不通}$，$\tau^{c}_{不通}$——b，c 分界点的不同时通过间隔时间；

　　　　$t_{晚}$——列车晚点进入双插地段的时分，通常取 2～3 min；

　　　　$v^{上}_{运}$，$v^{下}_{运}$——上、下行列车在双插地段的平均运行速度，km/h。

若取 $\tau_{不通}$=4 min，$v_{运}$=40～50 km/h，则双线插入段的长度可确定为 4～6 km。在实际设计时，为了保证列车在双线插入段内停车后能够起动，或利用动能闯过前方的超限坡地段，以及利用原有站线作为第二正线的一部分，双线插入段的长度较计算值将略有延长。

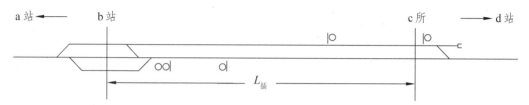

图 5-12　双线插入段铺设方式及长度示意图

对应图 5-12，含有一段双线插入段的区间运行图周期见图 5-13。由于双线插入段一般不会铺得太长，对向列车在 b 站和 c 线路所均通过，因而 a—b、b—c、c—d 三个区间实际上形成一个整体，a—b 和 c—d 两单线区间的运行图周期因 t_1 和 t_2 的必然联系而互相依赖、互相影响，因此在确定周期时，应当把三个区间联系起来通盘考虑，而不能孤立地分别计算。

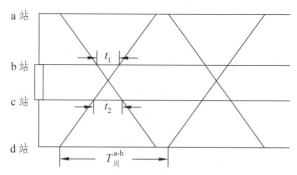

图 5-13　含有一段双插的区间运行图周期

称 a—d 这个包含有一段双线插入段的线路为该双线插入段的"外包区间"，它是列车在双线插入段两端分界点均不停车通过条件下运行图周期的计算单元。设 a—b 和 c—d 两单线区间的运行图周期分别为 $T_{周}^{a-b}$ 和 $T_{周}^{c-d}$，

$$T_{周}^{a-b} = t_{运上}^{a-b} + t_{运下}^{a-b} + \tau_{不通}^{b} + \tau_{站}^{a} + \sum t_{起停} \tag{5-29}$$

$$T_{周}^{c-d} = t_{运上}^{c-d} + t_{运下}^{c-d} + \tau_{不通}^{c} + \tau_{站}^{d} + \sum t_{起停} \tag{5-30}$$

则外包区间 a—d 的运行图周期 $T_{周}^{a-d}$ 的计算公式为

$$T_{周}^{a-d} = \max\left\{ T_{周}^{a-d}, T_{周}^{c-d}, \frac{1}{2} T_{周单}^{a-d} \right\} \tag{5-31}$$

式中，$T_{周单}^{a-d}$ 是将 a—d 作为一个大的单线区间考虑时的运行图周期，用下式计算：

$$T_{周单}^{a-d} = t_{运上}^{a-d} + t_{运下}^{a-d} + \tau_{站}^{a} + \tau_{站}^{d} + \sum t_{起停} \tag{5-32}$$

当双线插入段长度较长，对向列车在 b 站采取一停一通的方式会车时，需分别单独计算 a—b 和 c—d 单线区间运行图周期。

（2）双线插入段的数量。

双线插入段铺设的数量 $K_{双}$，取决于区段长度 L，远期规定的行车量 $N_{双}$，列车平均运行速度 $v_{速}$，以及区段内现有车站的分布等因素。如已知 $N_{双}$ 的数值，则不停车交会运行图周期 $T_{双}$ 可按下式求得：

$$T_{双} = \frac{(1\,440 - T_{固})d_{有效}}{N_{双}} \qquad (5\text{-}33)$$

又知一对列车在区段内运行时间总和为 $T_{总} = 2L / v_{运}$，于是可得理论上应铺设的双线插入段数量为

$$K_{双} = \frac{T_{总}}{T_{双}} = \frac{2L / v_{运}}{(1\,440 - T_{固})d_{有效} / N_{有效}} = \frac{2LN_{双}}{(1\,440 - T_{固})d_{有效}v_{运}} \qquad (5\text{-}34)$$

根据上式，双线插入段的通过能力亦可用下式表示：

$$N_{双} = \frac{v_{运}(1\,440 - T_{固})d_{有效}K_{双}}{2L} = \frac{v_{运}(1\,440 - T_{固})d_{有效}}{2L_{中心}}$$
$$= \frac{(1\,440 - T_{固})d_{有效}}{2t_{中心}} = \frac{(1\,440 - T_{固})d_{有效}}{t'_{中心} + t''_{中心}} \qquad (5\text{-}35)$$

式中　　$L_{中心} = \dfrac{L}{K_{双}}$——两相邻双线插入段会车中心线间的平均距离；

$t_{中心}$——一列车通过 $L_{中心}$ 距离的平均运行时间；

$t'_{中心}$，$t''_{中心}$——上行、下行列车通过 $L_{中心}$ 距离的运行时间，小时。

由此可见，设有双线插入段的区段，其通过能力与列车平均运行速度成正比，与在相邻插入段中心线间的平均距离成反比。

（3）双线插入段的配置。

双线插入段的配置通常根据一对列车在整个区段的总运行时分曲线 $t = f(s)$ 以图解法确定。每一双线插入段的端点位置，应按列车自复线进入单线前的线路纵断面进行检查，保证列车停车后能够起动。同时，双线插入段的分布应尽可能地避开桥隧等大型建筑物，尽可能地利用原有的站线。这样，就必须拟订几个可能的双线插入段配置方案，并根据满足需要通过能力的程度、过渡期限、工程数量、投资数额、近远期结合情况、有无废弃工程等因素进行比较，从中选择综合效果最佳的设计方案。

修建双线插入段的优点如下：可以较大幅度地提高平行运行图通过能力（一般为 40% ~ 50%），有助于提高旅行速度，复线铺轨里程一般不超过全线总长的 45% ~ 50%，并可避开桥隧等大型建筑，其工程投资远小于一次修建双线，可以分期施工，分批投产，推迟全线复线的建设，便于通过实践核实运量，避免过早建成双线造成浪费。

双线插入段的缺点如下：由于区间完全均等使旅客列车和摘挂列车的扣除系数增大，如区段内运行旅客列车较多时，致使实际可开行的货物列车数往往比增加会让站措施要少；组织不停车交会，不仅要有调度集中、自动闭塞、自动停车、无线列调等配套设施，而且要求所有列车严格按运行图运行。否则，只要有一列车偏离原定运行时分，就会影响后面所有列车的运行秩序，造成很多列车停车交会。在客货行车量都较大的单线区段修建双线插入段，在实际运用中并不能提供预期的效果。

由此可见，采用双插过渡方案是有条件的，它适用于旅客列车和摘挂列车开行对数很少，运量增长速度缓慢，采取增设会让站和其他措施不利或不能满足需要或受到某种限制时的线路。采用双插过渡一般应能推迟复线建设不少于 8 ~ 10 年才是合理的。

2．分阶段在部分区间修建双线

当区间极不均等时，在运行时分很大的区间修建双线，使其变为非限制区间，可以取得增加通过能力的效果。在一般情况下，在 15% ~ 20% 的区间修建双线后，单线通过能力约可提高 20%；在半数区间复线后，其通过能力约可提高 30% ~ 40%。因此，分阶段从限制区间依次修建双线一般只是作为全线复线的施工步骤而加以采用。

当区间接近均等时，分阶段在部分区间修建双线，一般说来是不利的，因为它在全区段完成双线工程之前，几乎不能使通过能力有所增加。

但是，当单线区段通过增加会让站等措施使得站间距离只有 6 ~ 10 km 左右时，情况就有些不同。这时，可在大区间设会让站或全区间双线，小区间合并复线，使单双线段交替配置，开行部分组合列车并使之在双线区间不停车交会。由于会车中心线移向双线区间，适应运行波动范围加大，原有站线适当延长，仍可供列车停车会让时使用，既可装备自动闭塞调度集中，也可延用原有的闭塞方式（半自动闭塞或计轴自动闭塞），即无须改变原有的行车组织方式，即可达到扩能的效果。因为不强调全区段组织不停车交会，可适应旅客列车开行对数较多的单线区段。平行运行图通过能力，较双插方案略低，但实际可能开行的列车对数则较双插方案为多。事实上，区间内铺设双线插入段后，如剩余长度少于 3 km 时，一般要考虑全区间复线。如果平均站间距离很小，双插长度 5 km 左右，则大多数区间都要全区间复线。此法较难避开桥隧大型建筑，但也可把双线修到桥隧两端，用增设线路所的方法来解决。

3．全区段或全线一次复线

在全区段或全线大规模地同时进行复线改建工程，其主要优点是有可能采取工业化的施工方法，实行流水作业，最合理地使用大型筑路机械，从而可以降低建筑施工成本和缩短总工期。其缺点则是只有在铺设第二线工程全部完成之后，才能获得实际效果。因此，既有铁路干线，如客货运量增长速度快，采用双线插入段后在短期内又需相继铺设复线时，就应一次建成双线，以免施工频繁，严重干扰运营。

在进行增建第二线的设计时，应对既有单线进行相应的技术改造，包括增建第二线前期对既有单线逐步提高运能、以减少施工对运输干扰的改建，和增建第二线过程中同时作既有单线主要技术条件及标准的变更、线路平纵断面的改善，以及根治病害的局部改建或改线。

修建第二线通常要考虑改缓线路坡度问题，即是把既有线的超限坡地段作为轻车方向的下坡道使用，把新建落坡的第二线作为重车方向的上坡道使用。计算表明，限制坡度每降低 1‰，输送能力可提高 6% ~ 10%。如落坡后能提高整个方向的划一质量标准，取消补机作业，效果更为显著。但是，为了减缓坡度须要进行较长距离的双绕，从而延长了区段总里程时，应与采用多机牵引的方案进行详细的技术经济比较，以确定采用落坡方案的合理性。

我国铁路在单线技术改造和增建第二线方面，积累了丰富的经验，其中主要有：

（1）单线改造与增建第二线的原则和步骤要适应运输要求，先从克服薄弱环节着手，逐步提高铁路运输能力。根据我国实际情况，主要干线技术改造方案往往采用增建第二线的办法（包括双线插入段和部分区间双线），大体上有三种不同情况：一是全国主要干线，运量增长很快，须一次全区段或全线增建第二线，以适应近、远期运量增长的需要；二是主要干线按远期运量将发展为双线，初期和近期运量虽然发展不快，但已有单线已不能适应，或是可能建设新线进行分流，就不需要一次建成第二线，而应采用双线插入段，或部分区间复线，逐步过渡到全部双线；三是既有单线能力虽不能满足近期计划要求，但该线运量受一定条件限制或确定将要建设新线分流，且远期也不会有大的发展，则宜采用双线插入段或部分区间双线作为长久之计，但总的原则是满足运输要求，讲究经济效益。因此，应先从克服薄弱环节入手，按运量发展情况有计划、有步骤、适时地进行单线技术改造。通过采用双线插入段、部分区间双线，逐步过渡到全部双线。这样，既能适应运输需要，又可避免全区段双线一次建成的过早投资，以取得更好的经济效益。

（2）增建第二线时，选择线路方案，确定主要技术条件及技术标准，要力求经济合理、切合实际，避免大拆大改。要认真处理好平面、纵断面、横断面三者的关系，并遵照首先解决运输能力不足、兼顾改善运营条件的方针进行设计。增建第二线的选线设计与新线有所不同，它是沿着一条正在运营的既有铁路线进行的，线路基本走向已定，线路位置也有了大致范围，没有新线的大面积选择及大量的方案比选工作。但是有第二线设在既有铁路左右侧的选择，线间距的采用，以及绕行线和改造地段的选线等工作，要求既要保证双线建成后运营便利，又要充分考虑原有的线路和大型建筑物及其他技术设备的利用，所以更要慎重行事，严格把好设计关。特别是对限制坡度、最小曲线半径、站场股道长度、设计水位以及既有建筑限界等技术标准，应力求切合实际，不必强求与新线标准一致。

（3）既有单线改造和增建第二线时，要尽可能减少或避免施工干扰。既有铁路的改造大都是在运输十分紧张，通过能力利用程度已接近饱和的情况下进行的。一方面要求抓紧施工，技术改造方案要充分注意改造的时机和技术经济的合理性，尽快提高运能取得经济效益；另一方面在施工中应尽可能减少或避免对运营的干扰。

四、修建三线、四线、分流线

由于地区自然条件的差异和经济发展不平衡性等因素的影响，铁路客、货运量的增长突出地表现在位于人口稠密、工业集中、交通便利、经济发达的城市化地带，沟通国家重要经济地区的繁忙铁路干线上，具有运量集中化的趋向。为了适应这种情况，就要贯彻强化干线、优化路网，对客货运输繁忙的双线自动闭塞铁路干线实现电气化技术改造，待其技术负荷达到一定水平之后，再以修建分流线或增建第三、四线作为进一步扩能的措施。

研究表明，客货运输并重的双线铁路，绝对行车量可达 120 对左右。但是随客货行车量的增大，单位运营支出亦将大幅度增加。当旅客列车行车量达到 30～50 对时，双线的最有利行车量约为 95～110 对，超过这一限度，就不如新建分流线或增建第三、四线更为有利。

根据修建地段所在位置的不同，大体上又可分为两种情况。

1．在枢纽地区繁忙区间或地段修建第三、四线或环线

在双线自动闭塞的基础上增修第三、四线或分流线，首先是适应大枢纽内客货运输非常繁忙区间的实际需要。通过第三、四线和环线的修建，对于提高枢纽地区繁忙干线的通过能力、减少交叉干扰，以及减轻主要咽喉地段的负担，增进枢纽行车工作的灵活机动性都起到了良好的作用。

在枢纽地区繁忙区间或地段修建第三、四线或环线，具有投资少效益高的优点。但其建设方案必须根据枢纽性质、车流结构、衔接方向、主要编组站、客货运站布局等方面的特点，

本着有利于减少交叉干扰，提高通过能力，以及合理运用现有技术设备等要求，因地制宜地研究第三、四线或环线的修建与使用方案，并适时地进行施工，才能获得预期的效果。例如，当编组站正线外包时，第三线宜建在两正线之间，并紧靠能力紧张的车场一侧，在区间内要紧靠有作业需要的一侧，以便同向客货列车能分线运行，保证在前方站并线后客货之间的追踪间隔时间不致过大，并可利用第三线作为通勤车停靠线，供工作人员乘降，减少对正线的占用。当编组站位于两正线一侧时，第三线宜建在靠近到发场和主要货流方向一侧，以减少对正线及站场咽喉的切割干扰。第三线建成后，既有上下行正线，基本上供旅客列车和货物列车按方向使用，尽量减少对正线的切割和反向运行，第三线则应装设双向自动闭塞，在既有正线施工封锁或列车密集到发时，可以分出部分货物列车及地区小运转列车、单机及市郊通勤列车经第三线运行。枢纽内的环线，主要起分流作用，使直通车流走环线，既有正线主要供旅客列车、摘挂、小运转列车运行，可减轻枢纽通过能力紧张地段的负荷。修建环线是加强大型铁路枢纽通过能力和机动性的重要措施之一，应按枢纽发展总体规划分阶段进行，同时，要解决好机车整备、列车车辆检修、乘务员公寓修建、机车交路调整等一系列问题，以免分工方案因受某一环节牵制而不能实现，或是给运营工作带来某些困难和不便。

2．在整个区段或铁路线修建第三、四线，或另建分流线

在客货运输特别繁忙的电气化自动闭塞双线铁路上，若运输密度大幅度增长，就需考虑修建第三、四线的问题。与之对比的加强措施是修建分流线，只有当修建分流线不利的情况下，修建第三、四线才是合理的。通常，只有行车量增长很快，特别是短途客流量很大的区段才有必要由双线一次建成四线，在其他情况下，都应通过修建第三线逐步过渡到四线铁路，正像由单线铁路逐步过渡到双线铁路那样，以免造成投资过早的浪费。

（1）增建第三线。

①绕行方案。

根据运量及货流构成情况，如有分流条件时可采用第三线绕开既有双线的方案。其优点是第三线与既有线分开，各自成为单独的系统，在行车调度指挥上较为方便，改建拆迁工程量小，与城镇规划矛盾少，新线施工与旧线运营基本上无干扰。其缺点是，占用土地多，站场、客货运设施均须另建，工程投资较大，运营管理人员多，运营费较高。其通过能力可按现有双线和新修单线分别进行计算。新建第三线一般主要供放行区段、直通货物列车使用。

②并行方案。

在既有双线路基的一侧修建第三线，与绕行方案比较，其优点是占地省，土方工程量小，且可充分利用既有线的站场设备，或与旧有设备更新改造相结合，工程投资可以大大节省；运营人员增加较少，运行调整的灵活性较大；可根据客货运量增长的需要分段修建，逐步贯通。其缺点是施工与运营干扰大，需要预留施工"天窗"，影响现有通过能力；拆迁工程量较大，与城镇规划的矛盾较多；调度指挥工作较为复杂，行车调车人员劳动强度加大。当既有线技术标准低时不利于以后的技术改造。

根据客货流性质及行车量的不同，并行三线可以采取不同的分工方式：

a. 既有双线上下行正线运行条件不变，新建第三线按单线组织行车，将扣除系数较大的旅客慢车、摘挂列车、小运转列车，以及部分货物列车经由第三线运行。为此，第三线应根据沿线大多数中间站客货运设施特点及城镇通站公路的分布等条件，从方便旅客出入站，并

减少摘挂列车调车作业对正线行车干扰等原则出发，修建在既有正线的左侧或右侧。这一分工方案不改变原有正线位置，不产生新旧路基不均匀下沉问题，便于线路维修养护，适用于开行慢客及摘挂列车较多的双线区段。

b. 双线改在两侧，中间正线装备双向自动闭塞构成三线系统，当其中的任一条正线线路施工时，整个区段仍可保证按正常的双线行车组织方式运营，这是它的最大的优点。但它必须改变原有的道岔配列、股道间距、信号联锁关系，施工比较复杂，对既有线运营干扰严重，不适于区段管内客货运输量较大的情况。此时，并行三线的运用方式，可根据客货流具体情况选定：

方式一：货物列车和旅客慢车在双线基本上按平行运行图运行，利用第三线放行旅客快车和快运货物列车。其优点是可以保证有强大通过能力，但因旅客列车在单线上必须停车交会，会使旅速降低。

方式二：利用第三线组织双方向列车不停车越行，并因此而在正线之间铺设必要的渡线，装设整套行车指挥自动化设备，其优点是能够实现三线的最大通过能力，最大限度地提高货物列车的旅行速度，大量节省运营费用，可以加速机车车辆周转和货物送达而产生巨大的部门经济效益和社会经济效益。缺点是，行车工作组织复杂，对"按图行车"有严格要求。但在铁路列车运行实现全盘自动化控制之后，则可能是一种比较理想的加强通过能力的措施。

由于第三线供上下行方向不停车越行共同使用，因而上下行越行地段应交替配置。为了增加列车运行调度调整的灵活性，可在三条正线之间多设几处调度渡线，并采用越行地段灵活使用的方法，可以取得要比其他三线铁路行车组织方案高得多的效果。

（2）修建四线铁路。

当铁路运量持续增长，一昼夜行车量达到 180 对以上时，就应修建四线铁路。四线铁路能实现客、货分线运行，通过能力可达 300 多对，在美国、英国、德国、法国、荷兰、日本已得到广泛的应用。

四线铁路的正线配置和使用方案主要有以下几种（见图 5-14）。

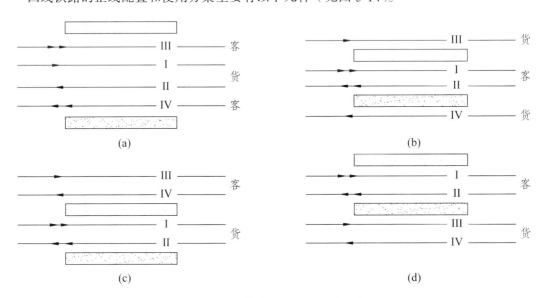

图 5-14　四线铁路正线配置及使用方案

① 四线并列，两条下行线Ⅰ、Ⅲ在左，两条上行线Ⅱ、Ⅳ在右，如图 5-14 中的（a）、（b）。其线路使用方案：图 5-14（a）为中间两条正线（Ⅰ、Ⅱ）供货物列车使用，两边的两条正线（Ⅲ、Ⅳ）供旅客列车使用；图 5-14（b）为中间的两条正线（Ⅰ、Ⅱ）供旅客列车或高速列车使用，两边的两条正线（Ⅲ、Ⅳ）供货物列车或低速列车使用。由于线路使用方案不同，旅客站台的配置也随之而有所不同，前者布置在并列四线的两侧，后者布置在同方向两正线之间。这种线路布置的特点是当一条线路施工时，仍可保持按双线方式组织列车运行，运营管理比较方便。由于实现了客货分线运行，减少了客货列车间的越行。

② 两条双线铁路并列，一条双线铁路（Ⅲ、Ⅳ）专供货物列车运行，另一条双线铁路（Ⅰ、Ⅱ）专供旅客列车运行，如图 5-14 中的（c）、（d）所示。这种铁路布置方案的优点是增线施工对既有线运营的干扰最小，新建双线可以采取绕行方案，便于改进或提高新线的技术标准。缺点是当双线的一条线路施工时，另一条线只可按单线行车，运营机动性较小。

此外，四线并列布置时，还可采用不停车越行的行车组织方案，和三线铁路相比较，由于不必交替设置越行区，可在同方向两条正线上组织客货列车穿插运行，从而可大大提高通过能力，但在技术要求上要比其他方案复杂得多。

由此可见，上述几种四线铁路修建与运营方案各有优缺点，应根据当地的具体条件选用。此时应考虑的主要影响因素有：列流的构成和总行车量，技术站和客运站的配置关系，各种列车的运行速度，列车的质量和编成，采用的列车运行图类型，牵引种类和机车性能，铁路技术装备的现代化程度，以及行车管理上的方便程度等。在具体条件下选用的最优线路布置与使用方案应能保证列车运行和旅客人身的安全，实现最大的通过能力和最高的旅行速度，以及最低的工程与运营换算费用。

四线铁路的修建，一般也应通过修建三线进行过渡。因而，在设计增建第三线时就应考虑将来发展为四线时的技术条件与运营要求，以免产生大量废弃工程，或不得不降低某些技术标准而不能充分发挥多线铁路的优越性。

（3）修建分流线。

改造既有线和修建新线都是路网建设的重要组成部分，都是为了增强铁路运输能力，但又各具不同的作用与特点。繁忙干线的改造，基本上是增加正线数目，不扩大吸引范围，可以分期分段施工，边改造边投产，及早发挥投资效益，效果明显。但施工不可避免地会与运营发生干扰，影响当前的运输能力。如果改移拆迁工程过大，造价甚至高于新线，就应考虑建设分流线和联络线。一般地说，分流线是在既有干线运输过于紧张而其潜力又较小的情况下所采取的用修建平行线的方法来扩能的措施，其主要作用是分担既有线承担的部分直通车流，缓解限制区段通过能力紧张程度，同时可促进沿线地区或工矿企业的发展，从而在整个路网中增大了吸引范围；联络线则主要是为了把两条干线连通，用以增加通路、缩短运距，为合理运输创造条件。此外，建设新线还可起到优化路网结构和巩固国防的作用。修建新线的共同问题是投资大，工期长，必须在全部工程完工后才能形成能力，才可受益。为此，旧线改造和新线建设必须统筹安排。

由于修建多线铁路是属于既有线改造范畴，修建分流线则属于新线建设范畴，两者既可互相替代，又可互相补充。在方案优选时，必须确切掌握客货运量构成及其发展趋势，充分利用既有线扩能的潜力，综合考虑以下各方面的因素，进行正确决策：

（1）方案所能提供的经济效益和社会效益；

（2）所需资金；

（3）运营的合理性、可靠性；

（4）方案的可实现性，主要是对技术装备、资金来源、能源供应，以及有关配套设施等方面要求的满足程度；

（5）政治、国防等方面的意义。

此外，还应掌握好施工时机，不发生修建过早或过晚的失误。

第四节　提高行车速度

一、提高货物列车运行速度

在大力提高货物列车质量的同时，适当提高其运行速度是铁路运营工作的主要任务之一。提高列车运行速度可以减少列车占用各项铁路设备，如区间、咽喉、到发线的时间，从而可以提高铁路通过能力。提高货物列车运行速度，可以加速机车车辆周转，从而减少所需机车车辆及乘务组数量；可以加速货物送达，从而可加速国民经济中流动资金的周转而产生巨大的经济效益和社会效益，并提高铁路的市场竞争能力。

提高列车运行速度，和提高列车质量一样，涉及众多的技术经济因素。为一条铁路线选择适应其货物周转量的最佳列车运行速度，也是一个较复杂的技术经济问题。提高运行速度的目的可以通过以下三个方面来达到，即：提高机车牵引工况下的速度，提高最大容许速度，降低基本阻力。

提高货物列车运行速度缩短限制区间运行图周期，能有效地提高区间通过能力。

在单线上，如列车运行速度由 $v_运$ 提高到 $v'_运$，则区间通过能力增加的比例为

$$\frac{(2l_限 + v_运 \sum \tau)}{(2l_限 + v'_运 \sum \tau)} \cdot \frac{v'_运}{v_运} \tag{5-36}$$

式中　$l_限$ ——限制区间长度；

$\sum \tau$ ——运行图周期内车站间隔时间和起停车附加时间的总和。

由式（5-36）可见，通过能力增加量小于运行速度增加量，一般前者为后者的 85% ~ 90%。

在装设半自动闭塞的双线上，提高列车运行速度将缩小同向列车间隔时间（$t_运 + t_连$），始终可以获得加强通过能力的效果。但在装设自动闭塞的双线区段，提高货物列车运行速度在一定范围内有助于缩小追踪列车间隔时间，如超过一定的数值，由于受到列车追踪条件的限制，列车间隔往往不能缩短。但是，对提高非平行运行图通过能力将有良好效果。因为客货列车速度差缩小，旅客列车扣除系数会有所减小，相应地可增加通过能力。基于这一原理，在通过能力利用程度达到超饱和的双线自动闭塞区段，可以在部分区间降低旅客列车运行速度来增大货运能力。但是，这种方法只能作为过渡性或辅助性加强能力的措施，不宜长期采用。

在修建双线插入段并组织不停车会车的区段，提高货物列车运行速度，可以获得增加通过能力和节省投资的最大效果。因为在这种区段上，提高列车运行速度能成比例地提高通过能力；在同样运量下，提高运行速度可以减少双插总的铺轨里程。

二、提高旅客列车运行速度

提高旅客运输服务质量是当前旅客运输市场对运输企业提出的强烈要求。近年来，在运输服务质量方面，铁路正面对着航空和公路等运输方式的挑战，任何一个国家的旅行者对速度的需求都有一个随着经济发展而逐步提高的过程。因此，提高旅客列车运行速度是社会发展的需要，也是铁路运输企业自觉适应运输市场发展、参与运输市场竞争的需要。

所谓提高旅客列车运行速度，其显著标志是提高其最高运行速度。但是，旅客列车"提速"的最终目的是缩短旅客的在途时间，即提高列车最高运行速度，列车起动、停车或调速制动加速度，通过曲线、道岔速度，下坡道制动限制速度和上坡道平均速度等，这一系列旨在提高技术速度。它与铁路牵引动力、车辆、供电、列车制动以及线路、道岔、信号配置等技术装备条件密切相关。

为此，对"提速"的既有繁忙干线应采取如下具体措施：

（1）采用重型钢轨，提高钢轨的强度和使用寿命；

（2）铺设无缝线路，选择弹性好、承载力强、与列车总重相适应的各类轨枕；

（3）增加道砟厚度和密度，提高线路的稳定性；

（4）取消平交道口，全部采用立交。对于仍保留的一定数量的平交道口，必须采用现代化的防护措施，以确保行车安全。

在客货共线运行的线路上，旅客列车提速后，由于客货列车速差加大，将对区间通过能力造成一定的不利影响。影响的一般规律如下：

（1）当旅客列车提速而货物列车不提速时，区间通过能力将降低；

（2）旅客列车提速对区间通过能力的影响，随提速客车数量的增加而减少，即提速旅客列车数越大，平均到每一提速列车的影响越小；

（3）为了扩大线路运输能力。繁忙干线客货列车应同时提速，且货物列车速度应与旅客列车速度合理匹配。

三、修建高速铁路

目前，高速铁路技术在世界上已经成熟，客运高速化已经成为当今世界铁路发展的共同趋势。

1．各国高速铁路的技术特点

高速铁路技术集中地体现出牵引动力、车辆、线路与轨道结构、通信信号、行车组织及运营模式等领域的科技进步，由于各国的自然条件、经济状况、工业基础、技术传统、国际合作程度、发展年代及运行模式的不同，各国在高速铁路发展中采用了不同的技术路线，高速技术各具特色。

速度目标值是衡量高速铁路技术水平的最主要标志，也是高速铁路总体设计的决定性参数，其取值的高低将影响到投资额度、新技术的采用、运营成本和经济效益。速度目标值的确定取决于一系列因素，主要有：① 要满足快速安全、平稳舒适、票价适中、准确便利的要求，在中长距离旅客运输市场激烈的竞争中处于有利地位，能吸引大量的客流；② 技术上的先进性与可行性，采用系统工程的方法寻求线路与机车车辆间的最佳总体配合，以降低工程造价和运营支出；③ 经济上的合理性，建设高速铁路需要大量资金投入，从而要求能够获得稳定而较好的直接经济效益、为广大旅客节省旅行时间带来巨大的时间效益，以及促进相关工业与沿线地区经济发展所带来的巨大间接经济效益和社会效益；④ 要适应本国国情和所处地区的具体条件。综合考虑各项因素及不同修建与运营模式，高速铁路的速度目标值主要有三种选择：

（1）新建高速客运专线（如法国），最高速度宜取 300 ~ 350 km/h；

（2）新建客货共用、分时运行的高速线（如德国），最高速度宜取 250 ~ 280 km/h；

（3）在客货混运的既有线上采用摆式车体开行高速列车（如瑞典 X2000 列车），最高速度宜取 200 ~ 240 km/h。

高速列车是高速铁路的关键技术，各国由于国情和基本条件不同，客运专线上运行的高速列车采用了不同的模式。其中，具有代表性的有以下几种：

（1）以日本为代表的动力分散型高速列车；

（2）以法国、德国为代表的动力集中型高速列车；

（3）以瑞典为代表的摆式列车；

（4）以我国为代表的磁浮列车。

纵观铁路的发展历史也是行车速度不断提高的历史。高速铁路集中体现铁路所有的尖端技术，是铁路现代化程度的一种重要标志。

2.高速铁路的优越性及修建条件

高速铁路之所以受到世界各国的青睐，其原因主要是它与其他交通运输方式相比具有多方面的优势。

（1）送达速度快。

（2）运输能力大。以日本东海道新干线为例，高速列车每列平均载客 1 000 ~ 1 300 人，日开行 300 列左右，年均可输送旅客 1.1 ~ 1.4 亿人。高速铁路的运能远大于其他运输方式是显而易见的。

（3）能源消耗低。

（4）占用土地少。一般 4 车道高速公路的路基面宽度为 26 m，而同等能力的双线电气化铁路的路基面宽度仅 14 m，即高速铁路比高速公路少占地 1/2 左右。航空运输的一个大型机场一般需占地 20 km²，在 1 000 km 航线上至少要有两个大型机场，其总的占地面积约为铁路的 2 ~ 3 倍。

（5）综合投资省。同等运能各种交通运输设施的综合造价（包括用于固定设备和移动设备的全部投资），高速铁路与高速公路相当而显著低于航空运输。

（6）环境污染轻，电气化高速铁路线路清洁，列车不排放废气，不存在环境污染问题，由牵引电机所产生的有害物质在采用现代化过滤技术后可以明显减少。

（7）安全舒适。

（8）准确便利。高速铁路是全天候行车，线路为全封闭式、设有先进的列车运行与调度指挥自动化控制系统，能确保列车运行安全正点。

（9）票价适中。

应予指出，修建高速铁路需要大量的基建投资，而以最高的安全性、准确性和服务水平稳定地运营这一系统也需要相当大的支出。因此，经济上、技术上的可行性将是修建高速铁路需要认真考虑的关键因素。

高速铁路线的财政情况在很大程度上取决于该线所输送的客流量。由此可见，两大城市间的客流量及其在各种交通运输方式间的分配是随众多影响因素而变化的动态数值。在研究修建高速客运专线的经济效果时，为使计算工作简化，可选用高速铁路建成后的第 5 年运营稳定时的远景预测运量为依据，估算基建与运营换算总费用。

在选择高速铁路修建方案时必须考虑诸如：线路走向、最高容许速度、平均运行速度、线路构造、牵引动力配置、列车编成、列车总重、车辆类型、座席总数及利用率，以及各种技术装备的运用、保养、维修组织等因素的最佳匹配。为此，应拟订几种可能的组配方案进行测算，以便从中选择最佳方案。

根据换算总费用对比，可从社会经济发展角度初步确定从远期某一年度起以高速铁路输送客流最为有利，这就为制定高速铁路发展规划提供了依据。下一步骤则是要从铁路部门经济角度研究高速铁路修建的财务评价问题，重点是研究资金的筹措、随客流量变化的单位可变成本和固定成本的估算，以及确定合理的运价水平，以保证在全面经济核算自负盈亏的条件下高速铁路能够正常运营。制订高速铁路的运价必须考虑居民的承受能力，以及中近程对高速公路、远程对航空运输有竞争能力。在速度目标值和运营模式已定的前提下，投资规模已知，固定资产折旧和设备维修保养费水平也就基本确定，此项支出一般约占总成本的 70% 左右，由此可以估算出保本运价水平和其所对应的保本运量水平的所在年度，进行按该年度预计人均收入水平检查所吸引旅客对该票价的承受能力，如果能够接受则可据以推定此高速铁路线的最早开始修建年度，否则应将修建年度适当推迟，而在此期间组织力量做好充分的技术准备工作。

第五节 通过能力的综合加强

一、输送能力与通过能力的配合

铁路通过能力的加强，为满足不断增长的客货运输量创造了先决条件，而充分利用这一条件组织运输生产还必须有足够的输送能力加以保证。为此，在采取加强通过能力措施的同时，必须使移动设备（如机车车辆，调车工具）、能源供应以及运营人员（主要是机车乘务组及与行车工作有关的工种）的配备与之相适应，否则，高水平的通过能力将难以实现。

加强输送能力的技术组织措施在于改善机车车辆的运用，如改变机车交路和乘务制度以加速机车周转。改进车站及路局工作组织以加速车辆周转，提高车辆生产率等。在给定用于放行货物列车的区段通过能力为 $N_货$ 的条件下，则实现该区段通过能力所需配备的运用机车台数 $M_货$ 应为

$$M_货=\frac{\theta_机}{24}N_货\alpha_机(台)\qquad(5-37)$$

式中　$\alpha_机$——机车备用及检修系数，一般取 1.35；

　　　$\theta_机$——机车全周转时间，h。

如现有机车台数不满足需要，除应改善机车运用、挖掘内部潜力外，应适时地增加机车台数，或改用大型机车以增加机车功率总额。

为保证货物列车数能达到预定水平，还必须有相应的运用货车数。在充分利用线路通过能力条件下，消耗于列车运行中的车辆小时总数为

$$\sum nt_运=2LN_货m/v_旅\qquad(5-38)$$

式中　L——线路长度，km；

　　　m——列车平均编成辆数，车。

若已知车辆运行时间 $T_运$ 在货车周转时间 θ 所占比重 $\alpha_运=T_运/\theta$，则实现该线通过能力所需配备的运用车数 N 应为

$$N=\frac{\sum nt_运}{24\alpha_运}=\frac{2Lm\theta N_货}{24v_旅T_运}\times\alpha_辆(车)\qquad(5-39)$$

式中　$\alpha_辆$——货车备用及检修系数，一般取 1.38。

二、区域路网通过能力发展的优化

在布局适宜、结构合理的区域路网或全国路网路中。一般都存在着大量具有共同起讫点但经由不同的平行径路和环状径路。它们共同组成经济区之间或通往重要港口、工业基地的运输通道，承担着繁忙的客货运输任务。这样。在一条具体的铁路线上（尽端线除外）。通常运行两种性质的客货流，一种是在该线产生或消失的客货流，是该线必须承担、不能转移给其他线路的客货流；一种是经该线通过的客货流，是可以向其他平行径路转移的客货流。当地区间有多余通路时，这部分客货流一般可按各线的技术装备水平、运营条件、运输距离和通过能力等因素进行分配和再分配。于是，当其中的某一条线路的通过能力不足，就不能认为是整个通道的运输能力不足。在研究路网上某条铁路线的通过能力加强问题时，不能孤立地就某条线本身的局部问题来解决，而必须从路网通过能力发展整体优化的角度来考虑，才可避免和减少重大决策失误。

具有多条平行径路的运输通道，其运能发展最佳方案，也可用运量适应图来表示，如图 5-15 所示。图中 $F_1(t)$，$F_2(t)$ 分别表示线路1、线路2所需承担的货流量；$F_{1,2}(t)$ 为两条平行线

共同承担的直通货流量；$F_1^{总}(t)$，$F_2^{总}(t)$ 分别表示线路 1、线路 2 承担的总货流量；$F_{总}$ 为两条线上的总货流量；t_{i-1}，t_i 为运能发展的第 i 阶段的起始和终了的年度。由图可见，两条线路的施工改建是交错进行的，当一条线路施工时，另一条线路可多承担一些直通货流的运输任务。由于线路 1 的运营条件优于线路 2，所以由线路 1 承担直通货流的比重比线路 2 大，这样的安排既有利于降低整个通道的运输成本，又保证了通道的机动性。

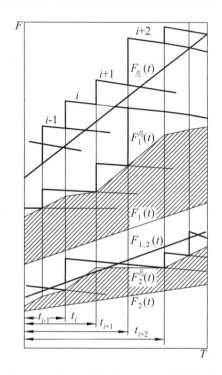

图 5-15　两条平等径路上的运量适应图

第六节　通过能力加强方案的选择

随着客货运量的不断增长，铁路必须适时改善其运营条件，逐步提高其运输能力和服务质量，以满足国民经济发展的需要，在某些条件下，加强运输能力可采取的方法和措施是多种多样的，各种措施又可按不同的实施顺序加以组合，构成分阶段加强运输能力的可行方案。各方案的投资数额、年限，以及所提供的运营、经济效果可能是不同的，这就需要从各种可能的方案中，选择一项技术经济效益最佳的实施方案。

本节只对相关原理和方法进行简要介绍，具体计算可参考"铁路技术经济学"的相关内容。

一、技术经济比较的基本原理

选择通过能力加强方案是根据一系列技术经济指标来进行的，这些指标按其性质可分为实物指标、运营指标和价值指标。

从运营观点对通过能力加强方案进行评估时，着重点如下：

（1）技术进步和运营工作水平提高的程度；

（2）行车安全程度的提高；

（3）降低运输成本和加速货物送达的国民经济效益；

（4）机车车辆运用的改善；

（5）所采用设备在以后各扩能阶段能否被充分地利用；

（6）在该加强措施的实施过程中，能否逐步增加行车量，即能否"边改造，边投产"以应运输急需；

（7）减少过渡性工程和过渡期限，避免频繁改造，以减少对运输的干扰。

从运营观点看，提高通过能力的最佳方案，必须能保证规定的行车量及必要的通过能力后备；它应当是运营上更方便，更可靠；能够较快地实现，和能保证更高的行车安全程度的方案。同时，它还应是该铁路通过能力发展的一个阶段。

从经济观点对加强通过能力的铁路建设项目进行评估时，一般要求回答三个问题：一是该项目该不该上；二是什么时间上；三是怎样上。这三者既有密切联系，又有一定区别。

建设项目该不该上，不仅要从社会效益来评价，也要从部门自身的经济效益如何来衡量。为此，通常要计算其绝对经济效益，即计算其收支相抵后的纯收入或盈利，并采用利润率（P）法进行评估。

$$P = \frac{\Delta P_{运} + \Delta P_{经}}{A} \tag{5-40}$$

式中　$\Delta P_{运}$——计算期间铁路由于运量增长和成本降低所增加的利润额；

$\Delta P_{经}$——计算期间和铁路基建投资有关的国民经济其他受益部门增加的利润额；

A——该建设项目的基建投资。

建设项目如何上，何时上的问题，可采用计算各方案间相对比较的经济效益的方法解决。相对比较的经济效益，一般是指一个方案比另一方案相对而言所能得到的节省额。

目前，我国采用追加投资回收期 $t_{还}$ 的办法进行考核。即当该方案的年度投资额 $\frac{A}{t_{还}}$ 与运量支出 U 之和为最小时，才被认为是最优方案。

利用上述方法进行经济评价，只能适用于一次投资的情况。但是，铁路技术设备的改建或通过能力的加强、通常是分阶段进行的（即分期投资），每年运营支出也是随着运输量、运营方法以及技术设备的变化而变化的。为了使不同的方案在不同时期实行分期投资能在一个同样的基础上进行比较，就必须把在不同时期的投资全部换算成为同一时期——初始年的投资。运营支出也是如此。

由于最优方案必须具备两条件：第一是方案本身各阶段的总换算支出为最小；第二是在各个比较方案中总换算支出亦为最小。因此，首先应当为每一个方案确定各种措施的合理过渡年限（使每一方案的总换算支出为最小），然后再根据各方案的总换算支出选出最有利的加强通过能力方案。

二、合理投资期限的确定

众所周知，利用运量适应图来比较需要通过能力和可能通过能力，能够确定线路通过能力需要进一步加强的年度（即通过能力已经充分利用的年度）。但是这样确定由一种措施向另一种措施过渡的期限，并不能保证得到最经济的效果。

通常采用定期多阶段决策过程的动态规划数学模型解决加强措施实施顺序和阶段数固定条件下的最佳投资期限问题。列举所有可能的加强方案，并逐一计算其最佳投资年限，最终求得最优方案。利用不定期多阶段决策过程的动态规划模型，同样可以解决这类问题，实施顺序，最有利阶段数和最佳投资期限可以在求解问题的最优化过程中同时获得解决。

三、方案比较中的投资与运营费的计算

进行技术经济比较时，首先必须确定工程投资和运营支出。

1. 方案投资

在方案比较中，投资应包括固定设备、机车车辆和在途货物价值三部分。但是由于各年度行车量的变化，列车运行速度及机车车辆在站停留时间的不同，机车车辆的需要量及在途货物的数量，如同运营支出一样，各年度也在变化。为了简化计算，机车车辆投资及在途货物价值可以加入机车小时和车辆小时费率中去，作为运营支出的一部分考虑。

铁路固定设备投资的计算，最可靠的方法是编制施工组织设计及预算，但是为了方案比较，特别是对于远期铁路发展规划的方案比较，可用综合的基建单价指标来计算。

在比较的方案中，固定设备投资的项目随着各比较方案所采取的加强措施而异。各比较方案虽然在同一时期有同样的投资项目和同样的投资数量，但都必须分别计算，列入换算总费用，以免影响合理过渡期限的正确性。

由于分期投资比一次投资需要额外增加改装、拆除等费用，以及可以回收部分设备费，因此在计算各比较方案的工程投资时，除了应计算其基本投资外，还应计算其"过渡的损失费用"和扣除可以回收的部分设备费。

2. 运营支出

在新线设计和旧线改建中，铁路运营支出可以用营业铁路的各种计算方法来计算。为了简化计算起见，通常使用费率法或用联合有关各费率的综合指标（如列车公里成本等）的方法。

但是，因为计算营业铁路运营支出的任务与计算铁路新建和改建方案运营支出的任务各不相同，所以在进行计算时，在指标的选择上和某些指标所包括的支出项目上都应有所区别。

计算营业铁路的运营支出，是在它的线路纵断面和其他技术设备已成现实的条件下进行的，因此不需把技术设备的特点反映到指标中去。而新建和改建铁路时，运营支出的计算是为了要选定采用技术设备的合理方案，所以运营支出就应当能正确反映出纵断面及各项固定设备的特点。

运营支出中各种固定设备的维修费，同样可根据"运营支出定额"来计算。

　　当不同的方案由于机车类型的改变或采取其他措施而使列车质量标准变化时，除了计算上述两项运营支出外，还应计算车辆在技术站的集结车小时和改编车小时的运营支出。

　　有了各个方案的年度运营支出及工程投资，就可对方案进行技术经济比较，并从中选出最有利的加强通过能力的方案。

第六章　车站能力查定方法

第一节　车站能力查定工作

一、车站能力查定的目的和意义

车站是铁路的重要基层生产单位，它拥有大量的技术设备，配有众多的员工，担负着繁重的运输任务。车站的工作质量对于保障铁路的安全畅通，提高企业的经济效益和市场竞争力具有至关重要的作用。为了高质量地组织运输生产活动，满足日益增长的运输需求，车站应当具有相应的能力。但能力虚糜，会造成浪费；相反能力不足，则会影响运输生产的正常进行，甚至造成车流堵塞或导致行车事故。通常当列车运行组织方式、牵引定数、车站作业组织方法发生变化，或车站进行比较大的技术改造时，需要进行车站能力的查定工作（通常称为查标）。查定车站技术作业过程可以获得各项作业的衔接、时间标准及劳动组织状况，以便于更加科学地组织各项作业，更加合理有效地运用各项技术设备，提高车站工作组织水平，保证运输任务的顺利完成。进而查定作业时间标准，获得车站能力，如此可以摸清车站各项技术设备的利用现状，发现设备利用存在的问题，以便于改进车站各项技术设备利用方案，提高车站的能力以满足运输生产的需要。

车站的能力及时间标准是《车站行车工作细则》（简称《站细》）的重要组成部分，它不仅是指导车站日常生产活动的重要基础技术文件，也是编制列车编组计划、列车运行图、技术计划、运输方案以及进行车站技术设备改造的重要依据。因此，车站的能力查定工作必须经过细致的调查研究和科学的分析计算。

二、车站能力查定的依据

查定的主要依据包括：

（1）现行列车编组计划及运行图；

（2）车站既有技术设备及其使用方法；

（3）车站作业组织和劳动制度；

（4）车站一定时期的运输工作统计分析资料；

（5）《车站行车工作细则》执行情况分析；

（6）中国铁路总公司、铁路局颁发的关于查定车站能力的相关规定。

三、车站能力查定的主要内容

1．确定合理的技术作业过程

针对铁路现行的各工种在列车技术作业过程中的作业方法、程序，进行认真研究，剔除不合理的程序，改进不科学的方法，确定先进合理的作业程序。

2．中转车技术作业过程和停留时间标准

（1）各种单项作业时间标准，包括各种列车的到达、解体、编组、出发技术作业的时间标准；相关作业人员的作业时间标准，如运转车长、列尾作业员、车号员、货检员等作业时间标准；解体、编组列车的调车钩分时间标准；按去向别、列车种类别的车辆集结停留时间标准；转场作业时间标准等。

（2）无调中转车停留时间标准。

（3）有调中转车停留时间标准。

（4）中转车平均停留时间标准。

3．货物作业车技术作业过程和停留时间标准

（1）各种单项作业停留时间标准，除去中转车的各项有关作业时间外，还包括各装卸车地点的取送车辆时间标准、装卸作业时间标准、挑选车组和分解车组的时间标准等。

（2）一次货物作业车停留时间标准。

（3）双重货物作业车停留时间标准。

（4）货物作业车平均停留时间标准。

（5）一次货物作业车平均停留时间标准。

4．确定车站通过能力和改编能力

（1）各种单项作业占用设备、咽喉道岔、到发线、驼峰、牵出线的时间标准，以及调车机车和调车组辅助生产时间标准。

（2）咽喉道岔通过能力。

（3）到发线通过能力。

（4）驼峰的解体能力，牵出线的解体、编组能力。

（5）全站通过能力和改编能力的汇总和平衡，确定车站最终能力。

四、车站能力查定技术的发展

从 1952 年起，我国铁路就对编组站和区段站查定技术作业过程，计算相应的能力，至今已有几十年的历史。车站能力查定工作规定每隔若干年进行一次，具体操作过程是按中国铁路总公司、铁路局有关业务管理部门逐级下达能力查定和计算的有关文件，由路局运输处组织实施，直属站由各站技术室负责组织查定，段管站由车务段业务室负责组织查定。铁路车站技术作业过程及时间标准查定工作对改进我国铁路车站作业、提高运输组织水平，起到了积极的促进作用。几十年来，在广大铁路技术工作者的不懈努力下，铁路车站能力查定方法不断改进，有了很大的进步。近几年，一些高校和铁路科研单位相继开发了车站能力查定的

数据处理或自动化系统，比如"技术站能力查定方法及数据处理系统""技术站能力查定自动化系统""车站作业标准时间与能力查定的方法及系统""铁路编组站运输能力查定处理系统""基于车站信息数据的作业标准时间自动查定系统"等，极大地推动了我国车站能力查定自动化的进步发展。

根据车站能力数据获取和计算的自动化水平，车站能力查定可分为三个阶段：第一阶段为人工写实查定阶段（1994 年后—20 世纪 90 年代末），该阶段完全依靠专业写实人员到铁路现场去完成各项写实任务，然后对写实数据进行人工汇总、处理、计算，最后确定各种标准；第二阶段为半自动化写实查定阶段（20 世纪 90 年代末—2010 年左右），该阶段主要利用微机联锁等设备的回放功能，查标人员在后台进行人工记录实现原始数据的获取，然后利用计算机开发的数据处理系统实现数据处理自动化；第三阶段为信息化写实查定阶段（2010 年左右至今），该阶段主要充分利用车站 TMIS 的数据源，或从 CIPS、SAM 等系统获取有用信息，简化查标的流程，实现数据分析处理以及查标结果统计输出的自动化。

第二节　传统的车站能力查定方法

一、传统车站能力查定的实施步骤

人工写实查标作为我国铁路车站最早的作业时间标准查定方法，具体操作办法和过程按照原铁道部、铁路局有关业务管理部门逐级下发的能力查定和计算文件组织实施。每次查标通常采用全面查标的方式，大致都要经过以下三个步骤：

1. 准备阶段

成立查标领导小组，并根据工作量的大小分别成立若干专业小组，包括通过能力组、调车机组、车号组、列尾组等，此外专业小组还负责处理整个查定的日常工作，如整理资料、写实、计算分析；对人员进行培训，拟定查定工作的部署、时间安排、人员分工等；拟定和印制供查定写实和分析计算用的各种表格。

2. 写实阶段

根据前一阶段的人员分工安排，进行定点跟踪写实，一般不应少于 3 昼夜。在写实过程中，为了全面掌握各项技术作业过程的各种因素，总结现场职工中先进的工作方法，写实过程一般采用时间写实和作业方法写实结合的方式，一面记时间，一面记作业方法。在可能的情况下，车站可以抽调部分人员参加专业小组的写实工作，这样可以大大缩短写实时间，减少对生产的影响，也便于管理和统一指挥，而且车站人员更熟悉车站现场生产情况，更有利于写实工作的进行。

3. 整理、分析、计算、定标阶段

将列车的到达、解体、编组、出发作业，车场咽喉道岔、到发线占用时间，各种非生产时间的写实资料进行分类整理，并与历史统计资料相结合，进行综合分析和计算，提出各项技术作业的时间标准，对计算结果进行综合平衡，确定车站最终能力。最后将车站技术作业过程和能力计算编成《站细》的一部分，装订成册。

二、传统车站能力查定方法的特点

传统的车站能力查定方法主要采用"人工定点写实"，采集连续 3 昼夜的数据，然后进行整理、汇总、分析计算，逐一确定各种技术作业的时间标准。从其实施步骤可以看出，整个能力查定工作需要动用较多的人员，容易打乱车站的正常工作秩序和人员班次安排；查定工作组织复杂，工种、岗位众多，表格繁多，汇总整理起来极为烦琐。现在看来，存在以下几点不足之处：

（1）投资大，兴师动众。传统的车站能力查定方法需要动用大量的人力、物力、财力，包括成立查定领导小组和专业的查标小组。在查标前，需要对专业查标小组成员进行培训，学习有关查定工作文件和规定，同时专业查标小组还要深入现场，熟悉车站的作业设备和作业情况。

（2）影响正常工作秩序，存在安全隐患。采用人工写实查标方法，为了提高查标的准确度，在查标过程中，需要各部门各工种通力协作，积极配合，在可能的情况下，为了缩短查标时间，车站需要抽调部分人员参与查标小组，这样就很容易打乱车站的正常秩序和人员班次安排，同时也严重影响到值班人员的工作状态，加大了出现差错的可能性，存在安全隐患。

（3）精度相对较差。传统查标方法在数据采集过程中，要求专业查标人员和行车人员及其他各工种技术人员密切配合、协同合作，只有这样才能保证数据的准确性。但在现实查标过程中，不可避免会有人员自身素质不高，没从思想上意识到查标工作的重要性，不积极主动配合，或由于组织安排不当没使查标人员真正掌握查标的方法和搞清楚查标的内容等原因，造成漏记、错记等情况发生，导致写实数据精确度不统一，给后期的数据分析、能力计算和定标工作带来困难。

（4）劳动强度大。传统的查标方法由于需要各部门各工种大力配合协同作业，查标的内容包括的工种、岗位众多，因而最终需要制订的查标表格也就比较繁多，所以查标过后的整理、分析计算和定标阶段的工作也就极为烦琐，而且传统查标方法又完全靠手工操作，需要的工作人员多，劳动强度高，极易出错。

（5）样本量偏少。传统的查标方法由于要动用大量的人力、物力和财力，严重影响到正常的工作秩序，为了便于组织，尽量减少查标时间，一般都采用连续采点 3 昼夜，这样导致查标最终获得的各项作业时间的样本量明显偏少，而且采点的这三昼夜的作业、工作组织以及车流结构不一定就是正常和合理的，因而可能不能很好地反映出车站现有的能力状况。

第三节　基于计算机联锁系统的车站能力查定方法

随着计算机、通信等科学技术在铁路的应用，以计算机为核心的联锁系统逐步取代了旧制式的继电电气集中系统。目前，我国绝大多数铁路车站都已经采用计算机联锁系统，即使未采用计算机联锁的车站，也普遍装有计算机信息监测管理系统，这些先进设备的广泛使用为实现车站能力查定的半自动化、自动化提供了条件。

一、计算机联锁系统

车站计算机联锁系统是一种新型的铁路车站自动控制设备，是继电联锁技术的更新换代产品。它按照铁路行车调度计划在值班人员或上级自动化控制系统的操作下实现铁路车站道岔转辙机、信号机、轨道电路等行车设备之间的联锁动作，正确、高效率地指挥列车运行，同时保障列车通过车站时的安全，是铁路行车指挥自动化控制系统的一个重要组成部分。车站计算机联锁系除了能实现保证行车、调车安全的联锁功能外还具有单钩溜放、存储钩命令、自诊断、车列走行再现、储存、存盘及打印等功能。计算机联锁系统提高了铁路的运输能力、运营管理水平和效率，减少了维修工作量，并且计算机联锁装置具有体积小、质量轻、可靠性高、设计施工周期短、扩展方便、维修简便等优点。

下面以 TYJL-Ⅱ型计算机联锁系统为例，说明计算机联锁系统的组成、功能和工作原理。TYJL-Ⅱ型计算机联锁系统主要由四部分组成：监控机、联锁机、执表机（小站无执表机）和电务维修机，如图 6-1 所示。采用双套互为备用（热备）的微机系统，微机在热备方式工作时，主、备机之间进行信息交换。同步工作时，主机出现故障，能进行切换，备机出现故障，则会自动脱机。

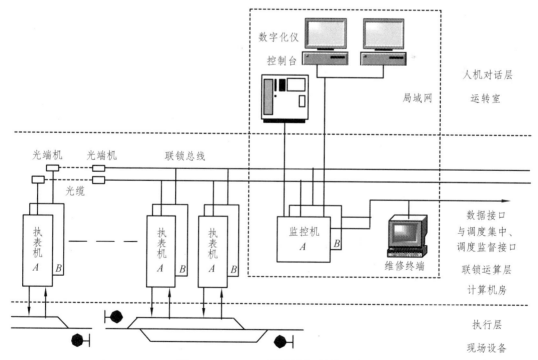

图 6-1　TYJL-Ⅱ型计算机联锁系统

由图 6-1 可以看出，系统的信息传输和主要功能包括：

（1）控制台提供站场图形显示，语音和文字提示，供车站值班员办理各种行车命令。车站值班员利用数字化仪或鼠标通过控制台切换电路与监控机相连。监控机根据控制台发送的控制命令初选进路，与联锁机进行通信，向联锁机传送经初选的进路控制及其他操作命令信息。联锁机实现与监控机和执表机的通信调度，接收监控机进路控制等命令信息后，对信号设备进行联锁逻辑运算处理，完成进路确选、锁闭、发出开放信号和动作道岔的控制命令，在联锁机（执表机）驱动层输出，通过动态驱动继电器控制现场设备。

（2）联锁机（执表机）采集层采集现场信号设备状态，包括轨道电路状态、道岔表示、和信号机状态等并向联锁机发送采集信息，联锁机与监控机进行通信，交换信息，将站场信息传送到监控机，并在控制台实时显示。

（3）监控机保留最近一段时间（几个小时）的系统信息和站场信息，供维修人员做简单查阅，并实时和电务维修机交换信息，向电务维修机提供站场信息和系统自检故障信息，并接收维修机修改时钟的命令，进行时钟调整。电务维修机与主、备监控机通信，接收监控机送来的系统运行状态的各种信息，可实时显示主、备联锁系统的运行状态，并在每天的零点将前一天的值班员所有操作、道岔、信号、轨道表示信息及联锁系统的工作状态等信息，自动存盘，形成以日期为文件名的信息记录文件。系统一个月之内的运行状态均可通过选择打开记录文件再现。

TYJL-Ⅱ型计算机联锁系统中的电务维修机保存了值班员的道岔、信号、轨道表示等站场信息，打开记录即可再现站场情况，这为车站能力查定的写实提供了原始数据。

二、计算机监测系统

在未装设计算机联锁设备的车站，目前普遍使用6502继电集中设备。这种设备主要通过继电器的动作来实现信号、道岔与进路之间的联锁关系。为适应铁路电务部门现代化管理的需要，大多数车站使用计算机信息监测管理系统，实现了对铁路车站的6502电气集中设备运行状况进行实时监督、记录和故障分析，对信号设备的电气性能进行自动测量，并能通过铁路专用通信线路将车站信号设备的状态信息，传送到管理部门的监测管理终端。电务管理部门通过监测管理终端能够及时、全面地了解管内车站信号设备的运行状况和技术状态，改善了管理水平，提高了维修效率。

车站微机监测系统主要有三部分组成：设置在管理部门的监测管理终端（简称主机）；安装在铁路车站的计算机监测系统（简称分机）；主机与分机之间的通信线路及数据调制解调器。主机能监督、查询管内装有监测分机的车站信号设备的运行状态和故障信息，远程监测分机进行自动测量。分机负责各类信息的采集、处理和输出。主机和分机之间通过通信线路进行信息交换。

该系统的功能主要包括实时监督、自动测量、信息管理三部分。其中信息管理这一部分又具体可分为以下几个功能模块：

（1）信息传送：分机能按照主机命令，将车站信号设备的即时状态信息或有关记录传给主机。

（2）记录重现：主、分机内的各类记录均能保存一定时间，可按记录的特征（如时间、位置或名称等）为索引进行查询或拷贝。

（3）数据维护：主机能定时自动将有关记录生成数据文件，也可人工选择记录生成数据文件。这些文件可显示、打印或备份。

（4）图表输出：各类信息均可处理成直观的图表形式输出，也可根据需要生成各类生产报表和技术档案。

由计算机监测系统的功能可知，在未采用计算机联锁的车站，可通过计算机监测系统具有的记录重现功能实现对车站作业时间标准查定的原始数据的采集。

三、利用计算机联锁系统的数据采集方法

1．利用计算机联锁系统人工写实的数据采集方法

以微机监测或微机联锁系统为基础，利用系统的"记录再现"功能，通过人工记录，可以得到计算咽喉通过能力、到发线通过能力、牵出线编组能力和驼峰解体能力所需的数据。计算机联锁系统和计算机监测系统回放界面不尽相同，但功能大体一致。屏幕显示是以站场图形布置的，平时显示的灰色光带为基本的轨道图形。屏幕图形对轨道区段、列车信号、道岔等不同颜色的显示具有不同的含义。根据站场图形轨道区段和信号机颜色的含义，可以记录下列车从车站咽喉区一端到另一端的一条进路的几个关键时刻，包括准备进路、开始占用、道岔解锁、列车停妥及线路腾空。

再现功能可以获得列车进路的起止点、经由道岔号，分辨出接车、发车和调车信号，以及列车进路上几个关键时刻等信息，但不能得到具体每项作业的具体内容，所以还需参考车站行车日志、调车作业通知单等对通过再现回放功能记录的数据进行分析整理。

计算机联锁系统和计算机监测系统回放界面屏幕上有站场再现控制按钮条，通过该控制按钮条可控制站场重放的速度、选择播放的时间、更换播放日期，以及进行暂停、后退、返回等操作。由于回放功能时可以控制播放速度，所以在工作比较繁忙的时段，可以通过暂停或后退等功能，实现准确记录作业时间。

2．计算机联锁系统原始数据的自动化转换方法

计算机联锁系统接口数据到能力查定原始数据的自动化转换，其关键是解决计算机联锁系统（或计算机监测系统）与能力信息系统的接口问题。为此，需要深入分析两个系统之间的关联关系，合理组织数据结构，研制开发相应的软件，实现数据的自动采集与转换。接口软件首先要对计算机联锁（或监测）系统中的记录进行处理，并且根据记录的特征将其转换成有时间先后次序的原始数据，再根据原始数据具有的先后次序、信号机的开放与关闭、轨道电路的锁闭、占用和解锁、道岔区段的锁闭、占用和解锁等的时刻和逻辑关系，形成并且输出适用于能力信息系统处理的数据。

在 TYJL-Ⅱ计算机联锁系统中储存着车站的历史作业信息，这些信息记载着车站的站场当时的实际状态、变化以及操作人员的操作记录，并以维修终端为数据导出接口。信息是以记录的形式存储的，保存在"*.LPD"自定义格式文件中。记录的信息分为三个栏目：代码、时间、记录信息，其中记录信息又分为操作类型、操作名称、操作对象三项。代码表示具体动作的继电器代码，时刻为继电器动作时刻，记录信息包含继电器操作的对象、操作名称、

操作对象信息。源数据是以继电器操作的设备对象动作为单位进行记录的，原始数据提取以实现文本文档作为最后生成结果，实现从"*.LPD"记录文件到"*.TXT"文档的转变。

通过从自定义数据文件中对大量的样本数据进行筛选，提取能力信息系统所需要的数据，并按时间先后排序。在此基础上，经过反复对照分析，编制数据转换程序，转换成写实录入原始数据，最后形成规范化的格式。然而，实现原始数据的自动转换是一项十分复杂而浩繁的工作，它不仅要求掌握娴熟的数据库技术，而且必须对车站的设备、作业内容与方法、计算机联锁系统数据结构有透彻的了解。技术站一般有多个车场，衔接方向较多，咽喉布置比较复杂，作业中又存在分段排列进路、分段占用、分段解锁，以及过路车等特殊情况，这需要仔细分析其关联关系，并反复试运行之后才能完成对操作对象的系统设置工作，建立起作业进路与有关设备（信号机、股道、轨道电路、道岔区段等）的动作之间的一一对应关系。这本质上属于一种预处理，而且是动态的预处理。当然车站规模越大，列车种类越多，咽喉布局越复杂，预处理及编程的工作量也就越大的。

四、基于计算机联锁系统的车站能力查定实施步骤

利用车站计算机联锁或计算机检测系统，通过采集计算机上的已存储数据，代替人工跟班采点写实，由此获得的原始信息，加上行车日志、技术作业大表、调车作业通知单等现场生产记录，形成完整的查标数据。利用这些数据再经人工输入计算机，利用编制开发的数据处理系统即可自动完成咽喉通过能力、到发线通过能力、驼峰和牵出线改编能力的计算，得出最后结果。这种车站能力查定的实施步骤如下：

1．准备阶段

成立专业查标小组，进行培训；拟定查标工作的部署、分工计划、时间安排；制作各种查标写实需要的表格；为了便于记录和分析，在查标准备阶段，要对咽喉区的道岔进行分组；确定车站固定作业包括哪些内容；划分车站列车的种类，一般情况下旅客列车分为：始发、终到、中转、行包，货物列车分为：无改编、部分改编、到达解体、编组始发、单机、轨道车等。

2．写实阶段

在前一阶段的基础上，查标人员利用信号楼或电务机房等的计算机设备回放功能，人工在后台记录原始数据。

3．数据整理、汇总、计算阶段

查标人员在利用计算机设备回放功能采集到原始数据后，还要参照车站技术作业图表、调车作业通知单等资料对原始数据分析整理并加以完善，然后人工录入计算机，利用数据自动化处理系统实现数据的汇总、能力的计算，并输出结果。

五、基于计算机联锁系统的车站能力查定方法特点

基于计算机联锁系统的车站能力查定方法与传统的人工写实查标方法相比，具有节省人

力和物力，查标人员不必到现场进行记录，不影响车站的正常作业等优点，简化了查标过程。其最大优点是通过计算机监测系统或计算机联锁系统得到的数据排除了人为因素的干扰，提高信息的可靠度，并随时都可以查定能力，提高了能力的查定的灵活性，从根本上改革了传统的能力查定方法，取得了很大的进步，极大地提高了查标工作的效率。其优点主要表现在：

（1）节省了人力物力。利用计算机设备回放功能采集写实数据，可以查看到整个铁路车站工作状况，可以实现一个查标人员同时对多项作业进行查定，节省了人力物力。

（2）不影响车站正常工作，便于组织。由于查标人员不需要到现场采点写实记录数据，只需要通过信号楼或电务机房的计算机设备回放功能采集数据，这样就不会对铁路车站现场正常造成任何影响，便于查标工作的组织。

（3）查标结果精度比较高。计算机具有高度的可靠性和稳定性，通过计算机设备回放功能采集到的数据排除了人为因素的干扰，在一定程度上提高了写实数据的精确度。

（4）节省时间，提高效率。计算机设备回放功能可实现站场再现，同时计算机设备屏幕上有站场再现控制按钮条，通过该控制按钮条可控制站场重放的速度、选择播放的时间、更换播放日期，以及进行暂停、后退、返回等操作。由于查标工作只需要查标人员记录下几个关键时间点，所以查标人员可利用控制按钮条加快播放速度，实现数据快速采集。同时数据的处理、汇总、计算是通过计算机数据自动化处理系统实现的，节省了时间，提高了工作效率。

基于计算机联锁系统的车站能力查定方法虽然较之传统方法取得了很大的进步，在一定程度上减少了铁路作业时间标准查定所需的人员数量，减少了对车站正常生产秩序的干扰，提高了查标工作的效率，但在数据采集和数据录入方面还是需要人工操作，由于查标工作需要获取大量数据量，因而其实际工作量还是很大，而且采用人工操作不可避免地会出现一些漏记、错记等情况，这也会给后续的数据处理工作造成一定影响。

第四节　基于多源信息数据获取的车站能力查定方法

经过几十年的发展，我国铁路信息系统从无到有、从小到大、从单机版本到多层次的网络应用，建立了覆盖中国铁路总公司、铁路局和主要站段的计算机网络及传输网、交换网、数据通信网三大通信基础网，先后开发了以列车调度指挥系统、铁路运输管理信息系统、客票发售与预订系统为代表的一大批应用信息系统，铁路信息化建设取得了较大的成就。目前，我国铁路车、机、工、电、辆等业务部门的各种管理信息系统具有丰富的基础信息数据，这些数据是铁路运营管理和生产决策的宝贵数据资源，也为车站能力查定的信息化提供了数据获取条件。

一、基于 XML 的多元数据获取

目前，我国铁路车站的各类信息系统运行大多是独立的，TMIS 下的各子系统——铁路列车确报系统、综合调度管理信息系统、路货运营销及技术计划管理系统、车号自动识别信息系统，它们之间并没有统一的接口，这就形成了数据的多源性，其具体的体现就是各类数据使用多种数据格式记录和存储。因此，利用多源信息数据查定车站能力的关键就是对多源数据进行处理。

可扩展标记语言（Extensible Markup Language，XML）技术作为数据交换的标准，已经逐渐应用于异构数据库的数据交换。以 XML 为公共数据模型转换异构关系数据库为当前车站各类信息系统数据的集成转换提供了便利。其基本思路是格式转换，即把原格式数据经过数据转换程序转换成目标格式的文件并保存下来，并将目标格式的数据作为系统使用的直接数据源。

将数据的处理分为数据提取与数据格式两步：第一步将数据库查询结果集直接映射为一个 XML 文档（或者是 XML 文档的数据流）；第二步根据数据交换的接口格式将上一步产生的 XML 文档转换为用于交换的 XML 文档。具体操作过程如图 6-2 所示。

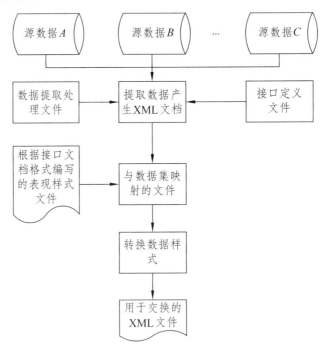

图 6-2　基于 XML 的多源数据处理过程

二、车站时间标准的自动化生成

信号计算机监测系统是用来监测并记录信号设备的运行状态的，通过对信号计算机监测系统开关量变化历史记录数据的分析，可以获得道岔、无岔区段的红光带和白光带的开关量及各自处于红光带和白光带状态的变化情况，进而获取各项设备被占用的状况，推算出各项作业的时间标准。车站作业标准时间包括：接发列车时间、调车时间、列检时间、解体时间、编组时间、到发线能力利用率、咽喉能力利用率等。

车站作业主要包括各种列车的到达、解体、编组、出发等，各项作业时间可以通过列车占用各项设备的时间获得。在信号计算机监测系统信息基础上，选取红光带时间、白光带时间、占用次数、全部利用率、实际利用率等一系列与车站时间标准相关的自动化查定指标。在上述指标中，最主要的两个指标是红光带时间和白光带时间，因为其他指标都可以通过这两个指标求得，要实现这两个指标的自动化获取需要编制计算机算法。实际上，车站能力查定需要大量的数据，为避免因数据量过大而产生计算时间过长的现象，算法在实现上可采取多线程并行模式，具体操作是将对各作业时间分别设计相应算法，留好接口，便于算法在不同操作系统机器上并行计算。

三、基于多源信息数据获取的车站能力查定实施步骤

基于多源信息数据获取的车站能力查定方法主要包括数据获取、数据处理与分析两个阶段，具体流程见图6-3。

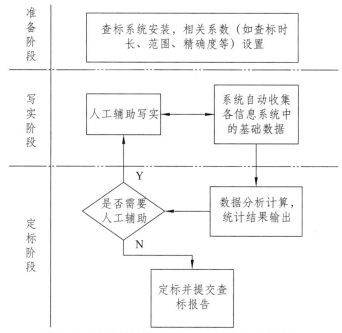

图6-3　基于多源信息数据的车站能力查定流程

1．数据获取

通过信号计算机监测系统，获取一定天数的车站设备状态开关量数据，并进行自动转换，实现能力查定原始数据的自动获取。

2．数据处理与分析

在数据获取的基础上，利用开发的自动化查标系统对数据进行处理和分析，得出各站咽喉道岔、到发线的红光带时间、白光带时间及利用率，并对道岔、到发线的利用状况进行分析。

四、基于多源信息数据获取的车站能力查定方法特点

（1）投资小。基于多源信息数据获取的车站能力查定方法极大地降低了时间成本和人力

成本，其全程所需时间、准备时间约为人工查标时间的 1/14 和 1/10；参与人员也只有人工查标的 1/20 ~ 1/30。

（2）效率高。基于多源信息数据获取的车站能力查定方法在获取查标原始数据方面的优势，极大地简化了查标流程，缩短了查标的周期，提高了查标效率。

（3）样本量大、数据准确度高。基于多源信息数据获取的车站能力查定方法样本量大小取决于系统的记录时长，只要计划得当，可以在任何时刻获取过去任意时间段的数据，因此具有人工查标无法比拟的大样本量、高准确度。

随着铁路信息化建设的不断推进，越来越多的信息化设备被应用于铁路的运营和管理，尤其是 CIPS 和 SAM 等新一代编组站综合自动化系统在一些编组站成功应用，更是为车站能力的查定提供了丰富的基础数据信息。这些数据都包含有对查定和分析铁路各种作业时间标准的有用信息，进一步研究综合利用多种信息化设备数据查定车站能力，确定车站各种作业时间标准，进而分析车站的运输组织情况，对铁路运输生产效率的提高必能起到促进作用。

参考文献

[1] 张敏，穆立民. 车站技术作业过程和能力查定手册[M]. 北京：中国铁道出版社，2004.

[2] 闫靖. 技术站能力查定与计算方法的研究[D]. 成都：西南交通大学，2004.

[3] 黄晓波. 铁路信息化条件下的单线铁路车站与区间相关时间标准查定方法研究[D]. 北京：北京交通大学，2010.

[4] 胡思继. 列车运行组织及通过能力理论[M]. 北京：中国铁道出版社，1993.

[5] 孔庆钤，刘其斌. 铁路运输能力计算与加强[M]. 北京：中国铁道出版社，1999.

[6] TB 2107—89 铁路编组站、区段站技术（分类条件）. 1990.

[7] 铁道部标准计量研究所. 铁路编组站改编能力计算方法（三级三场）（GB 9564—88）[S]. 北京：中国标准出版社，1988.

[8] 彭其渊，等. 客运专线运输组织[M]. 北京：科学出版社，2007.

[9] 铁道部标准计量研究所. 铁路编组站到发线通过能力计算方法（三级三场）（GB/T 13231—1991）[S]. 北京：中国标准出版社，1991.

[10] 铁道部标准计量研究所. 单线铁路区间通过能力计算方法（TB 2110—90）[S]. 北京：

[11] 宋建业，谢金宝. 铁路行车组织基础[M]. 北京：中国铁道出版社，2005.

[12] 彭其渊，王慈光. 铁路行车组织[M]. 北京：中国铁道出版社，2007.

[13] 阿尔亨盖尔斯基. 铁路通过能力计算[M]. 胡安洲，译. 北京：中国铁道出版社，1980.